幼儿园
探究游戏活动课程
教师指导用书

大班 下

《幼儿探究游戏活动材料》编写组 编

北方联合出版传媒（集团）股份有限公司
辽 海 出 版 社

图书在版编目（CIP）数据

幼儿园探究游戏活动课程教师指导用书．大班 下 / 《幼儿探究游戏活动材料》编写组编．-- 沈阳：辽海出版社，2024. 12. -- ISBN 978-7-5451-7098-6

Ⅰ．G613.7

中国国家版本馆 CIP 数据核字第 20243E3W69 号

出 版 者：北方联合出版传媒（集团）股份有限公司
辽 海 出 版 社
（地址：沈阳市和平区十一纬路 25 号　邮编：110003）
印 刷 者：沈阳绿洲印刷有限公司
发 行 者：北方联合出版传媒（集团）股份有限公司
辽 海 出 版 社
幅面尺寸：185mm×260mm
印　　张：24.5
字　　数：370 千字
出版时间：2024 年 12 月第 1 版
印刷时间：2024 年 12 月第 1 次印刷
责任编辑：任瑶瑶
封面设计：隋　治
版式设计：鼎籍文化创意
责任校对：张　柠

书　　号：ISBN 978-7-5451-7098-6
定　　价：65.00 元

联系电话：（024）23284478　23267905
网　　址：http://www.lhph.com.cn

法律顾问：辽宁普凯律师事务所　王　伟
如有质量问题，请与印刷厂联系调换
印刷厂电话：（024）31983633
盗版举报电话：（024）23284481
盗版举报信箱：liaohaichubanshe@163.com

编 委 会

编写说明

幼儿园课程是贯彻落实《幼儿园教育指导纲要》《幼儿园工作规程》《3～6岁儿童学习与发展指南》（以下简称《指南》）的载体，是教育思想与理念转化为教育实践的桥梁和纽带，是教育实践的轴心。探究自然、融入社会的幼儿园活动课程，在《指南》精神的指引下，根据幼儿的身心发展水平及幼儿的学习方式与特点，精心选择和预设了有价值的活动内容，构建起关于课程目标、内容、方法和评价的整体系统。

生动有趣、关注核心经验的课程是促进幼儿学习与发展、提升幼儿园内涵发展的突破口，幼儿园探究游戏活动课程以自然中的现象与变化以及相关的社会生活为主线，以幼儿游戏为基本活动，注重幼儿的自主探究和沉浸式参与，以适应幼儿通过直接感知、实际操作和亲身体验获得经验的学习特点与方式，来促进幼儿全面、和谐发展。

一、理论基础

1.“活教育”理论

“活教育”理论体系是陈鹤琴先生幼儿教育思想的核心，其理论体系的内容包括大自然、大社会都是活教材，以及“做中教，做中学，做中求进步”的目标。春有百花秋有月，夏有凉风冬有雪，每个季节都会带给我们独特的景观和生活价值，变幻莫测的自然现象也让儿童对自然充满好奇，让孩子走到户外，接触大自然、大社会，是孩子成长过程中必不可少的一门“功课”。

“大自然”是指各种动物、植物、气候等自然现象；“大社会”是指个人、家庭、集体社会交往。这两种环境与幼儿日常生活是息息相关的，充分、系统地利用这两种资源，能为幼儿的学习成长提供生动有趣的“活教材”，能丰富幼儿的直接经验，使其深刻地体会春种、秋收等社会生活的现实意义，以及人与动植物的关系，以使幼儿增长见识、丰富情感、扩展能力。课程编写中凸显陈鹤琴先生的“活教育”思想的 17 条原则：

（1）凡是儿童自己能够做的，应当让他自己做。“‘做’这个原则，是教学的基本原则，一切的学习，不论是肌肉的，不论是感觉的，不论是经验的，都要靠‘做’的。”“所以，凡是儿童能够做的就应当让他自己做。”

（2）凡是儿童自己能够想的，应当让他自己想。“直接经验、自己思想，是学习中唯一的门径。”

（3）你要儿童怎样做，就应当教儿童怎样学。“使他们在适当的自然环境之内，得到相当的学习。”

（4）鼓励儿童去发现他自己的世界。“儿童的世界是儿童自己去探讨、去发现的，他自己所求来的知识才是真知识，他自己所发现的世界才是他的真世界。”

（5）积极的鼓励胜于消极的制裁。“要用鼓励的方法，来控制儿童的行为，来督促儿童求学。”

（6）大自然、大社会是我们的活教材。儿童喜欢野外生活，到野外的大自然、大社会中去探讨、去追求，就可获得确实而经济的直接知识，必须让儿童到大自然、大社会中去。

（7）比较教学法。“譬如我们要教儿童认识一只猫，最好用一只狗来比较，让儿童在对比中分化出各自的特点而加深认识。比较教学法应用的范围较广，各门学科均可应用，连做人修养也可以应用。”

(8) 用比赛的方法来增进学习的效率。这一条原则依据了儿童喜欢竞争的心理，利用这种心理，去组织儿童比赛，以增加儿童的学习兴趣，促进儿童的学习效率。

(9) 积极的暗示胜于消极的命令。积极的暗示就是一种激励教育法，它是软性的，比消极的命令要费时间和精力，但其效果却非常之大。

(10) 替代教学法。如以物代物、以建设代替破坏、以收集代替争夺、以正当的组织来代替不正当之活动等。

(11) 注意环境、利用环境。大自然、大社会中都可以找到很多好玩的东西来做活教材和活教具。

(12) 分组学习，共同研究。分组学习、共同讨论的方式就是集体学习，是“活教育”教学原则的一种方式，也使刺激和反应的程式由单轨变为复轨。让每个人都有意见发表，彼此都有不同的思想。

(13) 教学游戏化。这一条原则依据了儿童好游戏的心理特点。

(14) 教学故事化。这有两方面的意思：一是教材故事化，二是教法故事化。教学故事化是“活教育”的新要求。

(15) 教师教教师。举行教学演示或者成立巡回教学辅导团一类的组织，是近代教育方法上的一种新趋势，这不仅能够在一个学校、一个城市里举行，同样可以应用“分组学习，共同研究”的原则，推行到所有学校中去，这对于充实教师本身、提高业务水平会有较大的帮助。

(16) 儿童教儿童。这一条教学原则是根据陶行知的“小先生制”提出来的，意思是让儿童来教育儿童，让儿童来指导儿童。

(17) 精密观察。这一条教学原则包括两个方面的意思：“一方面通过实地观察来施行教学；另一方面通过实际研究来培养儿童善用观察的学习态度，则教学的效果，必将因此而有所增进。”

美国学者理查德·洛夫在《林间最后的小孩——拯救自然缺失症儿童》一书中写道：“与自然接触对于儿童的重要性，不亚于丰富的营养和充足的睡眠，目前儿童接触自然的状况需引起我们广泛重视与认真看待。”站在儿童的立场研究儿童对大自然中季节变化的了解，对幼儿园课程开发、教师教学以及家庭教育有重要意义。

《指南》明确指出，开展多种形式户外活动，有助于提高幼儿对环境的适应能力，引导幼儿接触自然，使之感受自然界的美与奥妙，结合和利用生活经验，帮助幼儿认识自然环境，初步理解自然与自己的关系。

2. 具身理论

幼儿园探究游戏活动课程注重幼儿在自然与情境中探究、学习，这与当前国际主流心理学界、哲学界的具身理论认知相关联。具身认知认为生理体验与心理状态之间有着强烈的联系，知识对身体状态和大脑的特殊通道系统有一定的依赖性。同时提出，不仅是大脑，身体也有很重要的认知功能。思维和认知在很大程度上是依赖和发端于身体的。认知应是身体的认知，心智也是指身体的心智。离开了身体，认知和心智根本就不存在。具身认知的核心观点是人的认知根植于人的身体以及身体与世界的相互作用中，强调认知的涉身性、体验性、环境嵌入性，主张把心智根植于身体，把身体根植于环境，从身体与环境互动的视角看待学习。学习是一种与身体密切相关，或者通过身体及其活动方式而实现适应环境的活动。强调认知要有情境性、动态性、生成性和接地性。

具身认知是幼儿获得直接经验的主要途径，幼儿通过反复感知、操作（通常伴着各种试误、反思、修正），使得体验得以稳定下来。当体验在幼儿的认知结构中建立起较为稳固的联结，直接经验得以产生。《指南》指出“最大限度地支持和满足幼儿通过直接感知、实际操作和亲身体验获取经验的需要”，其中“直接感知”“实际操作”“亲身体验”体现了具身认知的方式，构成幼儿获得直接经验的条件。

3. 文化历史活动理论

建构主义理论的新发展——文化历史活动理论。活动是一个相当复杂的系统。首先，它涵盖了主体和客体——主体可以是个人也可以是集体，客体则是不断演化的目标；其次，活动中有使其得以实现的工具，既可以是实物工具，如机器和产品等，也可以是看不见摸不着的概念性工具，如语言、概念、社会关系等；再次，活动中还有劳动的分工，因为活动中的参与者需要承担不同的工作。当然，除此以外，活动中还有规则和共同体。在共同体中，参与者们持有共同的客体。在这样一个活动系统中，还存在冲突和矛盾，因为活动中不同元素的发展是不均衡的，有时甚至会相互抗衡。比如，当教师面对新的学生，他们的客体发生了变化，新的客体和旧的工具、旧的规则之间就可能产生矛盾。这些矛盾和冲突正是事物不断发展的动力。所以，我们应当以“一种历史的视角”来审视活动并促进发展。

4. 心流理论

心流理论，又名浸润理论，是指当人们从事一项任务难度与技能相当的活动时，对活动入迷、全身心投入，注意力高度集中，活动顺畅、高效，达到一种活动与意识融合，时间感消失和忘我的境界时的心理体验。研究者们关注了心流体验与学习的关系，发现在控制学生原有水平一致的情况下，那些在前一阶段学习过程中有心流体验的学生在后半部分学习中表现要更好一些。在活动中以丰富的材料、适宜的情境，引导幼儿沉浸在丰富的体验与有趣的操作中，让他们在进行各种学习或游戏时产生一种幸福的体验，沉浸在喜悦之中，能够更有效地达成学习目标，促进个人成长。

二、幼儿园探究游戏活动课程的价值

1. 社会生活教育价值

不同季节，人们会有不同的生活、生产方式。在我国，与季节相关的时令、节气都包含着丰富的社会生活价值。了解、体验不同季节人们的生活和生产方式，如春种、秋收、夏纳凉、冬取暖是自然影响所致；生活中有立春吃春饼、“头伏饺子二伏面，三伏烙饼摊鸡蛋”、腊八喝腊八粥等习俗；季节与农事活动，如“清明忙种麦，谷雨种大田”“芒种开了铲，夏至不纳棉”等，都可以帮助幼儿体验、了解和认识社会生活。

2. 健康教育价值

发展自身适应自然的能力。与季节教育有关的健康教育内容十分丰富，如各季节的服装变化、饮食和疾病预防，各季节适宜的运动，等等。

掌握四季中身体的维护方式。健康生活方式的养成是以幼儿良好的生活卫生习惯和运动锻炼习惯的形成为基础的。从小学会如何根据季节调整衣服、饮食和休息，如何根据季节来预防疾病，如何根据季节选择不同的运动方式，等等，培养幼儿初步的自我保护和自我保健的意识和能力，逐步养成健康的生活习惯和运动习惯。

3. 审美教育价值

四季展示着各自不同的美。春天的嫩草鲜花，夏天的火热太阳，秋天的丰硕果实，冬天的飘零雪花，融合季节特征的审美教育，有助于塑造幼儿的美好心灵。

欣赏和表现季节变化中的美。幼儿的审美心理结构包括审美感知、审美理解、审美想象和审美创造，融感知、理解、想象为一体的欣赏活动是美育最基本的内容。在课程中，它既有对真实自然景象的近距离的观察感知、触摸欣赏，也有对描写、展示四季美景的文字、音乐和美术作品的欣赏与表达等。

4. 科学教育价值

春夏秋冬有规律地更替，大自然中日月星辰、树木花草、风云雨雪、江河湖海、鸟兽虫鱼都有着不同的形态和不同的存在方式。引导幼儿通过观察、比较、分析和探究大自然中的季节变化及各种自然现象、动植物的生存等，去认识自然界的奥秘，理解四季的物候、昼夜的长短等，促进幼儿对自然环境的理解，激发幼儿关爱动植物、热爱大自然的情感。

5. 语言发展价值

幼儿时期是语言发展的重要时期，幼儿语言的发展情况与幼儿自身的情感、经验、思维、社会交往能力的发展有密切联系。语言的核心素养包括语言建构与运用、思维发展与提升、审美鉴赏与创造、文化传承与理解。

语言能力是幼儿在语言发展过程中通过语言学习后获得的，具体指对语言的感知、理解，表达能力的发生与发展。讲述活动、谈话活动、语言游戏、早期阅读活动等，为儿童语言建构、语言运用及创造性表达提供了适宜的内容与习得语言的途径。民间流传的经典故事、传说、谚语，反映着人们生活和生产的经验，欣赏与自然相关的儿歌、散文、古诗、故事等文学作品，不但能传承民族文化，而且可以丰富幼儿的语言文学素养以及自然、社会经验。

6. 自我服务与劳动价值

把劳动教育纳入党的教育方针，集中体现了新时代对劳动精神的弘扬，对劳动教育的倡导。2020 年 3 月，中共中央、国务院颁布的《关于全面加强新时代大中小学劳动教育的意见》特别指出：“把劳动教育纳入人才培养全过程，贯通大中小学各学段，贯穿家庭、学校、社会各方面，与德育、智育、体育、美育相融合，紧密结合经济社会发展变化和学生生活实际，积极探索具有中国特色的劳动教育模式，创新体制机制，注重教育实效，实现知行合一，促进学生形成正确的世界观、人生观、价值观。”学前教育是国民教育体系的重要组成部分，是开端和基础，幼儿阶段的劳动启蒙教育应成为重要的教育内容之一，“通过组织幼儿参加自我服务、为集体服务、种植、饲养等简单劳动以及观察、认识成人劳动等，培养幼儿热爱劳动、尊重劳动人民的思想感情，初步认识各种劳动的意义，掌握初步的劳动技能， 懂得珍惜劳动成果，提高劳动兴趣，养成劳动习惯”。

三、幼儿园探究游戏活动课程的特点

本课程的特点主要是自然性、生活性、游戏性和行动性。

1. 自然性

倡导让幼儿在大自然中观察、探索、感受内容，充分走进自然这个广阔的课堂，引导幼儿观察了解自然、探究发现自然的秘密，感受和适应自然的变化。课程设计也以大自然季节的自然变化为线索安排课程内容，引导教师利用自然资源展开活动，引导幼儿体验与了解大自然的无穷魅力，增强热爱自然的意识，学会观察自然现象，了解自然与动植物及人们生活的密切关系。

2. 生活性

人类所有的文明，都是从生活中创造的，这些文明和智慧最终会在生活中运用和体现。幼儿园教育的特殊性体现在幼儿园的生活既是教育内容又是教育途径。 幼儿园生活的特殊性和幼儿年龄特点，反映了幼儿的学习是随时随地发生与展开的。 虞永平在对幼儿园课程的阐述中指出：“幼儿园的课程就在幼儿的生活中，就在儿童的行动里，就在发现和解决问题的过程中。” 幼儿教育要帮助幼儿更好地生活，要充分利用生活中即时的情景，挖掘生活中不同环节中的教育价值，真正做到生活教育化、教育生活化。课程中充分体现了生活教育的内容，凸显幼儿阶段养成教育的主要任务，体现出让生活蕴含教育价值，让教育体现生活的智慧的思想。

3. 游戏性

游戏就是孩子的学习。幼儿园要以游戏为基本活动。要为幼儿提供足够的游戏时间和适宜的环境与材料，引导幼儿在玩中学，在玩中发现自己的力量，体验成长的快乐。课程中努力追求课程游戏化与游戏课程化的思想，主题活动尽量体现愉快、自主、自由的教育理念，努力践行“幼儿在前，教师在后”的教育行为。同时，提供大量的游戏素材，丰富的游戏内容的提供，让以游戏为基本活动的原则有了实践的支撑，真正发挥游戏对幼儿全面发展的重要作用。

4. 行动性

幼儿是在做中学的，操作、体验、交往、游戏等实践活动，是幼儿时期主要的学习方式，儿童的智慧是行动性的。我们的课程以自然、社会为活动对象和资源，儿童可以自由选择材料和工具，并充分借助自然中的真实材料、生活中的废旧材料和有针对性设计的游戏操作材料等来满足在操作中学习、在行动中学习的特点，使其在游戏中释放个性，感受、认知环境，发展能力。

四、课程体例与内容

《幼儿园教育指导纲要》指出：让幼儿喜爱动植物，亲近大自然，关心周围的生活环境；引导幼儿接触自然环境，使之感受自然界的美与奥妙，激发幼儿的好奇心和认识兴趣；结合和利用生活经验，帮助幼儿认识自然环境，初步理解自然与自己生活的关系。

本课程将以了解大自然、感受大自然、探索大自然、亲近社会、体验社会、融入社会为主要线索，结合科学探究与社会生活建构适宜幼儿学习、促进幼儿发展的主题，形成探究式、沉浸式的主题课程体系。

本课程主要内容包括四季知识、天气知识、动植物的特性以及与之相关的生活经验、社会生活、诗文、歌曲等。

五、课程实施途径与策略

“一日生活皆课程”是幼儿园课程的显著特点，更是幼儿园课程实施的主要途径。幼儿园探究游戏活动课程以落实《指南》精神为宗旨，把课程目标有效融入幼儿的生活活动、游戏活动、教育活动中，发挥一日生活对幼儿的整体影响。课程突出下列几个方面：

1. 观察与探索活动

在观察、感受不同季节的美之后，理解季节与人们生活的关系、季节对人行为的影响。如观雨、听风、赏花、玩雪等。

2. 操作与交流活动

在种植、操作、交流中，让季节变化的抽象概念与幼儿的直接形象感知相融合。如叶子的秘密、温度的测量、搭建“鸟巢”等。

3. 表现与创造活动

在动手操作以及艺术创作中，提升动手能力，通过参与主题环境的创设与呈现，表达自己心中对不同季节、各种现象的认知与理解等，提升表现力与创造力。如小制作、插花、大自然景物写生等。

4. 游戏与体验活动

把期望幼儿获得的经验融入他们的游戏，把期望幼儿学习的内容“注入”玩具材料，使玩具材料成为课程的载体，使游戏环境成为富有教育意义的学习环境。精心准备游戏材料，让幼儿在游戏中健康成长、发展语言、学会社会交往、乐于科学探究与艺术表达，提供的材料操作简单、有趣多用、富有教育价值。

课程中，紧密结合幼儿一日生活的各个环节，充分利用游戏、生活与教学的教育途径来提供教育资源和丰富的教育内容。更希望教师在教育实践中内化于践行，真正实现一日生活对幼儿成长的影响，借助丰富的教育资源，为幼儿全面、健康成长助力。

六、课程的优势与创新

幼儿园探究游戏活动课程，包括生活与劳动、运动与游戏、体验与探究、自选活动（节日与节气、艺术与表达）等几个板块的内容。根据《指南》教育目标与教育建议，围绕五大领域的关键经验，在充分尊重幼儿的兴趣和发展需要的基础上，预设了丰富的生活与劳动活动、运动与游戏活动及体验与探究主题活动的参考案例，旨在引导广大教师真正重视生活活动对幼儿的重要影响，挖掘游戏对幼儿成长的独特价值，利用主题活动提升幼儿各领域发展的核心经验，以达到帮助幼儿会生活、会游戏、会学习的目的。

课程中主题不做具体的时间安排，意在给幼儿园和教师一个开放的空间，教师可以根据本地的季节时间选择主题开展的时间与顺序，更鼓励教师根据幼儿的兴趣生成主题，使教育内容更贴近幼儿的需求与兴趣，让课程更好地促进幼儿健康、全面的发展。

我国地大物博、南北差异较大，理论上的季节与实际有一定的时差。本课程未确定主题开展的具体时间，各地幼儿园可根据本地季节变化的实际与社会生活的具体情况灵活选择主题、开展活动。

此外，为避免“拼盘式”的主题，我们将生活与劳动活动、运动与游戏活动、健康活动、数学活动、节庆活动（传统节日与二十四节气）等列在主题之外并自成课程体系，引领教师重视生活、游戏对幼儿成长的独特价值；加强对中国传统文化的渗透与体验，引导幼儿园与幼儿一起浓墨重彩地过好中国传统节日，了解二十四节气等内容，加强了对中华传统文化相关内容的活动安排与设计，充分利用与幼儿生活息息相关的各种传统节日，追随着季节变化而来的不同节气等内容，使其感受大自然与季节的变化与多彩，体验生活的快乐，通过观察感知自然、体验生活中的节日氛围、节气变化，进而了解自然与社会。

自选活动内容精选了一些幼儿喜爱的经典儿童文学、艺术作品，作为独立的板块，供幼儿园教师自由选择、参考使用，以此弥补主题活动中对一些优秀的、经典的文学、艺术作品选择的限制，进而提升幼儿的文学与艺术素养，让经典伴随幼儿成长。

七、使用说明

本套课程以践行“幼儿一日生活皆课程”的教育理念为宗旨，以自然和社会为主线来构建幼儿园课程资源。课程资源涵盖了生活与劳动、运动与游戏、主题活动、数学与健康、传统节日与二十四节气以及优秀的文学、艺术作品等丰富的内容，为幼儿园自主建构课程提供了可以自由选择的“课程超市”，每个幼儿园都可以根据自己的定位和各自的优势，按需进行个性化的选择，按自己的“口味”自由地取舍，从而建构自己园本化甚至是班本化的课程体系。

教师在使用课程时，除了数学、健康这两个领域的内容可以按照顺序选择外，其他课程都可以根据季节的变换和幼儿的兴趣需要自主选择，使课程更具有灵活性和自主性。

1. 巧妙地利用生活——在生活中学会生活

课程中，劳动与生活活动的案例紧紧依托幼儿在幼儿园不同生活环节本身，根据不同年龄阶段的幼儿发展特点和教育目标来设计活动，引领教师高度关注一日生活中占一半以上时间的幼儿实际生活本身，借助真实生活随机进行良好行为习惯的养成教育、劳动意识与自理能力的培养、知识经验运用与实践的体验，实现在生活中学会生活、增长本领。

2. 借鉴优秀游戏——在游戏中快乐学习

为使教师更好地践行游戏是幼儿园基本活动的原则，课程中提供了大量的游戏资源，内容包括适合幼儿园集体开展的体验集体游戏乐趣和遵守规则能力的规则性游戏、充分发挥幼儿自由自主的创造性游戏等，这些案例给教师提供了丰富的游戏资源，同时，也引领教师更清晰地了解在不同游戏中教师的角色定位与支持幼儿游戏中的作用发挥。

3. 参考教学案例——在教学中探究体验

集体教学活动仍然是幼儿园一日生活的重要组成部分，适切、有效的集体教学活动对幼儿全面发展有着重要意义。主题活动中引导幼儿充分走进自然、社会这个大课堂，在观察与探索自然、走进与融入社会的过程中，了解自然与生活的关系，增长顺应自然、利用自然的能力，丰富生活经验，启迪热爱自然、健康生活的情感。丰富、贴近幼儿生活的主题活动内容，为全面落实《指南》提供了强有力的支撑。

活动设计凸显以幼儿为主体，在探究、操作、体验中学习的理念，活动案例中体现出的是幼儿在每个活动环节中做什么、教师的观察指导要点是什么，以此来转变教师的教育观念，充分体现幼儿操作、体验在前，教师引领、提升在后的教育思想。

4. 在自选中彰显个性

课程中提供了传统节日与二十四节气、优秀的文学艺术作品（文学、音乐、美术），这些活动内容的提供与案例设计参考，为教师的自主选择提供了丰富的资源，同时弥补了主题活动中经典的、优秀的文学作品、艺术作品缺失的弊端，也为幼儿园个性化课程提供可参考的内容。

目录

Contents

生活与劳动

游戏与运动

体验与探究 >> >> >> >>

主题活动

快乐出行

亲亲泥土

多样的职业

气象万千

再见，幼儿园

子主题 美好的幼儿园时光

子主题 走进小学

健康活动

数学活动

附录：幼儿自主游戏活动案例

生活与劳动

记事本

★ 养成目标

❶ 学习用符号、文字等方式记录任务。

❷ 坚持每日完成记事本的任务，形成良好的任务意识。

★ 生活情景

❶ 晨间活动。

❷ 过渡时间。

★ 观察要点

❶ 观察幼儿是否能清楚、完整地描述出自己记录的任务。

❷ 观察幼儿的记录是否整洁、日期是否完整。

❸ 观察幼儿是否能坚持每日主动完成任务。

❹ 观察家长对幼儿任务完成情况的评价。

★ 指导策略

❶ 借助三八妇女节的教育契机，为幼儿布置相关任务。如帮家里的女性长辈做家务、用自己的方法表达对家里女性长辈的爱与感谢。

❷ 教师将任务写在黑板上并进行描述。幼儿尝试用符号记录需要回家完成的任务，有能力或感兴趣的幼儿也可以将认识的字描画下来。提醒幼儿要先在左上角记录时间，然后再按任务顺序标记序号并进行记录。

❸ 提醒幼儿在记录本的左侧页面记录自己当天应该完成的任务，右侧留给家长记录当天任务的完成情况。

❹ 每日午饭或晚饭后布置当天的任务，布置的任务要注重实践性，可以有每日固定的任务，如和父母共读一本书并将书名记录下来、帮父母做一件家务等。还可以布置每日的变化性任务，如为父母讲述当日难忘的事、与父母一起寻找春天并把自己的发现记录下来、做一件手工作品、准备第二天的物品等。

❺ 每日晨间活动时，分享自己的小小记事本，并交流任务的完成情况。

❻ 利用每日过渡时间，展示优秀的记录本，并分享家长的留言，鼓励幼儿坚持完成记事本上的任务，形成良好的任务意识。

★ 家园共育

每日鼓励孩子完成记事本上的任务，并在右侧页上记录任务完成情况。

温暖的集体

★ 养成目标

❶ 因身为班集体中的一员而感到温暖。

❷ 愿意为自己的班级做事，为集体取得的成绩感到高兴。

★ 生活情景

❶ 晨间活动。

❷ 户外游戏。

★ 观察要点

❶ 观察幼儿是否愿意参与同伴讨论，并为班级取得荣誉出谋划策。

❷ 幼儿是否愿意为了班级荣誉付出努力。

❸ 当班级取得一定成绩时，幼儿的表现如何。

❹ 是否能与他人密切配合，完成竞赛任务。

★ 指导策略

❶ 每日晨间活动时，围绕“热爱集体”设计主题并进行交流。如我们班的好人好事、我为班级做好事、争做最美班级、对抗赛计划等。对于“我们班的好人好事”这一主题，可以每周固定一天，连续几周进行交流。“对抗赛计划”等竞赛类主题可以根据每周开展的对抗赛内容开展。

❷ 通过开展“班级的好人好事”等主题谈话活动，了解班级同伴间的关心与互助，感受集体带来的温暖，对能和班级内的小伙伴一起生活感到高兴。

③ 通过“我为班级做好事”等主题谈话活动，知道每个人都应该积极地为集体做事。

④ 每周利用户外游戏时间，组织一次平行班级间的竞赛、评选活动。如最美班级、平行班对抗赛等，感受班级间的竞争，萌发为班级做事的愿望。

⑤ 谈话中注意引导幼儿思考如何能成为最美的班级，如何能让自己的班级赢得比赛，自己可以为班级做些什么等。如种植植物让班级充满生机；随时关注班级卫生，让班级更加整洁；了解班级小伙伴都擅长什么，可以参加哪项对抗赛；对于不能参加的小伙伴，我们可以做些什么事来鼓舞士气等。

⑥ 每次竞赛活动后讨论总结哪些小伙伴为班级荣誉做出了努力，背后付出了哪些辛苦。如是谁利用自己的游戏时间练习某项比赛内容；哪些小伙伴合作练习、配合默契等。引导幼儿知道班级的集体荣誉离不开全体幼儿的共同努力。

⑦ 创设荣誉墙，将班级获得的荣誉证书布置在荣誉墙上。

★ 家园共育

每天与孩子交流班级发生的事，对孩子所在班级的一些活动和取得的成绩表示支持和赞赏。

我是小班长

★ 养成目标

① 能为小班、中班的弟弟妹妹服务一周。

② 愿意照顾弟弟妹妹，萌发责任感和成就感。

★ 生活情景

一日生活各环节。

★ 观察要点

① 幼儿是否愿意参与本次活动，是否有怯懦的表现。

② 是否能关注弟弟妹妹的情绪变化及需求。

③ 是否能每日主动坚持去照顾弟弟妹妹。

④ 是否愿意分享自己照顾弟弟妹妹的感受，并不断完善自己的照顾方式。

★ 指导策略

① 周一晨间活动时，与同伴回忆交流自己刚入园时的表现，思考如果现在去小班、中班当班长，可以为弟弟妹妹做些什么。引发幼儿去小班、中班照顾弟弟妹妹的愿望，萌发责任意识。

② 带领幼儿参观小班、中班一日生活的不同环节，熟悉小班的弟弟妹妹，观察他们的需求。

③ 利用过渡环节，交流自己的发现，讨论弟弟妹妹在哪些环节需要自己的照顾，自己可以怎样照顾他们，自己想去哪个班级。

④ 从周二开始到周五，每日早餐后自主选择一个班级，带好自己的物品参与这个班级的活动，帮忙照顾弟弟妹妹的饮食起居，陪弟弟妹妹一起游戏，安抚弟弟妹妹的不良情绪等。

⑤ 能力较强的幼儿可以 1 人一个班级，能力弱的可以 2 人结伴去一个班级。

⑥ 教师做好各个班级的沟通工作，将幼儿照顾弟弟妹妹的生活场景用照片记录下来。

⑦ 每日离园时，分享当天照顾弟弟妹妹的照片，幼儿介绍自己的感受，萌发成就感。

★ 家园共育

① 倾听孩子照顾弟弟妹妹的感受，对孩子在照顾弟弟妹妹过程中遇到的困难提出合理的建议。

② 在生活中，给予孩子照顾他人的机会。

修剪指甲

★ 养成目标

① 知道指甲长了要剪掉，能定期修剪指甲。

❷ 养成良好的卫生习惯。

★ 生活情景

❶ 晨间活动。

❷ 区域活动。

★ 观察要点

❶ 幼儿是否关注自己与他人指甲的长度。

❷ 观察幼儿是否能及时修剪指甲。

❸ 幼儿使用指甲刀时，动作是否得当。

★ 指导策略

❶ 晨间活动时，幼儿互相检查自己和同伴的指甲，比一比谁的指甲最干净，交流指甲长了怎么办，引导幼儿知道应该定期修剪指甲，养成良好的卫生习惯。

❷ 请有使用指甲刀经验的幼儿介绍使用方法，引导幼儿知道应该修剪哪一部分。指导幼儿正确使用指甲刀，提醒幼儿不能剪到手指，修剪指甲后要用指甲锉磨一磨。对于能力较弱的幼儿教师可以协助完成。

❸ 生活区投放指甲刀、硬纸板做的手指模型，幼儿可以自主练习使用指甲刀。

❹ 阅读区投放相关图书，引导幼儿了解脏指甲对身体健康的危害。

❺ 日常生活中，告诉幼儿指甲长了要及时剪掉，每周固定一个时间检查幼儿的指甲。

★ 家园共育

关注孩子指甲的长度，并为孩子提供指甲刀，鼓励孩子自己练习剪指甲。

微笑日

★ 养成目标

❶ 知道排解不良情绪的方法，愿意帮助同伴解决情绪问题。

② 能与同伴共同制订“班级微笑日”，并付诸行动。

★ 生活情景

一日生活各环节。

★ 观察要点

① 幼儿是否愿意参与讨论，并为改变同伴的心情出谋划策。

② 观察易发脾气或经常哭的幼儿在微笑日是否能主动遵守约定，减少发脾气或哭泣的情况。

③ 日常活动中，幼儿是否能主动关注同伴的情绪，并尝试帮助同伴解决情绪问题。

★ 指导策略

① 利用晨间活动，组织幼儿讨论：最近的心情如何？什么时候感到开心，什么时候不开心？如果遇到自己或同伴不开心时可以怎样解决？引导幼儿发现找人倾诉、运动、回想美好的事或做让自己高兴的事都能排解不良情绪。

② 同伴交流：如何能让小伙伴的心情好起来？帮助幼儿了解帮朋友解决问题的方法，认真倾听同伴讲述，给予同伴鼓励与拥抱，向同伴讲述开心的事，陪小伙伴一起奔跑、游戏等都会让小伙伴的心情变好。

③ 日常生活中，鼓励幼儿关心同伴的情绪变化，发现同伴不开心时可以主动询问。

④ 鼓励幼儿共同制订“班级微笑日”，可以是每周固定的一天，也可以是每月固定的一天。讨论微笑日可以有哪些约定与活动，如当天不能发脾气，有事情找同伴一起想办法，把微笑的照片贴在明显的位置，与同伴一起开心大笑等。

⑤ 为幼儿提供一块墙面，幼儿可以把微笑日的时间、要遵守的约定记录下来，贴在墙面上。

⑥ 教师要为幼儿完成微笑日约定活动提供必要的支持。如协助拍照、打印照片、录制视频、提供充足的时间等。

★ 家园共育

① 日常生活中关注孩子的情绪变化，可以通过亲子运动、耐心鼓励、到空旷处大喊、倾听孩子的想法等方式解决孩子的情绪问题。

② 每天分享生活中开心的事，引导孩子积极面对生活中的困难。

小小分餐员

★ 养成目标

❶ 能为他人分餐或分间点，体会劳动的辛苦与光荣。

❷ 愿意为他人服务，有责任意识与服务意识。

★ 生活情景

❶ 过渡环节。

❷ 进餐活动。

❸ 间点环节。

❹ 离园活动。

★ 观察要点

❶ 幼儿是否期待为他人分餐，是否能主动把自己的照片贴在“小小分餐员”栏目上，并在服务当天准时入园。

❷ 分餐时是否能主动询问每种食物所需要的量，并按量分餐。

❸ 如果是巡餐，是否能关注到同伴需要、环境卫生，提醒同伴不挑食、按需打餐不浪费等。

❹ 与同伴分享时，是否能从语言中体现对劳动者的认同，有尊重他人劳动成果的意愿，是否能对同伴提出合理的建议。

★ 指导策略

❶ 观察教师分餐的细节，利用过渡环节，交流为同伴分餐要做哪些准备，讨论应该注意哪些事情。如戴一次性手套、围裙、口罩等，每种食物不要盛得过多或过少，盛汤或粥时小心烫伤等。

❷ 分餐员在当日为同伴分三餐和两点，实行自助餐的园所可以做巡餐员，及时为打餐幼儿提供服务，也可以为全园教师分餐，体会劳动的辛苦。

❸ 教师为分餐幼儿拍摄当日工作时的照片，利用离园时间播放。分餐幼儿与同伴分享当日分餐的感受，为自己能为他人服务而骄傲，提高服务意识。

④ 创设“小小分餐员”栏目，每日离园前，提醒第二天分餐的幼儿将自己的照片插到栏目中，并尽早入园履行职责，提高责任意识。

★ 家园共育

① 积极支持孩子在园的分餐活动，分餐当天提醒孩子准时入园，不迟到。

② 日常生活中，鼓励孩子做力所能及的家务。如为家人摆放碗筷、盛饭、刷碗等。

盖高楼

★ 养成目标

① 愿意按时入园，形成良好的守时意识。

② 能用统计的方法了解自己与他人的出勤情况，萌发学习数学的兴趣。

★ 生活情景

① 晨间活动。

② 过渡环节。

★ 观察要点

① 幼儿是否能提醒父母按时送自己上幼儿园，不迟到。

② 幼儿是否能根据所画的高楼与同伴交流自己或他人按时入园的情况。

③ 是否能准确统计出自己与他人按时出勤的天数。

★ 指导策略

① 晨间活动时与同伴交流当天的出勤情况，说一说自己上周或最近两周的出勤情况与缺勤原因，是否有过迟到等现象。引导幼儿知道如果没有生病等特殊情况每天应该按时入园，不迟到。

② 在门口创设“盖高楼”栏目，教师制作一个月的格子图表，将幼儿的照片贴在表格下面，确保每名幼儿从下至上有 30 个格子。制作的格子尽量大一

些，适合幼儿在格子里绘画高楼的窗户。

③ 每日按时入园的幼儿从最下面开始，在一个格子里画出一层楼的窗户。过渡环节可以比一比谁的楼房盖得高，鼓励幼儿不迟到，养成良好的守时意识。

④ 提示相邻的三名幼儿应选择不同颜色的彩笔，以免分不清自己的楼房。

⑤ 每月末数数自己的楼房有几层，统计自己当月按时出勤的天数，并与同伴的出勤情况进行对比，找出与自己出勤天数一样多的幼儿、按时出勤最多与最少的幼儿，感受统计图的方便与有趣，萌发学习数学的兴趣。

⑥ 根据“盖高楼”的统计图选出当月按时出勤最多的幼儿，颁发“出勤小明星”奖状，鼓励大家养成良好的守时习惯。

★ 家园共育

① 支持孩子按时入园的愿望，可以为孩子设置闹钟，提示按时出门，不迟到。

② 可以制作一个柱形作息统计图，鼓励孩子记录按时作息的天数，养成良好的作息习惯，形成良好的守时意识。

正确的姿势

★ 养成目标

① 了解阅读、书写的正确姿势。

② 能保持良好的身体姿态，养成良好的读写习惯。

★ 生活情景

① 晨间活动。

② 需要阅读、书写的活动。

③ 离园活动。

★ 观察要点

① 观察幼儿是否有趴、卧阅读的情况。

❷ 区域活动时间，重点关注阅读区，观察幼儿的阅读姿势是否正确，当光线不适宜阅读时是否能主动拉上窗帘或开灯。

❸ 观察幼儿的用笔情况，握笔姿势是否正确，手离笔尖的距离是否合适。

❹ 观察幼儿书写时是否有驼背、侧坐等不良坐姿。

★ 指导策略

❶ 在阅读区和班级明显的地方贴上读书、写字的正确姿势，日常活动中引导幼儿观察。

❷ 晨间活动时，开展“读书、写字的正确姿势”主题交流活动。引导幼儿了解阅读时眼睛距离书本一尺远，书写时胸离桌边一拳远，手离笔尖一寸远。握笔时拇指和食指不能叠在一起，也不能离得太近。阅读、书写时身体要坐正、坐直，不含胸、驼背。正确的读写姿势可以保护视力，有利于我们的身体健康。

❸ 日常生活中关注幼儿的读写习惯，提醒幼儿保持良好的身体姿态。

❹ 有条件的幼儿园可以为幼儿提供视力器，帮助幼儿纠正读写姿势。

❺ 可以为幼儿提供洞洞笔或握笔器，帮助幼儿掌握良好的握笔姿势。

❻ 利用离园活动组织幼儿交流，说说哪些幼儿的读写姿势好，自己的读写姿势是否有需要改进的地方。

❼ 创设“读写小明星”栏目，将日常生活中幼儿正确的读写姿势照下来，贴在栏目中，每周更换一次。

★ 家园共育

❶ 为孩子提供适合阅读、书写的环境，提醒孩子不躺在床上看书。

❷ 可以为孩子准备视力器、洞洞笔或握笔器，及时纠正孩子不良的读写习惯。

快乐独立日

★ 养成目标

❶ 体验与同伴共同制订六一活动计划的快乐，获得成功的喜悦。

❷ 学习规划自己的时间与生活，能有计划地做事。

★ 生活情景

一日生活各环节。

★ 观察要点

❶ 幼儿对开展“快乐独立日”活动的积极性如何，是否能主动收集信息并与同伴分享。

❷ 幼儿是否能与同伴良好沟通，遇到意见不统一时是否能通过协商解决。

❸ 幼儿在计划与实施过程中处于什么角色，是主导较多还是从属较多。

❹ 幼儿是否能与同伴合理分工，按计划完成整个“快乐独立日”活动。

❺ 当活动过程中出现问题时，是否会积极进行思考、及时调整。

★ 指导策略

❶ 晨间活动时，讨论今年的六一儿童节想做些什么，可以安排哪些活动，鼓励幼儿在儿童节当天开展“快乐独立日”活动。

❷ 引导幼儿通过阅读图书、上网收集、询问家中长辈等方式，了解其他国家的儿童是如何度过儿童节的。如举办歌舞庆祝、童话装扮、夜晚露营、独立制作美食、开展义卖等。引导幼儿发现还有很多地区的儿童生活很艰苦，尝试思考我们可以为他们做些什么，让他们也可以度过一个快乐的节日。

❸ 给幼儿 3 ~ 5 天的时间，利用过渡环节和自主游戏时间进行讨论，交流六一儿童节可以开展哪些活动。

❹ 在班级创设“快乐独立日”墙面，鼓励幼儿随时把自己的想法记录在墙面上，并在六一前几天组织投票活动，选择墙面上的 3 ~ 5 项内容在节日当天开展。

❺ 鼓励幼儿 4 ~ 6 人一组，根据投票选出的内容进行合理规划。如时间分配、场地设计等，并列出所需要的材料清单。经过每组的计划展示与解说，选出班级幼儿最喜欢的一个计划进行完善，体验与同伴共同制订六一活动的快乐。

❻ 幼儿根据计划进行任务分配、场地布置等，学习规划自己的时间与生活，尝试有计划地做事。

❼ 整个活动中，教师要充分尊重幼儿意愿，在保证幼儿安全的前提下提供最大的自由空间，并协助提供幼儿所需材料，做好场地的沟通，确保活动能够顺利开展。

❽ 六一当天，根据幼儿的计划完成“快乐独立日”活动，并在活动结束后交流自己在本次活动中的收获，体验活动顺利开展的喜悦。

★ 家园共育

❶ 与孩子交流自己小时候的儿童节是如何度过的，其他国家的儿童是如何过儿童节的，并与孩子共同思考如何过儿童节更有意义。

❷ 帮助孩子提供儿童节所需要的物品。

小小气象员

★ 养成目标

❶ 能与同伴合作连续记录每日天气，养成良好的学习品质。

❷ 体验观察、记录、统计的乐趣，产生主动学习的兴趣。

★ 生活情景

❶ 晨间活动。

❷ 过渡环节。

★ 观察要点

❶ 幼儿是否能关注每日天气变化，坚持主动记录或提醒同伴记录天气情况，是否对观察、记录感兴趣。

❷ 幼儿是否能看懂横轴与竖轴，并利用折线统计图进行记录，每日温度记录是否准确。

❸ 幼儿是否能通过记录获得自己想要了解的信息，如哪天温度最高、当月什么样的天气最多等。

★ 指导策略

❶ 在班级创设“天气预报”栏目。在栏目中提供可以记录天气情况的大格日历和画好的横轴与竖轴。在横轴上标记好当月日期，竖轴上标记好温度，方便幼儿记录并绘制折线统计图。

❷ 利用过渡时间交流自己认识哪些天气符号、如何记录温度等，了解“天

气预报”栏目中的两项内容应该如何记录。如在日历上画出当日天气符号，在横轴上找到当天日期，在竖轴上当日对应温度的位置用笔点上圆点，并把前一天的圆点与当日圆点用线连接在一起。感受记录折线统计图的乐趣，产生主动记录、学习的兴趣。

❸ 值日生在晨间活动时，播报当日天气情况及当日气温，并记录在“天气预报”栏目中。鼓励值日生通过协商、分工合作，坚持每日轮流完成天气预报的记录工作，养成良好的学习品质。

❹ 鼓励幼儿利用过渡时间，观察天气记录表与气温统计图，交流近一段时间温度高低的变化，讨论近段时间什么样的天气比较多等。

❺ 月末与幼儿共同统计当月哪种天气最多、哪种天气最少、每种天气分别有几天，当月温度最高出现在哪天、最低出现在哪天等天气预报相关信息。鼓励幼儿将自己对当月天气及温度的发现记录下来，分享给自己的同伴与父母。

★ 家园共育

❶ 每日与孩子听天气预报，了解未来几天的天气情况。

❷ 如果孩子对统计图或气象知识感兴趣，可以与孩子共同查阅资料。如历史当月的最高温度是多少、天气符号有哪些、统计图有哪些种类等。

系鞋带

★ 养成目标

❶ 学习系鞋带的正确方法。

❷ 为能做力所能及的事感到高兴。

★ 生活情景

一日生活各环节。

★ 观察要点

❶ 观察幼儿的动手能力如何，是否会用绳子打结。

❷ 幼儿是否能从图片、儿歌中了解系蝴蝶结的方法。

❸ 幼儿是否能耐心尝试，直到成功系好鞋带或蝴蝶结。

❹ 看到同伴鞋带开了是否能及时提醒。

★ 指导策略

❶ 过渡时间播放系蝴蝶结的儿歌，引起幼儿尝试系蝴蝶结的愿望。例如：小鞋带，手中拿，一左一右先交叉。一根弯腰钻过门，两手拉住系紧它。折成两只小耳朵，再一交叉钻下门，开出一朵蝴蝶花。

❷ 美工区投放系蝴蝶结步骤图，可供幼儿系蝴蝶结的发带、长丝巾，娃娃家为娃娃提供有鞋带的鞋子，幼儿可以在区域游戏时间自主学习系蝴蝶结的方法。

❸ 创设“蝴蝶结小屋”，鼓励幼儿利用美工区的材料制作颜色、大小不同的蝴蝶结，装饰班级环境。

❹ 利用过渡时间，交流自己的鞋带都是谁系的，儿歌里系蝴蝶结的方法是什么样的，请有系鞋带经验的幼儿介绍自己是如何系鞋带的，系鞋带有哪些需要注意的地方，并为大家演示。如一定要系紧，避免鞋带散开绊倒自己等。对能独立完成的幼儿提出表扬，让幼儿为能做力所能及的事感到高兴。

❺ 鼓励幼儿穿系鞋带的鞋子，日常生活中对个别不会系鞋带的幼儿提供耐心的单独指导。鼓励同伴间的互助行为，在班级内可以结成互助小组，进行一对一指导练习。

★ 家园共育

❶ 为孩子准备鞋带长度适中、不易散开的鞋子。

❷ 日常生活中经常鼓励孩子自己动手，做力所能及的事。

垃圾分拣员

★ 养成目标

❶ 能分类整理垃圾，形成良好的环保意识。

❷ 不乱扔垃圾，养成良好的卫生习惯。

★ 生活情景

一日生活各环节。

★ 观察要点

❶ 幼儿对垃圾分类的了解有多少，是否能够把自己知道的分类常识分享给同伴。

❷ 是否能随时将垃圾扔到对应的垃圾桶内，做到不乱扔垃圾。

❸ 对于分类不清楚的垃圾，是否能主动询问同伴或教师，再按要求扔进对应的垃圾桶内。

❹ 对他人乱扔垃圾或不分类的情况是否能主动制止或进行提醒。

★ 指导策略

❶ 在班级投放分类垃圾桶。

❷ 晨间活动时，组织幼儿讨论生活中的垃圾应该如何分类，哪些是可回收物，哪些是厨余垃圾，哪些是有害垃圾，哪些是其他垃圾等。讨论为什么要进行垃圾分类，知道垃圾分类有助于环境保护，形成良好的环保意识。

❸ 在益智区投放分类垃圾桶玩具，在游戏中学习如何进行垃圾分类。

❹ 对一日生活中产生的垃圾，随时讨论属于哪一类，并投放在指定垃圾桶内，养成良好的卫生习惯。

❺ 利用区域活动和过渡时间，画出不同种类的垃圾，并贴在班级对应的垃圾桶上，帮助幼儿了解垃圾的分类。

★ 家园共育

❶ 在家中准备分类垃圾桶或垃圾袋，日常生活中以身作则，将垃圾分类投放。

❷ 日常活动中可以鼓励孩子扔垃圾，巩固其对垃圾分类的认知。

送快递

★ 养成目标

❶ 通过快递单上的文字、符号正确地投送快递。

② 愿意为他人提供服务，提高任务意识。

★ 生活情景

① 晨间活动。
② 过渡环节。
③ 午餐后。

★ 观察要点

① 观察幼儿对快递的配送了解多少。
② 观察幼儿的识字情况，对文字、符号是否感兴趣。
③ 是否能根据门牌上的文字信息准确派送。
④ 派送过程中，是否能尝试识别不同的文字，是否有同伴间的互助学习。

★ 指导策略

① 晨间活动时，组织幼儿讨论：家里收到过哪些快递？快递员是根据哪些信息把快递送到自己手中的？

② 过渡环节组织幼儿到“快递屋”观察快递上的信息，如地址、班级、姓名、电话等。讨论这些快递都是谁的，是如何看出来的，这些人都在哪里，如何能把快递送到主人的手中。

③ 引导幼儿通过快递单上的“××班、××室”等信息，确定快递主人的办公地点。对于不认识的文字，可以通过对照办公地点门牌上的文字进行寻找，也可以通过同伴间的互助学习或向成人询问进行辨认。如果一个办公室有多人，可以通过有礼貌的询问找到对应签收人。

④ 每天午饭后根据幼儿能力与实际情况，1～3人一组分别投送当日快递。通过每天坚持投放快递，提高幼儿的任务意识。

⑤ 为送快递的幼儿制作签收单，提醒幼儿将快递送到后请快递主人签收。

⑥ 每日午睡前，总结快递的投放与签收情况，体验为他人提供服务的快乐。

★ 家园共育

① 将家里接收、拿取快递的任务交给孩子，培养孩子的任务意识。

② 有意识地引导孩子关注身边的路牌、广告牌、店铺名等信息，引发对文字学习的兴趣。

生活小博士

★ 养成目标

❶ 对生活中的数学问题感兴趣，能主动寻找生活中的数学问题。

❷ 愿意动脑思考问题，养成良好的学习品质。

★ 生活情景

一日生活各环节。

★ 观察要点

❶ 幼儿是否对数学问题感兴趣，是否能经常发现生活中的数学问题。

❷ 是否愿意用数学思维解决生活中的问题，如按群计数快速数出一定数量的用品，为同伴平分某种物品等。

❸ 是否能把自己找到的数学问题画出来，并与同伴分享自己的发现。

❹ 与同伴交流时，是否能准确地使用量词、方位词等数学词语进行描述。

★ 指导策略

❶ 晨间活动时，利用当天出勤情况，鼓励幼儿思考可以提出哪些数学问题，如今天的出勤人数与缺勤人数合起来就是班级的总人数。提出的数学问题可以不用计算的方法得出具体的数字，主要引导幼儿学习数学的思维模式，知道生活中的很多问题可以用数学的方法来解决，从而对数学这一学科产生兴趣与学习的愿望。

❷ 鼓励幼儿交流班级的总人数是多少，清点班级男孩的人数，思考讨论怎样才能不用点数的方法让老师知道班级女孩的数量。

❸ 活动区投放能让幼儿发现数学问题的材料。如在活动区中通过鼓励幼儿说说每种玩具的位置来感受坐标；在建构区投放平面图，尝试按图纸搭积木；讨论应该如何按区进行物品分类；如何按群计数快速数出积木的数量等。

❹ 日常活动中，鼓励幼儿发现与数学相关的问题，如怎样通过统计图看出本月哪种天气最多，寻找生活中有规律的节奏、图案，按身高从高到矮的顺序排

队，按序号叠放毛巾等，并随时将发现的数学问题用绘画的形式表现出来。

5 布置“数学小博士”墙面，把幼儿画的数学问题展示在墙面上，利用过渡环节随时交流讨论可以用哪种数学方法解决。

6 每天晨间活动时，围绕“我发现的数学问题”组织谈话，鼓励幼儿将在入园、离园路上及在家发现的数学问题与同伴进行交流。如回家的路是如何走的，家中物品的摆放位置是什么样子的，感受方位的运用；一路上遇到了几个红灯、几个绿灯，感受计数与加减法应用等。

★ 家园共育

1 鼓励孩子在生活中寻找可以用数学方法解决的问题。

2 与孩子进行数学绘本亲子阅读，借助绘本帮助孩子理解等量代换、等分、对称等数学问题。

整理小书包

★ 养成目标

1 学习整理自己的书包、文具盒。

2 愿意整理自己的书包，养成自己的事情自己做的好习惯。

★ 生活情景

1 晨间活动。

2 日常使用书包内物品时。

3 离园活动。

★ 观察要点

1 幼儿书包内物品数量是否合适，是否有过多或过少的情况。

2 幼儿的书包大小是否适合，是否过大或过小。

3 幼儿是否能整齐地整理自己的书包。

4 幼儿整理书包时，是否能保证书本整齐不折边角。

★ 指导策略

❶ 晨间活动时组织幼儿展示自己的书包，了解书包的结构、作用以及各部分适合装哪些物品等。

❷ 请书包整理得较好的幼儿介绍自己整理书包的方法与经验，指导幼儿进行练习。提醒幼儿书要摞整齐，大的书放在书包贴背的一侧，放书本时手要压住书本的边角，以免折角；笔、橡皮、尺等放在文具盒内；水杯可以放在侧兜内，纸巾放在前面的小包内。

❸ 鼓励幼儿画出整理书包步骤图或写出注意事项，并进行评选，然后贴在班级明显的地方。

❹ 幼儿每日背书包上幼儿园，里面装好自己的文具用品、记事本、图画本、2 ~ 3 本图书等物品，日常活动中随时取用。教师随时关注幼儿书包的使用情况，对能力较弱的幼儿进行单独指导。

❺ 幼儿每日离园前展示自己的小书包，比比谁整理得最整齐，逐渐养成独立整理书包、自己的事情自己做的好习惯。

★ 家园共育

❶ 为孩子准备大小合适的书包、文具盒、文具用品、2 ~ 3 本图书。

❷ 鼓励孩子每日独立整理书包，关注并指导有序地整理书本。

游戏与运动

贴膏药

★ 游戏目标

❶ 能快速追逐跑，提高敏锐的反应能力。
❷ 喜欢与同伴游戏，在合作中体验传统体育游戏的乐趣。

★ 游戏准备

宽敞的场地上画一个直径 5 米左右的圆圈。

★ 游戏玩法与规则

❶ 玩法

首先选出两名幼儿，一名幼儿扮“膏药”，另一名为抓“膏药”的人，其他幼儿三人自由结伴为一组，呈一列纵队站在圆圈上，前后幼儿身体靠近。追人者和被追者相距一定距离站在圈内。师幼一起拍手说儿歌：“贴，贴，贴膏药，贴了一个大膏药。”说完儿歌游戏开始，扮“膏药”的幼儿迅速在圈中逃跑，扮抓“膏药”的另一名幼儿去追，逃跑中，“膏药”可随意选择一列纵队队首处，以背部贴靠在队首幼儿身前不动为安全，此队的最后一名幼儿成为“膏药”，迅速到圈中逃跑，同样可随意选择一列纵队贴在队首，以此类推，直到抓住“膏药”。抓到“膏药”后，抓住“膏药”的幼儿为胜。逃与追的幼儿互换角色，游戏继续。

❷ 规则

（1）贴人的时候一定要站在每队队首，把后背贴靠在队首幼儿的前面。

（2）追逐时，若拍到对方的身体，即为赢，被追到的人为输，两人交换角色，游戏重新开始。

★ 游戏观察与指导

❶ 重点观察幼儿游戏中是否能听清游戏规则，集中注意力快速反应做出相应的动作。指导幼儿边奔跑边观察对方的情况，做出灵活的反应，培养幼儿的快速反应能力。

② 重点提示幼儿奔跑时要注意安全，不要撞到同伴，要尽量多地替换其他幼儿，避免两个人追跑时间过长。

③ 在游戏过程中，教师也参与进来，和幼儿一起玩耍，增进教师和幼儿间的感情，帮助幼儿增强体质。

④ 鼓励幼儿大胆创编新玩法，户外活动时可自由结伴玩此游戏，体验结伴游戏的快乐。

打龙尾

★ 游戏目标

① 能快速发现目标，准确投掷，并能灵活地进行躲闪。

② 能遵守规则并与同伴团结合作完成游戏。

★ 游戏准备

两条平行线，软球若干，龙头饰 1 个。

★ 游戏玩法与规则

游戏一

① 玩法

全体幼儿站成一列纵队，选一名幼儿当“捉龙人”，再选一名幼儿当“龙头”，其余幼儿一个接一个地用手搂住前面幼儿的腰做“龙身”，最后一名幼儿当“龙尾”。游戏开始时，“捉龙人”与“龙头”“龙身”一问一答说儿歌：“我要吃龙头（捉龙人），龙头有角（龙头龙身），我要吃龙中（捉龙人），中间有刺（龙头龙身），我要吃龙尾（捉龙人），一拖拖你下水（龙头龙身）。”说完儿歌，“捉龙人”手拿球瞄准“龙尾”投过去。“龙头”千方百计地挡住打“龙尾”的球，“龙身”和“龙尾”跟着“龙头”快速移动跑，让“龙尾”躲避投过来的球，以防被击中。如果“龙头”发现“龙尾”跑不动可以集体蹲下，“捉龙人”就不可以抓走“龙尾”。若“捉龙人”用球击中“龙尾”，“捉龙人”就赢了；若“龙尾”被击中，要自动退出，停玩一次，倒数第二个人自然成为“龙尾”，游戏继续进行。

❷ 规则

（1）听到指令后才能开始游戏，过程中注意“龙身”不要脱节。

（2）幼儿投掷球时不要击打同伴面部。

游戏二

❶ 玩法

将幼儿分为人数相等的红色与黄色两组，黄色组成一路纵队扮成“龙”站在两条线中间的空地上，红色组扮成“捉龙人”，分成人数相等的两组，分别站在两侧的线上。游戏开始时，“捉龙人”与“龙头”“龙身”一问一答说儿歌：“我要吃龙头（捉龙人），龙头有角（龙头龙身），我要吃龙中（捉龙人），中间有刺（龙头龙身），我要吃龙尾（捉龙人），一拖拖你下水（龙头龙身）”。说完儿歌后，两侧的“捉龙人”每人用一个软球打向中间的“龙”，两侧的“捉龙人”可以相互传递球，掷击“龙尾”。“龙头”可以用手挡打来的球，“龙尾”则迅速奔跑躲闪，以避开来球，被打中的幼儿自动退出变成“捉龙人”。游戏如此依次进行，直到将扮“龙”的幼儿全部打中。

❷ 规则

（1）幼儿投掷球时不要击打同伴面部。

（2）幼儿游戏时“龙身”不要脱节。

（3）站在线上的幼儿不许越线。

★ 游戏观察与指导

❶ 在游戏中重点观察幼儿是否按照游戏规则，用球对准目标后再击打“龙尾”，扮“龙身”“龙尾”的幼儿是否快速移动跑而没有脱节，指导幼儿一定要集中注意力，跟着前面的幼儿快速反应，躲闪投来的球。

❷ 游戏中要注重安全教育，重点提示幼儿在游戏时，当“龙头”的幼儿注意保护好其他幼儿，“龙头”带领“龙身”跑的时候注意速度和摇摆的幅度不要太大、太快，及时注意“龙尾”的幼儿是否出现摔倒的情况。个别奔跑能力较差的幼儿可安排在“龙身”部位，不要安排在“龙尾”。

❸ 游戏中提示幼儿要看准目标后再用力投掷球，不要毫无目标地乱投。

跳“沟沟”

★ 游戏目标

❶ 能双脚夹沙包向前跳，提升夹物跳的能力，增强腿部力量。

❷ 喜欢并乐于参与民间体育游戏。

★ 游戏准备

场地上画好相距 3 米的两条线（中间代表一道沟）；沙包若干；口哨一个；红旗一面（插在场地一侧）。

★ 游戏玩法与规则

❶ 玩法

将幼儿分成人数相等的四组，排成四列纵队，站在起点线上比赛跳沟。教师为裁判，比赛采用接力的形式。幼儿一起说儿歌：“跳沟，过沟，两脚夹沙包；跳过沟，瞧一瞧，谁的沙包丢。”说完儿歌，教师吹哨，游戏开始。每组的第一名幼儿双脚夹住沙包，站在“沟沟”边上（起跑线上），向前夹住沙包连续跳，跳过“沟沟”，然后跑回来把沙包交给下一名幼儿接着夹沙包跳，方法同上。跳沟时沙包不能掉，若沙包掉了必须捡回来重新跳一次。本组最后一名幼儿跳完后就去夺红旗，哪一组最先跳完即为获胜。此游戏可反复进行。

❷ 规则

跳沟时沙包不能掉，若沙包掉了必须捡回来重新跳一次，反之则为违规，不能夺红旗。

★ 游戏观察与指导

❶ 重点观察游戏中幼儿是否能用力夹住沙包，让沙包一直不掉。重点指导幼儿跳时始终保持夹的动作，跳的距离不要太远，跳得不要太快，控制好腿部的动作和力量。

❷ 游戏中提示幼儿要向前直线方向跳，尽量不要偏离方向。注意安全，不要摔倒或碰撞到同伴身体，以免发生危险。

③ 熟悉游戏玩法后，教师可鼓励幼儿大胆创编新玩法，户外活动时可自由结伴玩此游戏，体验结伴游戏的快乐。

高跷乐

★ 游戏目标

① 能踩着高跷向前走，保持身体平衡。
② 知道保护自己，体验踩高跷的乐趣。

★ 游戏准备

用易拉罐和粗皮筋做成的小高跷若干（每名幼儿两个）。

★ 游戏玩法与规则

① 玩法

将幼儿平均分成两组，列纵队站在起点处，师幼一起说儿歌："小小高跷真好玩，一下一下稳稳走，比一比，看一看，看谁走得快又稳。"说完后，两组排头的幼儿一起走，走到终点的幼儿从两侧跑回来拍一下下一名幼儿的手，第二名幼儿开始踩高跷向终点走，途中若幼儿身体失去平衡跳下来，可在原地踩上继续向终点走。哪组幼儿先走完，哪组获胜。

② 规则

每组从起点走到终点，看哪组走得好、走得稳，先到终点的小组获胜。途中若身体失去平衡跳下来，必须在原地踩上继续向终点走。

★ 游戏观察与指导

① 重点指导幼儿眼睛往前看，在走动时要保持身体平衡，如果身体失去平衡，赶紧从高跷上跳下来，注意保护自己。

② 对于个别胆小的幼儿，教师可适当辅助幼儿从起点走到终点。

跳九宫格

★ 游戏目标

❶ 能熟练地单、双脚交替跳格子，发展弹跳力和平衡力。

❷ 能按规则进行跳跃游戏，体验跳跃的乐趣。

★ 游戏准备

地面画两个九宫格；小兔胸贴若干，胡萝卜卡片若干。

★ 游戏玩法与规则

❶ 玩法

全体幼儿分成两组，分别扮作“小白兔”并站成一列纵队站在九宫格前，教师做裁判。师幼共同说儿歌：“小白兔真能干，快把萝卜拿回来，比一比，赛一赛，看谁拿得多又快。”说完儿歌，游戏开始。幼儿按着九宫格里的“9–8–7–4–5–6–3–2–1”的数字顺序开始跳格子，遇到数字是单数就单脚跳，遇到数字是双数就双脚跳，跳出九宫格后，到终点线的小筐里拿起一张胡萝卜卡片再跑回来，把卡片放到起跑线的小筐里，第二名幼儿依次进行游戏，直至最后一名幼儿取回胡萝卜卡片，速度最快的一组为赢。

❷ 规则

跳九宫格时，必须跳到格子里，跳到格子外面视为违规，要重新跳。

★ 游戏观察与指导

❶ 本次游戏是在传统跳格子游戏基础上演变而来的，因此事先要组织幼儿玩跳格子游戏，锻炼幼儿的腿部力量。

❷ 重点观察幼儿是否能准确判断 9 以内数中哪些是单数，哪些是双数，以及数字的排列顺序，指导幼儿集中注意力观察，培养细致观察的能力。

❸ 重点指导幼儿认真倾听游戏规则，尽量不要违反规则。

④ 九宫格里的数字也可不按顺序，随意摆放，待幼儿熟悉玩法后适当增加游戏难度。

⑤ 游戏后可以与家长沟通，在家庭中开展各种跳格子游戏，不断增强幼儿的体能。

★ 游戏资源

九宫格图

踢毽子

★ 游戏目标

① 能手眼协调、连续准确地踢拴绳的毽子。

② 喜欢踢毽子，体验竞技游戏的乐趣。

★ 游戏准备

在平整的场地画好起跑线；用 1 米长绳拴住的毽子若干个；口哨一个；计时器一个；红、黄、蓝、绿四种颜色的呼啦圈各一个（距离起跑线 1.5 米隔开摆放）。

★ 游戏玩法与规则

游戏一

① 玩法

全体幼儿分成人数相等的两组，围成两个圆圈，外圈为踢毽者，里圈为计数者，教师为总裁判。踢毽者用左手拿绳子的上端，使绳子垂在底部站好，教师吹哨开始计时，游戏开始。踢毽者用右脚内侧踢毽子，每踢一次脚落地一次，计数者就记一次数，脚不落地不计次数。游戏时间为 1 分钟，在 1 分钟内累计单人踢毽子的个数最多者获胜。然后踢毽者和计数者互相交换角色，再进行一次踢毽子游戏，方法同上。

❷ 规则

（1）听到吹哨后开始踢毽子，每踢一次脚落地一次，记一次数，脚不落地不计次数。

（2）游戏时间 1 分钟，超时不算，不计次数。

游戏二

❶ 玩法

全体幼儿分成红、黄、蓝、绿四组，呈四列纵队站在起跑线上，每名幼儿 5 个毽子，教师吹哨游戏开始，每组第一名幼儿手持 5 个毽子，依次把 5 个毽子踢向对面的呼啦圈内，在 1 分钟内把 5 个毽子全部踢出。后面的幼儿用同样的方法依次进行，在全体幼儿全部完成后，统计踢入呼啦圈的毽子个数，最多的那组即为胜利。

❷ 规则

（1）听到吹哨后开始踢毽子，每名幼儿必须在规定时间内把 5 个毽子全部踢出。

（2）游戏时间到了，不能再踢毽子。

★ 游戏观察与指导

❶ 在游戏前要重点指导幼儿进行腿部和脚部的热身运动，为游戏做好准备。

❷ 游戏中重点观察幼儿是否能连续准确地踢拴绳的毽子，指导幼儿慢一点踢，看准了再踢，不要追求速度快。

❸ 通过语言和肢体动作，及时鼓励并指导能力较弱的幼儿积极参与游戏，提高幼儿的手眼协调能力。

❹ 游戏后要放松脚腕、手腕、大臂、小臂、小腿的肌肉，避免肌肉拉伤。

❺ 在熟练掌握游戏玩法后，鼓励幼儿创编新的玩法和规则。

❻ 鼓励幼儿在家庭中开展此类亲子游戏。

斗 鸡

★ 游戏目标

❶ 能大胆参与竞赛游戏，遵守游戏规则，并学会自我保护。

❷ 能单脚持久站立，并双手抱着盘起的腿连续单脚跳，提升身体平衡性及腿部力量。

★ 游戏准备

圆形场地；口哨一个；奖牌若干。

★ 游戏玩法与规则

❶ 玩法

全体幼儿为“斗鸡人”，教师为裁判。全体幼儿站在圆形比赛场内，幼儿自愿结伴，两人一组面对面站好，师幼一起说儿歌：“斗鸡斗鸡膝碰膝，一跳一跳真有趣，摔倒在地不怕疼，盘起腿来再继续。”说完儿歌后，教师吹哨，游戏开始。幼儿用一只脚站立，另一条腿盘起，并用手把盘起的那条腿扳成三角状，双手抱住，膝盖朝外单脚跳，用膝盖攻击对方，谁双脚先落地谁即为输。

❷ 规则

（1）必须用单脚跳，用膝盖相互碰撞，不能用手推或拉拽对方的衣服。遭到碰撞后双脚先落地者为输，坚持不住双脚落地者也为输，反之则为赢。

（2）必须在圆圈内“斗鸡”，跳出圈外为输。

★ 游戏观察与指导

❶ 此游戏为民间传统游戏，趣味性强、活动量大，对幼儿的平衡能力要求较高，所以游戏前要做好热身运动，充分活动身体各部位，尤其是平时要多进行单脚站立和单脚跳的游戏，为此游戏做好准备。

❷ 重点观察幼儿是否能掌握斗鸡游戏的姿势和技巧，是否能较持久地单脚站立，并勇敢地单脚跳碰撞对方的膝盖。教师要积极鼓励幼儿参与游戏，进一步培养幼儿的竞争意识。

③ 此游戏既有趣味性也有一定的危险性，所以教师要重点指导幼儿学会自我保护，对于一些腿部力量发展不够好的幼儿，游戏时可能随时有摔倒现象，因此可在周围铺上垫子，以防意外发生。

④ 在幼儿掌握游戏玩法后，可与家长沟通，在家庭中经常开展此游戏，进一步锻炼幼儿动作的协调性和灵活性，培养幼儿不怕困难、勇敢拼搏的精神。

节节高

★ 游戏目标

① 能助跑屈膝跳过 40 ~ 50 厘米高的橡皮筋。

② 能积极勇敢地参与游戏，克服游戏中的困难。

★ 游戏准备

平整的场地；小椅子 8 把；长橡皮筋 4 根。

★ 游戏玩法与规则

① 玩法

将幼儿平均分成四组（5 ~ 8 人一组），每组两名幼儿面对面正坐在小椅子上，分别拉住橡皮筋的两端，将橡皮筋由低到高分别套在不同高度，即脚踝处、小腿中部、膝盖处。每组其他幼儿依次助跑屈膝跳过橡皮筋，碰到橡皮筋的幼儿要与拉皮筋的幼儿交换位置，拉皮筋的幼儿则排在队尾，最先跳完三个高度的小组即为获胜。

② 规则

（1）当全组幼儿都跳过一个高度后，再逐级升高。

（2）最先跳完三个高度的小组即为获胜。

★ 游戏观察与指导

① 游戏中重点观察幼儿是否能运用助跑屈膝的技能跳过 40 ~ 50 厘米高的橡皮筋，且没有碰到橡皮筋。若有些幼儿跳第三个高度（膝盖处）有困难，可

通过个别指导或同伴示范等方法鼓励幼儿勇于尝试，培养幼儿敢于挑战自我的精神。

② 重点指导幼儿遵守游戏规则，有集体荣誉感。

③ 此游戏可作为家庭亲子游戏推荐给家长，为幼儿创造更多的机会，提高弹跳能力。

编花篮

★ 游戏目标

① 能较灵活地单脚站立和单脚跳，发展身体的平衡和协调能力。

② 能与多人合作用脚、腿编花篮，体验合作游戏的快乐。

★ 游戏准备

宽阔的场地。

★ 游戏玩法与规则

① 玩法

幼儿四人一组，手拉手围成一个圆圈，其中一名幼儿伸出右脚抬起勾在自己与右边小朋友拉住的手上，脚底朝上；第二名幼儿把脚勾到第一名幼儿的腿弯里，第三名幼儿把脚勾到第二名幼儿的腿弯里，第四名幼儿把脚勾到第一名幼儿的腿弯里，这时第一名幼儿把脚勾到第四名幼儿的腿弯里，形成一个圆圈（即“花篮”）。“花篮”编好后，幼儿边拍手边连续单脚跳转圈，同时说儿歌：“编，编，编花篮，花篮里面有小孩，小孩的名字叫什么？叫花篮。”直到儿歌念完，过程中若有一名幼儿的腿掉下来，游戏就结束。幼儿自由交换伙伴后，游戏可反复进行。

② 规则

必须用脚和腿编“花篮”，若过程中有幼儿的腿掉下来，则游戏结束。

★ 游戏观察与指导

① 游戏中重点观察幼儿编“花篮”时脚是否搭牢了，以及幼儿单脚站的稳定性及腿部的力量，提示幼儿要克服困难，脚都不能放开，坚持完成游戏。

② 由于幼儿的腿是搭在一起的，所以要特别注意指导幼儿，在游戏中一定要注意节奏一致，否则会因为身体失去平衡而摔倒，造成危险。

③ 此游戏教师应根据班级幼儿具体能力，确定游戏难度及单次游戏时间长度。待幼儿熟练游戏后，小组人数和集体说儿歌的次数可逐渐增加，增强幼儿的腿部力量，提高身体的平衡能力和协调能力，同时培养幼儿的集体荣誉感。

滚铁环

★ 游戏目标

① 能手眼协调地持物跑和追物跑。

② 体验与同伴合作玩“滚铁环”游戏的乐趣。

★ 游戏准备

宽敞的场地上画好起跑线和终点线；铁环；铁钩若干；口哨一个。

★ 游戏玩法与规则

① 玩法

全体幼儿分成人数相等的四组，排成四列纵队，站在起跑线上，一起说儿歌：“滚铁环，滚铁环，滚来滚去真好玩。”说完儿歌教师吹哨，游戏开始。每组的第一名幼儿手持铁钩从起点处出发，向终点处滚铁环，经过终点处再返回来，把铁环铁钩交给本组下一名幼儿继续完成相同的动作，直至本组最后一名幼儿回到终点处。哪组最后一名幼儿最先把铁环滚到终点即为获胜。游戏可反复进行。

② 规则

（1）听到哨声后才可以滚铁环，滚铁环的过程中，铁环若倒在地上要拿起来继续滚，不能拿着铁环跑，否则视为违规。

（2）全组幼儿必须全部参加，直至本组最后一名幼儿回到终点处，哪组最先把铁环滚到终点即为获胜。

★ 游戏观察与指导

① 游戏前，教师要引导幼儿了解滚铁环是我国传统的民间游戏，需要一定

的技巧。因此教师应事先利用户外活动时间让幼儿自由探索滚铁环的玩法，并学习滚铁环的动作和方法。

2 重点观察幼儿在游戏中是否能手眼协调地滚铁环，过程中保持铁环不倒。要重点指导幼儿集中注意力，手腕要稳，看好终点的方向，勾好铁环后再向前滚，不要急于求成。

3 教师在面向全体的同时，要重点关注个别能力弱的幼儿，要及时鼓励并协助他们完成游戏。

4 由于铁钩存在危险性，所以重点提示幼儿注意安全，要拿好铁钩，滚铁环时，不要乱扔铁钩，以免伤到同伴或自己，知道保护自己与同伴的安全。此外游戏前要帮助幼儿进行检查，衣服要扣好，鞋带要系好，避免发生危险。

5 在幼儿熟悉游戏玩法后，随着能力水平的提高，教师可以适当增加障碍物，改变方向滚铁环。

包子剪子锤

★ 游戏目标

1 能随着音乐的节奏，学会换位置找到其他小伙伴。

2 愿意和同伴配合共同游戏，增进与同伴的感情。

★ 游戏准备

音频歌曲《包子剪子锤》。

★ 游戏玩法与规则

1 玩法

幼儿围成一个圆圈站好，游戏开始。幼儿一边唱歌，一边跟随歌曲节奏和歌词内容用手（或脚）做相应的动作（剪子、包子、锤的猜拳动作），当唱到最后“剪子包子锤，锤锤锤”时，幼儿任意找一个同伴，面对面用手（或脚）进行“石头剪刀布”的猜拳比赛，输的幼儿拉着赢的幼儿的衣服成为一队，赢的幼儿继续听音乐边唱边游戏，寻找下一个“小对手”。依次类推，最后所有幼儿都参与游戏后，看一看哪名幼儿后面的小队友最多，此队则为获胜。此游戏可根据幼儿兴趣反复进行。

❷ 规则

当唱到最后“剪子包子锤，锤锤锤”时，幼儿才能去找一个同伴猜拳。

★ 游戏观察与指导

❶ 重点观察幼儿是否能随着音乐节奏做相应的动作。

❷ 在一日生活中，可以经常播放这首歌曲，让幼儿熟悉歌曲的旋律。在游戏时，鼓励幼儿大胆创编指定动作，可以自己完成动作，或和小伙伴一起完成动作，也可以分成男生组、女生组进行游戏，还可以把游戏视频拍下来，引导幼儿不断创新玩法。

★ 游戏资源

歌　曲

包子剪子锤

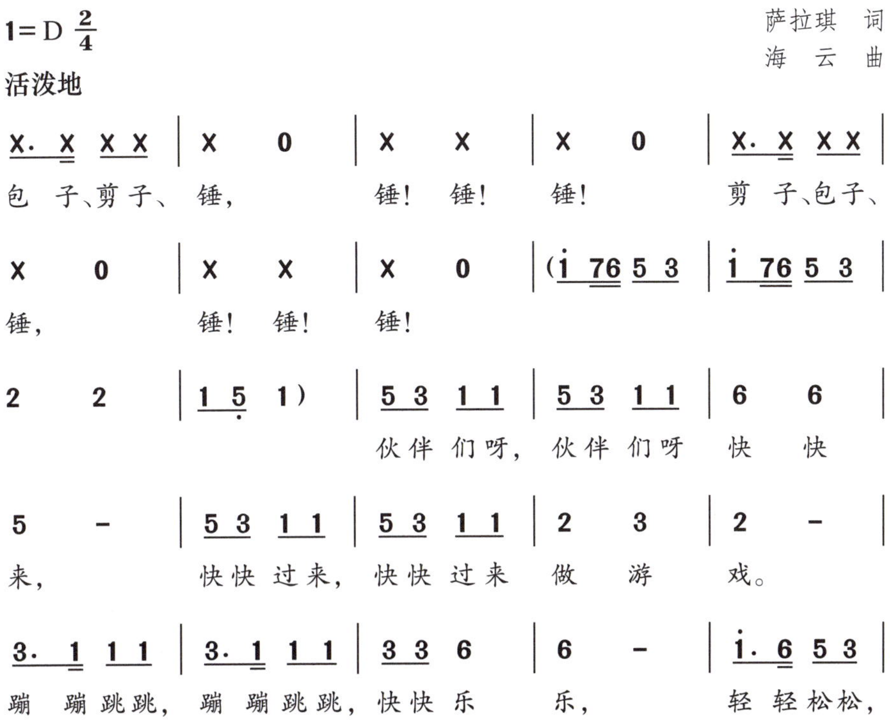

套圈

游戏目标

1. 感受乐曲轻松愉快的情绪，体验三人小组合作套圈游戏的乐趣。
2. 能按照音乐节奏，学会三人交叉握手和三人小组套圈的方法。

游戏准备

音频歌曲《套圈》。

游戏玩法与规则

1 玩法

幼儿三人一组，围成一个圆圈站好，游戏开始，幼儿一边唱歌，一边跟随歌曲节奏和歌词内容做出相应的动作。

第一段词：①～②小节三名幼儿头轻轻碰在一起，两手相互抱肩，围成小圆圈；③～④小节幼儿手拉手退后成圆圈；⑤～⑥小节幼儿顺时针方向小跑步；⑦～⑧小节三人相互交叉握手（甲、乙用右臂交叉在左臂上面，丙左臂交叉在右臂上面）。

第二段词：①~⑥小节甲、乙两人拉着的手从丙的头上套下，此时甲、乙两人蹲下，然后丙把脚向后跨出甲、乙两人拉着的手，依照同样方法轮流套甲、乙两人，然后拉着的手都放在背后；⑦~⑧小节，幼儿上体微微仰起，用小碎步旋转。

哪组按节奏套对了即为获胜，若套错了，可在下一轮游戏中纠正。游戏可反复进行。

2 规则

套圈时要按节奏进行，保证每一名幼儿都要被套到。

★ 游戏观察与指导

1 此游戏需要幼儿事先学会三人交叉握手和三人小组套圈的方法，所以游戏前教师要让幼儿熟悉、掌握动作要领。

2 重点观察幼儿是否能随着音乐节奏，心情愉快地做相应的动作，重点指导能力较弱的幼儿在能力强的幼儿带领下完成游戏，教师也可以同伴的角色参与游戏，共同感受三人游戏的快乐。

3 平时可以经常播放这首歌曲，让幼儿进一步熟悉歌曲的旋律，在每日的过渡环节或户外活动时也可以播放音乐玩三人套圈游戏，促进幼儿之间团结友爱、互相帮助的社会情感。

★ 游戏资源

歌　曲

套　圈

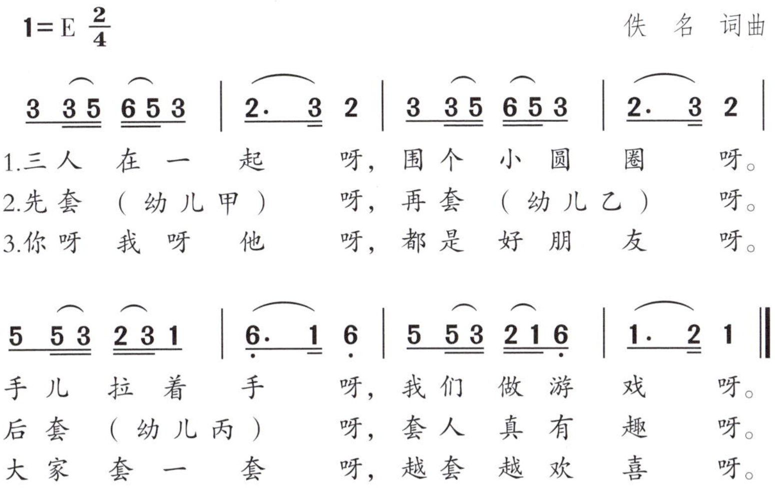

（注：幼儿甲、乙、丙可替换为小朋友的名字）

井字格

★ 游戏目标

1. 学会井字格游戏的基本玩法。
2. 愿意与同伴玩动脑游戏，提升幼儿观察反应和判断推理能力。

★ 游戏准备

彩笔每人一支；白纸若干（纸上画好两条横线和两条竖线，呈现出井字图案）。

★ 游戏玩法与规则

1 玩法

幼儿自由结伴，两人一组游戏，在一张画好井字格的纸上，一名幼儿画“×”，另一名幼儿画“○”，两人猜拳决定，赢的一方先画，输的一方接着画，要想办法让三个“×”或“○”连成一条线，横的、竖的、斜的都可以，先连成一条线的一方获胜。

2 规则

必须让三个“×”或“○”在井字格中连成一条线，横的、竖的、斜的方向都可以。

★ 游戏观察与指导

1. 井字格游戏是一种民间益智游戏，需要幼儿有快速的思维反应能力，所以初次玩时会有一定难度，因此教师平时可安排一些简单的摆黑白棋子游戏，帮助幼儿理解井字格游戏的玩法和规则。
2. 游戏中重点观察幼儿是否能理解、掌握游戏玩法和规则，教师可通过示范和语言提示等，鼓励幼儿多动脑想办法，让三个“×”或“○”连成一条线，完成游戏。
3. 及时关注幼儿的情绪变化，若幼儿失败了，要及时安抚他们的情绪，进一步培养幼儿的抗挫能力。
4. 此游戏所需材料简单方便，也可在户外进行。户外游戏时可就地取材，在地上用小木棍和小石子进行游戏，也可在家庭中开展亲子游戏，有助于锻炼幼儿的空间想象能力和逻辑推理能力。

猫捉老鼠几点了

★ 游戏目标

❶ 喜欢跟随童谣做游戏，并能根据游戏指令快速做出反应。

❷ 能注意倾听游戏规则，记住自己选择的装扮物品，提升幼儿的倾听能力和记忆能力。

★ 游戏准备

场地一侧画一个圆圈（表示老鼠的家）；猫头饰一个；老鼠头饰若干；幼儿的帽子、手套、花围脖、眼镜、书包、纱巾、花手绢、花裙子等装扮物品。

★ 游戏玩法与规则

❶ 玩法

全体幼儿扮成“老鼠”，围坐成半圆形，教师扮成“猫”。教师和幼儿一起念童谣：“猫捉老鼠几点了？一点了。猫捉老鼠几点了？三点了。猫捉老鼠几点了？六点了。天亮了吗？亮了。雨下了吗？下了。我的花花洋伞呢？被只老鼠偷走了。老鼠长得什么样儿？”最后教师念出：“它是一只……的小老鼠”时，可根据幼儿装扮情况随机选择“老鼠”的外貌特征，如“它是一只戴帽子的小老鼠”，幼儿中只要符合条件的“老鼠”就要快速逃到旁边“老鼠家”，否则就会被“猫”抓走。教师和幼儿共同检查是否逃得对，没有逃的是否有遗漏。游戏可反复进行。

❷ 规则

听到教师指令后，正确逃跑的“老鼠”为赢，没有逃跑或逃错的“老鼠”要被“猫”捉走，停玩一次。

★ 游戏观察与指导

❶ 游戏中重点观察幼儿能否注意听清教师的指令，然后快速做出反应。初次玩游戏，教师说游戏指令时，可适当放慢语速，给予幼儿观察思考的时间，以后逐渐加快语速发出指令。

❷ 每一次玩游戏前都要强调游戏规则，并让幼儿再次观察并记住自己的装扮物品，进一步增强幼儿的观察记忆能力。

超级变变变

★ 游戏目标

❶ 能准确运用“如果你要变成……我就变成……”复合句式说话。

❷ 能结合生活经验准确快速表达，发展口语表达和思维能力。

★ 游戏准备

生活中常见的对应关系的动物或物品配对卡片若干；笔若干；评分表若干。

★ 游戏玩法与规则

❶ 玩法

幼儿自由结伴，两人一组。幼儿甲说“我要变成……”，幼儿乙则说“如果你要变成……我就变成……”。幼儿乙说出的内容一定要能制服和控制幼儿甲要变成的东西。例如：幼儿甲说“我要变成老鼠”，幼儿乙则说“如果你要变成老鼠，我就变成猫”；幼儿甲说“我要变成火”，幼儿乙则说“如果你要变成火，我就变成水（或灭火器）”。幼儿乙答对一次就在纸上画上一个“√”，答错则画上“×”。然后两人互换角色。甲、乙交换一次为一局游戏，可一次玩五局，然后看看谁的“√”多，谁就获胜。此游戏可根据幼儿游戏情况反复进行。

❷ 规则

必须要用复合句式说话，变出的东西一定要能制服和控制对方才算赢。

★ 游戏观察与指导

❶ 游戏前，教师引导幼儿了解一些具有对应关系的动植物或日常用品的特点，丰富幼儿的生活经验。

❷ 重点观察幼儿能否听到对方的问题，并能从图片或生活经验中快速反应，并大胆清晰地表达出来。

❸ 教师可适当增加游戏局数，多给能力较弱的幼儿一些机会，鼓励他们大胆讲述，培养幼儿的口语表达能力。

④ 此游戏可由易到难，其中的动物卡片可依据幼儿对常见动物知识了解的多少，逐渐增加卡片数量，巩固对动物外在特点的认知。

扩句游戏

★ 游戏目标

① 能在一个字或一个词的基础上，练习用扩句说一句完整话。

② 能结合生活经验快速表达，体验扩句游戏的乐趣。

★ 游戏准备

小动物卡片若干；抢答器两个；计时器一个。

★ 游戏玩法与规则

① 玩法

幼儿分成人数相等的两组，教师出示任意一张小动物卡片，并说出一个字或一个词，两组幼儿看到卡片后按下抢答器，哪组幼儿先按下抢答器，哪组幼儿先抢答说出一句完整话，表达自己理解的意思。如教师说“猫”，幼儿抢答“一只猫在厨房里捉老鼠”；教师说“小兔”，幼儿抢答“一只小兔在草地上蹦蹦跳跳”。教师依次出示不同的动物卡片并说出名称，幼儿抢答说出相应的一句完整话，表述清楚自己想要表达的意思，用“是谁，在哪里，在干什么”的句式回答。游戏时间为 5 分钟。5 分钟内哪组答对的次数多，哪组获胜。

② 规则

听到游戏指令后，幼儿必须用“是谁，在哪里，在干什么”的句式结构进行扩句游戏。

★ 游戏观察与指导

① 教师平时可引导幼儿多丰富一些常用的动词、形容词等，并组织一些有关动物的教育活动，帮助幼儿积累相关知识经验，为扩句游戏打下基础。

② 游戏中重点观察幼儿能否在听到指令后快速反应，并大胆准确地进行扩句。

③ 游戏中重点指导幼儿要结合自己的生活经验和有关动物的知识经验，仔细思考后，再抢答，不要急于按下抢答器，从而减少错误率。

④ 此游戏可由易到难，其中的动物卡片可依据幼儿对常见动物认知的增多而增多，既培养幼儿的口语表达能力，同时也帮助幼儿巩固对各种动物生活习性和外在特点的认知。

有趣的九宫格

★ 游戏目标

① 能运用九宫格的排列规律，根据游戏指令准确摆放颜色或图形卡片。

② 能积极地参与九宫格游戏，愿意动脑思考解决问题，发展幼儿的观察力和思维能力。

★ 游戏准备

九宫格图片若干张；红、黄、蓝色卡片；圆形、三角形、长方形卡片；红色三角形、长方形、圆形卡片若干；黄色三角形、圆形、长方形卡片若干；蓝色三角形、圆形、长方形卡片若干。

★ 游戏玩法与规则

游戏一

玩法

（1）教师出示一张九宫格，将红、黄、蓝三种颜色的卡片放入九宫格中，使每一行每一列的颜色都不重复（见图 1）。游戏开始，幼儿分组操作摆放卡片，看谁最先将空格处摆放上正确的颜色卡片，谁就为赢。

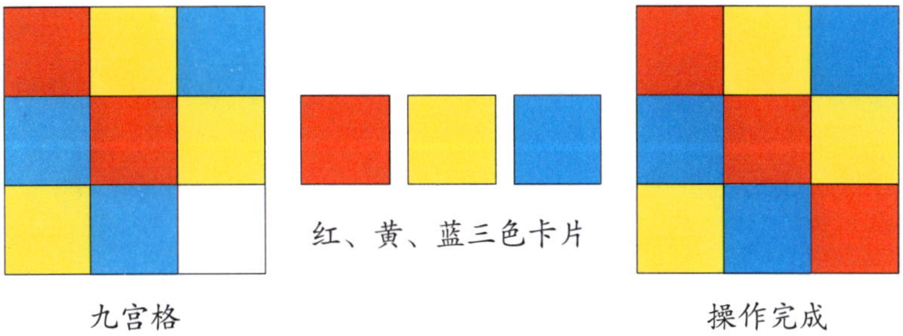

图1

（2）教师继续出示一张九宫格，再用不同的方式将红、黄、蓝三种颜色的卡片放置九宫格中，留下1、5、9三个空格（见图2）。游戏开始，幼儿分组操作摆放卡片，看谁最先将空格处摆放上正确的颜色卡片，谁就为赢。

图2

游戏二

玩法

（1）教师出示一张九宫格和圆形、三角形、长方形形状卡片，并将三种形状卡片分别放入九宫格中，留下3、5、7三个空格（见图3）。游戏开始，幼儿分组操作摆放卡片，看谁最先将三个空格处摆上正确的图形卡片，谁就为赢。

图3

（2）教师继续出示一张九宫格，将四张没有颜色的形状卡片放置九宫格中（见图 4），游戏开始，幼儿分组操作摆放卡片，看谁最先将三个空格处摆上正确的图形卡片，谁就为赢。

图4

游戏三

❶ 玩法

教师出示一张九宫格，将一张带有颜色的形状卡片放入九宫格中，请幼儿按照规律把九宫格填满（见图 5），要求每一行每一列形状、颜色都不重复。游戏开始，幼儿分组操作摆放卡片，看谁最先将所有空格处摆上正确的图形卡片，谁就为赢。（此玩法答案不唯一）

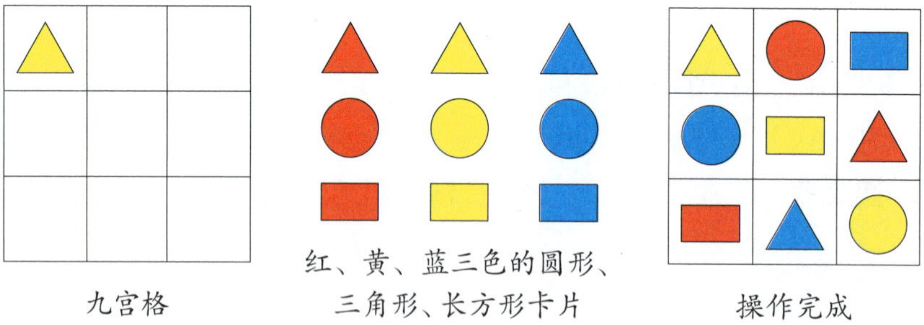

图5

❷ 规则

按照游戏指令，看谁最先将空格处摆放上正确的颜色卡片或图形卡片，谁就为赢。每一行每一列颜和形状均不能重复。

★ 游戏观察与指导

❶ 游戏时，教师要重点观察幼儿是否能够找到其中的规律，在游戏一中教师应注意引导幼儿学会先整体观察九宫格，看看九宫格的每一行每一列有什么特点，找到九宫格的规律，最后再根据找到的规律摆放正确的颜色卡片。

❷ 在游戏三中，将颜色和形状相结合，增加了难度，此时幼儿再填九宫格就很容易混淆规律，教师要注意观察，及时提醒幼儿要记住自己是按什么规律完成的，也可以先把规律记录下来，计划好再根据记录进行摆放。

❸ 在游戏结束之后，教师应及时组织幼儿进行游戏总结与经验分享，了解幼儿在游戏中遇到的困难，并组织幼儿讨论方法，及时解决。

❹ 找规律对于大班幼儿来说，具有一定的挑战性，教师将横向和纵向两个方向结合，融合到一个九宫格里，幼儿不仅要考虑横向规律，也要考虑纵向规律，难度随之提高，所以在游戏一中，只留下一到三个空格，为的是能让幼儿了解游戏规则。待幼儿了解规则之后，从游戏二开始，留出的空白越来越多，循序渐进地增加难度，进一步促进了幼儿观察能力和思维推理能力的发展，同时也增加了游戏的趣味性，使幼儿在操作中发展智力，养成动脑思考的习惯，为今后的学习打下良好基础。

抽牌凑数

★ 游戏目标

❶ 能在规定时间内听到指令后迅速抽牌凑数，提高快速反应能力。

❷ 巩固 10 以内数的分解组合及加减运算能力。

★ 游戏准备

计时器一个；1 ~ 9 数字扑克牌若干套（背面朝上混合叠放在一起）；小红花卡片若干。

★ 游戏玩法与规则

❶ 玩法

幼儿自由结伴，每两名幼儿一组，一套扑克牌牌面朝下，一套扑克牌牌面朝上，教师为裁判。教师发出游戏指令，每组幼儿以“剪刀、石头、布”决胜负，胜者先说出要凑的数，然后抽一张朝下的牌，另外一人拿牌面朝上的牌凑数，进行 10 以内的组成、加减运算练习。本局算得对又快的幼儿可以得到一朵小红花，反之则不得小红花。计时器响起，本轮游戏结束。此游戏反复进行，最终在规定时间内得到小红花多的幼儿为胜。

❷ 规则

（1）猜拳获胜者说的数必须是 10 以内的数；每次只能抽一张牌，抽多抽少都视为违规。

（2）必须在规定时间内完成游戏，超时不算。

★ 游戏观察与指导

❶ 重点观察幼儿对 10 以内加减法运算的掌握情况，指导幼儿不要着急，算好了再抽牌，培养幼儿的速算能力。

❷ 提示幼儿要有时间观念，不要分散注意力，尽快游戏。

❸ 对于个别计算能力较差的幼儿可辅助其完成游戏。

体验与探究

主题活动

快乐出行

主题价值

对于大班幼儿而言，交通工具既熟悉又充满新奇，认识各种交通工具的活动不仅贴近幼儿生活，还能借此机会让幼儿了解社会、探索世界。

“快乐出行”主题活动，从幼儿身边的交通工具入手，通过调查、体验、游戏等多种方式，让幼儿了解陆地、海上、空中的各类交通工具，认识交通标志，懂得交通规则，并倡导文明出行。幼儿可以在活动中探索更多关于交通方面的知识，感受交通工具给出行带来的便利，体会科技发展给人类带来的日新月异的变化。

主题讨论

主题实施前，围绕“你见过哪些交通工具”这一开放性话题，组织幼儿谈话和讨论，了解幼儿对交通工具的已有经验以及感兴趣的内容。例如：

1. 你每天是如何来到幼儿园的？
2. 你见过哪些交通工具？你乘坐过哪些交通工具？你乘坐这些交通工具去过哪里？
3. 你还知道哪些交通工具？
4. 飞机为什么能够飞起来？轮船为什么能在水上航行？
5. 你见过哪些交通标志？
6. 迷路了怎么办？
7. 人们出行为什么要遵守交通规则？

…………

主题目标

1. 能够以愉快的心情参加活动。

2. 能够有序、连贯、清楚地讲述自己的想法与发现。
3. 认识多种多样的交通工具及交通工具的发展史，激发幼儿的探究兴趣。
4. 认识常见的交通标志，了解交通规则，体验文明出行带来的快乐。
5. 了解科技发展给出行带来的便利，并进行简单操作。
6. 喜欢参与艺术活动，并愿意与他人交流自己设计制作的艺术作品。

主题资源

活动资源一览表

子主题	活动名称	涉及领域	幼儿游戏资源			教师教学资源		
			实物材料	探究游戏活动材料	图画书	电子图片	音频	视频
马路上的车	车辆大调查	科学/语言		我知道的车				
	汽车总动员	科学/语言		未来汽车城		不同时期的汽车		无人驾驶汽车、汽车发展史
	特殊的车辆	科学/语言		车辆场景对对碰（一）、车辆场景对对碰（二）		特殊的车辆		
空中的飞机	飞机大集合	科学/语言				各种各样的飞机		飞机为什么能飞上天、莱特兄弟的故事
	创意制作小飞机	艺术/科学				各种各样的飞机、自制飞机模型		
水中的船	各种各样的船	科学/社会		我知道的船		各种各样的船		轮船为什么不会沉
	赛船	艺术/科学	弹性橡皮筋、一次性筷子、雪糕棍	制作小赛船				赛船的制作方法
	五个朋友去划船	语言/社会			五个朋友去划船	五个朋友去划船、载重标识	故事：五个朋友去划船	

续表

子主题	活动名称	涉及领域	幼儿游戏资源			教师教学资源		
			实物材料	探究游戏活动材料	图画书	电子图片	音频	视频
出行大体验	出行方式大调查	科学/艺术		出行方式调查表				低碳环保出行
	出行小助手	科学/语言				共享单车		导航的使用
	会说话的交通标志	科学/艺术		交通标志分类卡、交通标志对对碰、小小设计师		拥挤的十字路口、常见的交通标志		
	出行大体验	社会/艺术	塑料骰子	我的旅行日记、快乐出行游戏棋				乘坐高铁、乘坐飞机、乘坐轮船

主题环境

主题墙

❶ 创设“交通工具我知道”主题墙，随时关注幼儿在主题实施过程中提出的疑问和发现，积极引导幼儿探索并寻找答案，鼓励幼儿将收集的资料、绘制的记录符号等在主题墙上进行展示。

❷ 将幼儿在主题活动中的记录单、调查表、绘画、手工作品，如“未来汽车城”“我知道的车”“小小设计师”“出行工具调查表”以及幼儿手工作品飞机和赛船等展示在主题墙上，供幼儿欣赏、交流、讨论。

❸ 收集与主题相关的资源布置在主题墙上，如创设“汽车、飞机、轮船博览会”主题墙，收集汽车、飞机、轮船的模型与图片。

活动区

❶ 科学区：提供雪糕棍、橡皮筋、一次性筷子、矿泉水瓶等材料制作飞机、赛船。

❷ 美工区：提供各种车辆、飞机、轮船等交通工具的模型和图片；提供彩笔、纸、订书器等幼儿制作连环画的工具和材料。

❸ 图书区：提供关于汽车、轮船、飞机等交通工具的图书。

❹ 建构区：提供纸盒、各种饮料瓶等辅助材料共同建构“我们的城市交通”，可将幼儿收集的交通工具的模型、玩具摆放在幼儿建构的场地中。此活动可一直贯穿整个主题活动，不断拓展和丰富幼儿的经验，如停车场、码头、停机坪、马路及周围的设施等。

家园共育

❶ 帮助幼儿收集交通工具的模型。

❷ 日常生活中帮助幼儿认识了解汽车、飞机、轮船等交通工具。

❸ 带幼儿参观车展、航空博物馆等与交通方面有关的展览。

❹ 倡导家长出行时注意公共场所礼仪，做幼儿的榜样。

❺ 鼓励幼儿和家长出行多乘坐公共交通，减少碳排放，倡导绿色出行。

❻ 鼓励家长带幼儿体验共享单车，感受科技给人们出行带来的便利。

子主题　马路上的车

车辆大调查

★ 活动目标

❶ 愿意与大家分享自己的调查结果。

❷ 观察、比较发现车辆的异同，按照车辆的特征进行分类。

❸ 了解汽车的内外部结构和用途，了解汽车为人们带来的好处。

★ 活动准备

❶ 经验准备

观察了解马路上各种各样的车辆，提前完成幼儿探究游戏活动材料“我知道的车”。

❷ 物质准备

配备材料：幼儿探究游戏活动材料“我知道的车”。

自备材料：家用小轿车一辆；幼儿收集的各种玩具车模。

★ 活动建议

一、谈话交流，讲述我的调查发现。

❶ 在小组内围绕自己提前完成的“我知道的车”进行谈话：你都记录了什么车？它们有什么作用？

❷ 请个别幼儿到同伴面前，讲述自己调查的车辆。

观察指导要点

- 观察幼儿是否能说出这些车辆的具体用途。
- 鼓励幼儿完整表达自己的经验、观点和想法。

经验提升：马路上有各种不同的车，有私家车、公共汽车、公务用车、救护车、大卡车、消防车等，每种车都有不同的作用。

二、实践观察，了解车辆的内外部结构。

❶ 从外到内观察小轿车，组织谈话：这是什么车？小轿车由哪些部分组成？分别有什么作用？车里面都有什么？分别有什么作用？

❷ 引导幼儿从前到后观察车辆的外部特征，打开车门观察小轿车的内部结构。

❸ 请幼儿说一说自己的发现。

观察指导要点

- 幼儿是否能够按照顺序细致观察，了解车辆的内外部结构。
- 通过谈话、提问等方式引导幼儿了解车内外各结构与部分的名称与作用。

经验提升：汽车主要由发动机、底盘、车身、电气设备等组成。汽车的雨刷可以刮除附着于车辆挡风玻璃上的雨点及灰尘，以改善驾驶人的能见度，增加行车安全。汽车两侧的后视镜可以反映汽车后方、侧方和下方的情况，使驾驶人可以间接看清楚这些位置的情况，它们起着“第二只眼睛”的作用。汽车的灯有很多：近光灯、远光灯、雾灯、双闪灯、转向灯、刹车灯、倒车灯等，正确使用汽车灯不仅可以保护自身的安全，同时可以营造出一个井然有序的交通环境。

三、分享交流，按照车辆特征进行分类。

1. 用幼儿收集的各种玩具车模举办“车模展”并讨论：怎样将车辆有序地分类停放呢？
2. 分组讨论分类方案，并对车辆进行分类停放。
3. 各组分别请一名幼儿到前面讲述自己小组的分类方法，并说明理由。

观察指导要点

- 幼儿是否能够充分表达自己的想法，积极讨论如何进行车辆分类停放。
- 幼儿分类停放的理由是否合理，遇到问题能否与同伴共同协商解决，是否愿意或主动与同伴交流和分享。
- 允许幼儿有多维分类，只要幼儿能说出分类的理由即可。

经验提升：车辆停放时要整齐有序，并留有一定的空位，方便出行。车辆可以按照用途、车型、燃料方式等进行分类。

四、自由游戏，巩固对车辆的认识。

幼儿选择自己喜欢的汽车玩具进行观察、游戏，和小伙伴自由交流、介绍自己喜欢的汽车的名字、用途等。

观察指导要点

- 幼儿是否能够充分表达自己的想法，乐于介绍自己的小汽车。
- 引导幼儿按照一定的顺序，完整地介绍自己喜欢的小汽车。

经验提升：小朋友们能够按照汽车的名称、外形、功能或用途等清楚地介绍自己喜欢的小汽车，也通过交流了解了更多与汽车有关的知识。

★ 活动拓展

将幼儿收集的玩具汽车投放到各个区域，可以在美工区画车、用废旧材料制作车模；在建构区建构停车场、拼插各种车辆。

★ 家园共育

1. 家长可以带孩子观察马路上的车，加深对车的了解。
2. 孩子乘坐车辆时，家长介绍车辆的内外部结构。

汽车总动员

★ 活动目标

1. 感受车辆与人们生活的密切关系。
2. 能够根据想象，设计并绘画未来的汽车。
3. 初步了解汽车发展演变的过程。

★ 活动准备

1. 经验准备

对不同的车辆有初步的了解。

2. 物质准备

配备材料：幼儿探究游戏活动材料“未来汽车城”；视频《无人驾驶汽车》《汽车发展史》；电子图片“不同时期的汽车”。

自备材料：彩笔、纸。

★ 活动建议

一、谈话交流，了解最早的汽车和现代的汽车。

1. 谈话：你都看见过什么样的汽车？你知道最早的汽车是什么样的吗？
2. 观察电子图片“不同时期的汽车”，围绕图片内容进行交流。
3. 尝试对比讲述汽车的变化。

观察指导要点

- 幼儿能否认真观看图片，认真倾听教师讲解图片内容。
- 幼儿能否在观察的过程中体会汽车的发展。

经验提升：汽车的发展经历了很多不同的阶段，从最初的蒸汽汽车到现在的燃油汽车、新能源车，每一个阶段的变化和进步都是人们聪明才智的体现。

二、观看视频，了解汽车的发展史。

① 观看视频《汽车发展史》，进一步了解汽车发展的过程。

② 谈话：汽车的发展过程是什么样的？

观察指导要点

- 幼儿能否认真观看视频，与教师一同了解视频内容。
- 引领幼儿在观察的过程中感受科技进步给汽车带来的变化。

经验提升：汽车的发展是一个漫长的过程，凝聚了人类的智慧和匠心，并得益于石油、钢铁、化工、塑料、机械、电力、道路、电子技术等多种行业的支持。

三、观看视频，拓展幼儿经验。

① 观看视频《无人驾驶汽车》。

② 围绕视频内容谈话：这些车辆与我们日常看到的车有什么不同？它有哪些特殊的功能？为什么会有这些变化呢？

观察指导要点

- 幼儿能否根据观看的内容，了解汽车的发展变化。
- 鼓励幼儿结合视频，联系自己的已有经验用完整的语言表达自己的想法。

经验提升：随着科技的进步，汽车也越来越智能化。

四、多元表征，绘画未来的汽车。

① 谈话。小组内互相谈谈：你觉得未来的汽车是什么样子的？有什么功能？

② 取出幼儿探究游戏活动材料“未来汽车城”，把想象的未来汽车画下来，讲讲它的新功能。

观察指导要点

- 幼儿能否根据已有的经验大胆创作，必要时引导幼儿丰富画面的内容。

- 教师与已经完成作品的幼儿进行对话，了解他们的创作情况，捕捉有价值的想法，为后续的总结提取经验。

经验提升：汽车的发展日新月异，随着科技的进步，我们也一定会制造出更多节能、环保、功能多样的汽车。

五、作品展示，互相观摩交流。

将幼儿自己绘画创作的未来汽车装订在一起，制作班级未来汽车作品集，幼儿互相交流介绍自己的作品。

观察指导要点

- 幼儿是否愿意与同伴分享和交流自己的作品，是否能够使用恰当的语言评价他人的作品。
- 教师抓住有创造想象的作品和幼儿分享，鼓励幼儿大胆想象与创作。

★ 活动拓展

在图书区投放关于汽车的书籍，在美工区投放彩笔、纸、订书器等，供幼儿制作“汽车发展史”连环画。

★ 家园共育

有条件的家长可以带孩子参观车展，了解更多关于车的知识。

特殊的车辆

★ 活动目标

1. 能增强安全意识，大胆、正确地表述自己的见解。
2. 知道警车、救护车和消防车的鸣笛声和紧急电话。

③ 简单了解特殊车辆的外形特征和功能用途。

★ 活动准备

① 经验准备

观察了解马路上各种各样的车。

② 物质准备

配备材料：幼儿探究游戏活动材料“车辆场景对对碰（一）”“车辆场景对对碰（二）”；电子图片“特殊的车辆”。

自备材料：救护车、消防车和警车的鸣笛声音频。

★ 活动建议

一、游戏导入，了解几种特殊车辆的鸣笛声。

① 播放救护车的鸣笛声，请幼儿讨论：你听过这种声音吗？它是什么车的鸣笛声呢？为什么会这样鸣笛？

② 交流讨论：还有哪些特殊的鸣笛声？都是什么车的声音？它们会在什么时候鸣笛？

③ 分别倾听警车和消防车的鸣笛声，并进行模仿。

观察指导要点

- 幼儿能否认真倾听，并根据听到的内容进行讨论。
- 引领幼儿模仿这些特殊车辆的鸣笛声。

经验提升：这些声音分别是救护车、警车和消防车的鸣笛声，这些车有的着急去救病人，有的着急去抓坏人，还有的着急去救火。这些鸣笛声，可以提醒大家让路，以便它们快速通过。

二、讨论交流，分别了解几种特殊车辆的外形特征、功能用途。

（一）出示“特殊的车辆”中的消防车图片

① 观察图片，交流讨论：这是什么车？它有什么特殊本领？着火了打什么电话报警？

② 探讨发现：消防车是什么颜色的？它的身上有什么？梯子有什么用处？

经验提升：消防车是一种专门设计用于灭火或消防救援的车辆。多数消防车外观为红色，车顶部有警笛和警灯。车上有各种消防器材和灭火剂，如钢梯、水枪、便携式灭火器、自持式呼吸器、防护服、破拆工具等，如果着火了要打 119 报警。

（二）出示“特殊的车辆”中的救护车图片

❶ 观察图片，交流讨论：救护车有什么本领？

❷ 探讨发现：为什么救护车上的灯会闪？还发出嘀嘟嘀嘟的声音？

❸ 你们知道救护车里面有什么吗？它们有什么用？

经验提升：救护车通常以白色为主，配有红色反光彩带和警灯，车身上有红十字标志，主要功能包括现场急救、患者转运和途中监护。救护车中有基本的担架床、氧气瓶等简单的医疗设备，以便在紧急情况下对患者进行初步救治。如果有紧急病人要打 120 急救电话。

（三）出示“特殊的车辆”中的警车图片

❶ 观察图片，交流讨论：小朋友，你们见过警车吗？

❷ 探讨发现：警车是什么颜色的？它的头上有什么？是干什么用的？什么情况下警察会开着它出来？

经验提升：警车是警察执行公务用的机动车辆。警车的车牌通常为白色，车牌后端的汉字为红色的“警”字，执行任务时会鸣响警笛，可优先通过。报警电话是 110。

（四）出示“特殊的车辆”中的洒水车图片

❶ 观察图片，交流讨论：为什么马路上需要洒水？什么时候会看到洒水车？

❷ 探讨发现：为什么洒水车可以洒水？水藏在哪里？洒水车工作时为什么会播放音乐？

经验提升：因为天热的时候，马路上的温度很高，洒水可以使马路降温，保护马路。洒水车的水就藏在车上的桶里，洒水车有两根像排气管一样的小孔，可以洒水。洒水车工作时一般会有音乐声，人们听到后就会躲避，避免水喷出来溅到身上。

观察指导要点

- 幼儿是否能有条理地表达自己的观察与发现，是否能了解特殊车辆的外形特征。

- 鼓励幼儿说出自己知道的特殊车辆的功能用途。

三、儿歌抢答，巩固对特殊车辆功能用途的认识。

请小朋友听到老师说的儿歌后抢答出相应车辆的名称。

1. 下雨车，下雨车，边下雨来边唱歌。请问这是什么车？（洒水车）
2. 失火救人时，都要它来帮。请问这是什么车？（消防车）
3. 抓坏人的时候，警察就会开着它。请问这是什么车？（警车）
4. 家有病人时，赶快给它打电话。请问这是什么车？（救护车）

经验提升：消防车是用来救火时执行任务的；救护车是用来抢救病人的；警车是用来抓坏人的；洒水车是用来美化城市环境的。以上这些车都是在有特殊任务时使用的。

四、操作活动，了解特殊车辆的不同结构和作用。

取出幼儿探究游戏活动材料“车辆场景对对碰（一）”“车辆场景对对碰（二）”，把场景与合适的车辆配对，讲讲这些车辆的特殊用途。

观察指导要点

- 幼儿能否认真观察，根据场景的不同匹配相应的车辆。
- 引导幼儿有序讲述各种特殊车辆的用途。

经验提升：车辆的基本构造是相同的，但每种车辆的功能不同。有载人的家用小轿车、公交车，有载货的卡车，还有很多有特殊功能的车（洒水车、垃圾车、吊车、消防车、警车、救护车、邮政车、运钞车）等。不同的车外部造型有差异，车身的颜色不同、车辆的标志不同、车灯款式也不同，等等。

★ 活动拓展

在科学区提供各种特殊车辆的图片，供幼儿学习和讨论。

★ 家园共育

请家长带孩子观察各种特殊车辆。

子主题 空中的飞机

飞机大集合

★ 活动目标

1. 萌发探究飞机的愿望，体验探索的快乐。
2. 能在集体中积极地谈论话题，主动发言。
3. 了解飞机的种类和作用，初步感知飞机飞行的原理。

★ 活动准备

1. 经验准备

部分幼儿已有乘坐飞机的体验。

2. 物质准备

配备材料：视频《飞机为什么能飞上天》《莱特兄弟的故事》；电子图片“各种各样的飞机”。

自备材料：飞机模型。

★ 活动建议

一、猜谜讨论，激发对飞机的兴趣。

1. 猜谜：似鸟不是鸟，能在天空飞，载人又载物，来往全世界。（飞机）
2. 交流：你坐过飞机吗？坐飞机的感受是怎样的？飞机是什么样子的？

观察指导要点

- 幼儿能否积极参与猜谜活动，能否用语言完整表述自己对飞机的了解。
- 参与幼儿的交流，调动幼儿的兴趣。

经验提升：飞机的外形就像是一只大鸟，飞机之所以能飞行也借鉴了鸟类的飞翔原理。

二、观看视频，了解飞机的发明。

1. 讨论：飞机是谁发明的？
2. 观看视频《莱特兄弟的故事》。
3. 围绕故事讨论：爸爸送给莱特兄弟什么礼物？他们最后研制出飞机了吗？

观察指导要点

- 幼儿能否观看视频认真倾听故事。
- 能否根据故事内容准确地回答教师的提问。

经验提升：在莱特兄弟之前，也有很多人梦想飞上蓝天，可是他们没有成功，但莱特兄弟始终坚持自己的梦想，不怕困难，坚持反复实践，最终研制出了飞机。

三、观察图片，了解飞机的种类。

1. 小组讨论。围绕飞机的种类讨论：你见过哪些飞机？它们有什么用途？
2. 观看图片"各种各样的飞机"，初步了解飞机的种类。

观察指导要点

- 幼儿能否认真观察图片，是否能说出飞机的种类。
- 能否发现飞机的不同，并能够运用语言大胆进行表达。

经验提升：飞机分为军用机和民用机，其基本构造是一样的，军用机更灵活，民用机载人比较多，所以机身会比较大。军用机包括歼击机、强击机、轰炸机、侦察机、预警机、电子干扰机、反潜机、空中加油机等。民用机包括客机、货机、邮政机、公务机、农业机、林业机、灭火飞机、医疗救护机、教练机等。

四、观察感知，了解飞机的构造及飞行原理。

1. 观察飞机模型，围绕飞机的外部构造及作用讨论与交流：飞机是由哪些部分组成的？飞机的机翼有什么用途？飞机有轮子吗？飞机的轮子有什么作用？

你知道飞机为什么能够飞行吗?

② 观看视频《飞机为什么能飞上天》。

观察指导要点

- 幼儿是否对飞机的构造感兴趣，积极回答教师的提问。
- 幼儿能否认真观看视频，理解飞机能够飞行的原理，并运用语言简单表达。

经验提升：飞机一般由五个主要部分组成：机翼、机身、尾翼、起落装置和动力装置。机翼是飞机的主要部件之一，安装在机身上，主要作用是产生升力，当升力足够克服飞机的重力时，飞机就能离开地面，飞上蓝天。飞机起飞降落时通过轮子来加速或减速，同时稳定机体，防止机体倾斜，轮子本身有制动系统，可以在滑行时配合发动机控制滑行速度。

★ 活动拓展

在图书区增加与飞机相关的图书。

★ 家园共育

家长有机会可带孩子乘坐飞机，体验飞行。

创意制作小飞机

★ 活动目标

① 积极参与活动，体验手工创意制作的乐趣。
② 愿意与别人分享交流自己的作品。
③ 尝试运用多种工具、材料设计和制作小飞机。

★ 活动准备

① 经验准备

初步了解飞机的简单构造。

❷ 物质准备

配备材料：电子图片“各种各样的飞机”“自制飞机模型”。

自备材料：教师自制的飞机；夹子、雪糕棍、剪刀、胶棒、彩笔、橡皮泥、彩色卡纸、一次性纸杯、卫生纸筒、纸盒、塑料饮料瓶、牛奶盒等废旧材料。

★ 活动建议

一、谈话交流，激发幼儿兴趣。

❶ 幼儿谈话：你想设计什么样的飞机？有哪些功能？

❷ 观看图片“各种各样的飞机”，并谈话：这些飞机都是由哪些部分组成的？它的外形像什么？

观察指导要点

- 鼓励幼儿大胆想象，积极主动地表达自己的想法。
- 教师可以借助问题的引领引发幼儿的想象。

经验提升：飞机的造型有很多，它们的功能也不一样，我们可以发挥自己的创意，设计多样的飞机。

二、观察讨论，了解教师制作的飞机。

❶ 幼儿讨论：老师的飞机是由哪些材料制作的？

❷ 观看图片“自制飞机模型”并讨论：这些飞机有什么特点？是由哪些材料制作的？

观察指导要点

- 组织幼儿充分讨论，鼓励幼儿大胆说出自己的想法。
- 幼儿在表达的过程中，教师注意捕捉幼儿创意想法，并加以引导，提出合理化建议。

经验提升：小想法能够改变大世界，我们可以使用不同的材料创意制作小飞机。

三、动手操作，创意制作小飞机。

❶ 介绍操作材料，引导幼儿正确选用材料。

② 幼儿自由选择操作材料，设计制作小飞机。

观察指导要点

- 幼儿是否有自己的想法，先有思路，再选择材料。
- 幼儿制作过程中，教师指导幼儿正确使用工具和各种操作材料。
- 教师鼓励幼儿遇到问题主动找同伴帮忙，共同想办法解决问题。

经验提升：先说说自己的想法，再选择合适的材料，遵循从整体到局部的原则来制作小飞机。

四、展示交流，召开“飞机博览会”。

① 围绕“飞机博览会”展开讨论，向同伴介绍自己制作的飞机。

② 尝试创编广告语，宣传自己的飞机。

观察指导要点

- 幼儿能否运用连贯的语言讲述自己制作的飞机。
- 鼓励幼儿使用优美的语言、欢快的节奏，尝试创编广告语，宣传自己设计制作的飞机。
- 能够对同伴的作品进行评价，并敢于表达自己的想法。

经验提升：创编广告语，体会语言的节奏韵律美，如“飞得高，看得远，让距离不再遥不可及”“云里雾里，自由穿行”等。

★ 活动拓展

① 在美工区继续投放不同材料，供幼儿自制飞机使用。

② 在建构区创设停机坪，供幼儿停放自制飞机。还可将幼儿设计的飞机悬挂于活动室中，供幼儿欣赏。

★ 家园共育

家长可带孩子共同收集关于飞机的资料，也可以和孩子一起制作各类飞机。

子主题 水中的船

各种各样的船

★ 活动目标

1. 体验科学探究乐趣。
2. 能够使用图示符号记录实验结果。
3. 知道船的种类很多，初步了解船的结构和作用。

★ 活动准备

1. 经验准备

幼儿已有关于船的经验。

2. 物质准备

配备材料：幼儿探究游戏活动材料“我知道的船”；视频《轮船为什么不会沉》；电子图片“各种各样的船”。

自备材料：轮船模型，透明的盛水容器、实心铁球、空心铁盒、木质积木块、橘子、塑料玩具、铁钉等用于做沉浮实验的物品。

★ 活动建议

一、交流讨论，了解船的种类。

1. 谈话交流。在小组内围绕“我知道的船”进行谈话，介绍自己知道哪些船，在什么地方见过，它们有什么用处，交流自己的调查结果。
2. 观察图片“各种各样的船”，说一说自己认识的船。

观察指导要点

● 幼儿能否根据自己的调查结果有条理地讲述；能否细心观看图片，分享自己对船的相关经验。

● 参与幼儿的交流，了解幼儿的前期经验。

经验提升：船是一种非常重要的水上交通工具，它有很多种类。按用途分有民用船和军用船，按航行的区域分有远洋船、近洋船、沿海船和内河船等，按船体材料分有木船、钢船、水泥船和玻璃钢船等，按用途的不同分有客船、货船、打捞船、破冰船、科学考察船等。

二、观察探究，了解船的构造。

观察轮船模型，了解轮船的内外部结构。

观察指导要点

● 幼儿能否认真观察，并积极回答问题。
● 幼儿能否用语言简单描述船的内外部构造。

经验提升：轮船的船体可分为主体部分和上层建筑部分，主体部分为甲板以下的部分，上层建筑有各种舱室，如工作舱室、生活舱室、储藏舱室、仪器设备舱室等。

三、实验操作，了解船航行时不沉的原理。

❶ 猜想与记录。将不同的物品放入水中，猜猜哪些会沉下去，哪些会浮上来，并记录自己的猜想。

❷ 实验操作。分组实验，将不同的物品放入水中，观察什么物体会沉下去，什么东西会浮上来，根据实验结果做简单记录。

❸ 分析交流。结合自己的实验与记录，交流分享实验发现。

❹ 讨论：为什么有的物品会浮上来，有的会沉下去？同样是铁制物品，为什么铁球沉下去而铁盒却能浮上来呢？

观察指导要点

● 幼儿能否大胆进行猜想并说出理由。
● 教师适时与完成实验的幼儿交流实验感受，捕捉有价值的信息，为后续的总结做准备。

● 幼儿能否清楚地讲述实验发现，感知物体的密度与物体的沉浮有关。

经验提升：物体在水中的沉浮与物体的密度有关系。因为铁球是实心的，密度大于水，所以会沉下去。而铁盒子是空心的，体积比较大，排开水的重量也大得多，所以浮力也大多了，只要浮力大于铁盒重量，铁盒就不会沉下去。

5 观看视频《轮船为什么不会沉》，围绕"轮船在水上航行时为什么不会沉"展开讨论，了解其中的原理。

经验提升：轮船虽然是钢铁做的，但是轮船只是一个钢铁壳子，轮船的整体密度小于水，所以能浮在水面上。

★ 活动拓展

1 在图书区提供关于各种各样船的图书。
2 将各种船的图片布置在活动室墙面上。
3 在科学区投放关于物体沉浮的实验用品及记录表。

★ 家园共育

家长有机会可带孩子观看动画电影《江南》。

赛 船

★ 活动目标

1 乐于参加手工制作活动，对科学小制作感兴趣。
2 能综合运用废旧材料制作赛船。
3 学习制作赛船的方法，了解影响赛船前进后退的因素。

★ 活动准备

1 经验准备
幼儿已有关于船的外部构造的经验。

❷ 物质准备

配备材料：幼儿探究游戏活动材料“制作小赛船”；视频《赛船的制作方法》；实物材料弹性橡皮筋、一次性筷子、雪糕棍。

自备材料：教师自制的赛船；矿泉水瓶、饮料瓶、透明胶带等。

★ 活动建议

一、观察小船，激发幼儿兴趣。

❶ 观察教师放置在水池中的小船。

❷ 围绕“小船”进行谈话：小船是用什么材料制作的？小船为什么会在水中跑起来呢？

观察指导要点

- 幼儿对会跑动的赛船是否感兴趣。
- 幼儿能否通过认真观察发现小船跑起来的秘密。

经验提升：原来在小船的尾部绑上了橡皮筋，橡皮筋上固定了雪糕棍，扭动雪糕棍，小船就会跑起来，并且扭动的圈数够多，小船就能跑得更远。

二、观看视频，了解小船的制作方法。

❶ 观察制作小船的材料和工具，谈话：利用这些材料怎么制作小船，让小船动起来呢？

❷ 观看视频《赛船的制作方法》，了解赛船的制作过程与方法。

❸ 分析交流，和幼儿一起讨论赛船的制作方法。

观察指导要点

- 幼儿能否通过观察了解制作赛船的方法和步骤；能否积极表达自己的观察发现。
- 教师可以与幼儿一起讨论赛船的制作方法和注意事项。

经验提升：制作小船首先要选择好船身的材料，保证船身可以浮在水面上，可以用矿泉水瓶、易拉罐或饮料瓶，然后用橡皮筋将两根筷子固定在船身上，最后用橡皮筋连接好螺旋桨，螺旋桨可以用雪糕棍或其他材料来制作。

三、操作活动，尝试制作自己的小赛船。

取出幼儿探究游戏活动材料“制作小赛船”，根据实物材料及制作步骤进行制作。

观察指导要点

- 幼儿是否能利用废旧材料制作小船。
- 巡回观察幼儿的制作过程，必要时进行询问，帮助幼儿更好地完成作品。
- 与完成作品的幼儿对话，了解幼儿在活动中的收获，捕捉有价值的内容，为后续的总结做准备。

经验提升：小朋友们根据实物材料及制作步骤做出了赛船，那么赛船怎么才能跑起来呢？

四、实验操作，探究赛船怎么才能向前跑。

① 操作体验。自由把制作好的赛船放进水池中，试一试怎样才能让赛船向前跑。

② 经验分析。自由交流自己的操作经验。

观察指导要点

- 幼儿制作的赛船在下水实验中遇到了哪些问题，他们是如何解决的。
- 幼儿是否能发现让赛船向前跑的奥秘。

经验提升：原来橡皮筋向前转，小船会往后跑，橡皮筋往后转，小船会往前跑。

五、游戏体验，开展赛船比赛。

与幼儿到户外水池进行赛船比赛。

观察指导要点

- 幼儿能否发现让赛船跑得快的原因。
- 幼儿还喜欢怎样玩赛船。

经验提升：在游戏中我们有了更多的发现，橡皮筋转的次数够多，赛船才能跑得更远。

★ 活动拓展

在活动区投放多种材料，鼓励幼儿制作不同的船；在图书区提供关于赛龙舟的书籍。

★ 家园共育

鼓励孩子在家与爸爸妈妈合作制作小船。

五个朋友去划船

★ 活动目标

1. 乐于与同伴讨论，感受安全的重要。
2. 认识载重标识，知道交通工具超载的危害。
3. 了解故事内容，会使用形容词来描述动物的特点。

★ 活动准备

1. 经验准备

对相关动物的生活习性和特点有所了解。

2. 物质准备

配备材料：图画书《五个朋友去划船》；电子图片“五个朋友去划船”“载重标识”；音频故事《五个朋友去划船》。

★ 活动建议

一、观察图片，引出故事内容。

1. 观看交流。观察图片回答问题：农场里有几只动物？分别是谁？
2. 描述动物。观察并描述动物的特点，按照顺序（奶牛、毛驴、猪、山羊、公鸡）观察，说说分别是谁，长什么样子，用什么词语来形容他们。

观察指导要点

- 幼儿能否根据图片提供的线索，回答教师的提问。
- 幼儿能否根据动物的特点，使用恰当的词语来描述动物。

经验提升：可以根据动物的自身特点，使用简单的词语描述动物的特征。如体格健壮的奶牛、馋嘴的毛驴、粉红色的小猪、喜欢直立行走的山羊、骄傲的母鸡。

二、讨论讲述，理解故事内容。

观察讨论。分别观看图片，自由交流以下问题：

1. 他们五个好朋友要去做什么？你从哪里看出来的？这条小船能够乘坐五个人吗？
2. 动物们的上船顺序是怎样的？每个动物上船时小船会不会翻？
3. 母鸡的体重最轻，为什么她上船后小船会翻？

观察指导要点

- 幼儿能否根据图片内容猜想动物们要去做什么。
- 幼儿能否针对问题清楚地表达自己的想法。
- 幼儿能否根据图片上的线索描述每个动物上船的样子。

经验提升：船的载重量是有限的，在母鸡上船之前小船就已经达到了载重量的极限，所以母鸡虽然体重最轻，但是超过了船的载重量，就会翻船。

三、知识扩展，理解超载的危害。

1. 思考讨论。在小组内围绕“超载”展开讨论：在生活中你都遇到过哪些超载的问题？如果超载会发生什么事情？

观察指导要点

- 幼儿能否根据已有经验，完整流利地描述自己在生活中遇到的超载问题。
- 幼儿能否合理推断超载会造成的危险。

❷ 认识载重标志。观察图片“载重标识”，回答问题：你能找到载重标识吗？它是什么样的？

观察指导要点

● 幼儿能否认真观看图片找到载重标识，并完整表达。

经验提升：交通工具上一般都会有载重标识，这是保障安全的重要提示。

四、阅读，说一说“好朋友去划船”的方案。

❶ 阅读思考。倾听音频，并阅读图画书《五个朋友去划船》，围绕“限乘三人”设计合理的划船方案。

❷ 幼儿讲讲自己的划船方案。

观察指导要点

● 幼儿能否根据故事提供的线索，合理设计划船方案。

经验提升：每种交通工具都有自己的载重上限，要根据载重要求乘坐交通工具。

★ 活动拓展

在表演区提供小动物的头饰及道具，供幼儿表演《五个朋友去划船》。

★ 活动资源

故　事

五个朋友去划船

湖边的农场里住着一群好朋友，他们是一头体格健壮的奶牛，一头馋嘴的毛驴，一只粉红色的小猪，一只喜欢直立行走的山羊和一只骄傲的母鸡。在一个阳光灿烂的午后，这五个好朋友突然兴致勃勃地想来一次冒险，去湖里划船。

到了湖边，他们看到湖边的牌子上写着“限乘三人”。可是，五个好朋友谁也不想扔下同伴，而且冒险就得有冒险的样子，所以他们决定全体上船。

你猜猜小船会被他们弄翻吗？会是谁呢？是那头体格健壮的奶牛吗？他上船的时候像小山一样砸下去，发出了好大好大的声响呢。哦，那头体格健壮的奶牛没有弄翻小船。那么是那头馋嘴的毛驴吗？他上船时溅起了好多好多水花。哦，那头馋嘴的毛驴没有弄翻小船。那么是那只粉红色的小猪吗？他上船时滑了一跤，使得小船剧烈地摇晃起来。哦，那只粉红色的小猪没有弄翻小船。那么是那只喜欢直立行走的山羊吗？尽管山羊很懂得保持平衡，但他是第四只上船的动物，超载啦！哦，那只喜欢直立行走的山羊没有弄翻小船。那么那只骄傲的母鸡也不会弄翻小船吧？她可是五个好朋友中体重最轻的。现在你知道是谁弄翻了小船吧？不过母鸡可不会承认是她干的。

子主题 出行大体验

出行方式大调查

★ 活动目标

1. 乐于参与小组合作，大方有礼貌地访问同伴。
2. 能用简单的统计表表示数量关系，具有逻辑推理能力和数感力。
3. 能够阅读理解统计记录表，并学习使用数字进行统计记录。

★ 活动准备

1. 经验准备

幼儿有乘坐交通工具的相关经验，提前完成幼儿探究游戏活动材料“出行方式调查表”。

2. 物质准备

配备材料：幼儿探究游戏活动材料“出行方式调查表”；视频《低碳环保出行》。

自备材料：小组出行方式调查表（见“活动资源”）、班级出行方式调查表。

★ 活动建议

一、谈话交流，分享来园的出行方式。

围绕“可以怎样来幼儿园”进行谈话，例如：你的家住在哪里？你是怎样来幼儿园的？和谁一起来的？大约需要多长时间？可以有几种方式来幼儿园？

观察指导要点

- 幼儿能否清楚描述自己家所在的位置。
- 幼儿能否清楚地讲述自己来幼儿园的方式。

经验提升：我们来到幼儿园可以有很多方式，家离幼儿园很近的，可以和爸爸妈妈走路来到幼儿园，有的还可以骑自行车来幼儿园；家离幼儿园远的，可以坐公交车或爸爸妈妈开自己家的车来幼儿园，有的小朋友还和家人乘坐地铁来到幼儿园。

二、交流讨论，了解调查表的内容与记录方法。

❶ 小组讨论。取出幼儿探究游戏活动材料“出行方式调查表”，自由交流：你都到哪里游玩过？乘坐过哪些交通工具？

❷ 了解调查表。观察“出行方式调查表”，说说这个表格的结构。表中的第一行表示什么意思？第一列表示什么意思？要想把你出行的方式记录下来，应该怎样记录？

观察指导要点

- 幼儿能否理解调查表的含义，能否说出每一行、每一列的含义。
- 幼儿能否根据调查表的内容清楚地讲述自己的出行经历。

经验提升：调查表中第一行表示不同的出行方式，如步行、自行车、电动车、公交车、地铁等；第一列表示自己去过的地方。

三、小组统计，记录统计小组人员的出行方式。

❶ 组长有礼貌地询问本小组的同伴都去过什么地方，是通过什么出行方式去的。

❷ 合作进行小组记录。利用“小组出行方式调查表”，每名幼儿要先在小组调查表格左侧写上自己的名字，再选择好自己的出行方式，在名字和出行方式的交叉处画上“√”，画好后再检查一下有没有画错位置。

❸ 统计本小组每种出行方式的人数。数一数每种出行方式共有几人，在“合计”栏中用数字记录。最后，比较哪种出行方式的人数最多。

观察指导要点

- 幼儿之间能否友好礼貌地互相询问。
- 幼儿在合作记录中出现了哪些问题，他们是如何解决的。
- 幼儿是否掌握了记录方法。

经验提升：我们在进行记录时，为防止串行，可以用手指着行和列，精准找到交叉处。如果有表格上没有的出行方式，可以在表格后面添加。

四、交流分享，检验调查记录结果。

❶ 推选小组长介绍本组调查结果。

❷ 核对调查结果，寻找错误的原因，改正调查记录。

❸ 利用“班级出行方式调查表”，分组进行统计，最后说一说班级中哪种出行方式的人数最多，哪种出行方式的人数最少。

观察指导要点

- 幼儿能否清楚表达自己组的统计结果。
- 幼儿能否进行大调查表的统计记录。

经验提升：利用统计记录能够更好地把结果展现给大家，大家可以更加直观地了解调查结果。

五、知识扩展，如何采用合适的出行方式。

❶ 设置问题情境，讨论如何根据出行目的地的不同，选择适合的出行方式。例如：去本地的公园可以采用哪些出行方式？去比较远的地方或者去外地的著名景区可以采用哪种出行方式？

❷ 观看视频《低碳环保出行》，谈话：红袋鼠是怎样出行的？为什么？

观察指导要点

- 幼儿能否根据已有经验表达自己的想法。
- 幼儿能否根据视频回答问题。
- 教师注意倾听幼儿的交流，在幼儿的表达中注意捕捉有价值的经验和语言，为接下来的总结做好铺垫。

经验提升：出行方式有很多，我们要尽量选择方便的出行方式，同时还要倡导绿色出行，这样既节约能源、提高能效、减少污染，又益于健康、兼顾效率。去比较近的地方可以步行、骑自行车；去比较远的地方可以乘坐地铁、公交车；去更远的外省、著名的景区可以乘坐高铁（火车）、飞机；开车出行可以选择新能源汽车等。

★ 活动拓展

美工区投放纸、水彩笔，绘画“我的出行方式”。

★ 活动资源

小组出行方式调查表

出行方式 / 地点	步行	自行车	电动车	公交车	地铁	轿车	火车	轮船	飞机	

最常用的出行方式是（　　　　　），共有（　　　　　）次。

出行小助手

★ 活动目标

1. 感受科技给人们出行带来的便利，对科技产品感兴趣。
2. 初步了解导航、共享单车在生活中的运用。
3. 知道并能简单操作使用出行助手。

★ 活动准备

1. 经验准备

幼儿已有关于出行的相关经验。

2. 物质准备

配备材料：视频《导航的使用》；电子图片“共享单车”。

自备材料：大地图、手机、指南针。

★ 活动建议

一、交流讨论，了解不同的出行方式。

谈话交流。围绕“怎么去幼儿园附近的公园”进行讨论，自由发表意见，说说可以使用哪些交通工具。

观察指导要点

- 幼儿能否积极想办法解决问题。
- 幼儿能否根据已有经验讲述自己的出行方式。

经验提升：去同一个地方可以采用不同的出行方式，使用不同的交通工具，如汽车、共享单车、共享电动车、步行等。每一种出行方式都能够带给我们不同的体验。

二、感受多种出行方式，了解共享单车。

1. 观察图片“共享单车”，并进行讨论：你见过这种自行车吗？怎样才能使用这种自行车？

❷ 分享共享单车的使用方法及注意事项。

观察指导要点

- 幼儿是否有扫码使用共享单车的相关经验。
- 幼儿能否说出共享单车的使用方法。

经验提升： 共享单车可以方便人们出行。使用手机上的应用程序，扫一扫自行车上的二维码，就能弹出开锁页面，确认开锁后就可以骑行了。骑行结束后，将共享单车停放到规定的停车点，打开手机上的应用程序，付费还车。

三、师幼集体实践，了解手机导航的使用。

❶ 围绕“如果出门找不到路怎么办”展开讨论，了解手机导航的功能与使用方法。

观察指导要点

- 幼儿能否充分讨论，解决出门找不到路的问题。
- 幼儿是否对导航感兴趣，能否认真倾听教师讲解。

经验提升： 手机导航可以告诉我们自己在地图中所处的位置，以及想要去的地方在地图中的位置，并且能够为我们选择最佳路线。

❷ 思考讨论。运用教师的手机，导航到幼儿园附近的公园，对比不同的出行方式，讨论选择哪种出行方式（驾车、公交、骑行、步行）更适合，为什么。

观察指导要点

- 幼儿是否对导航感兴趣，是否有手机导航的经验。
- 鼓励幼儿充分讨论哪种出行方式更适合。

经验提升： 出行方式有很多种，要选择最合适的方式出行。路程远的可选择乘车，路程不太远的可选择骑行，路程较近的可选择步行。

❸ 实践体验。师幼在手机导航的带领下步行前往幼儿园附近的公园，过程

中提醒幼儿过马路时要注意安全。

观察指导要点

- 幼儿是否能听懂导航指示，感知导航的便利。
- 幼儿能否认真倾听导航的引领并按照路线行动。

经验提升：手机导航可以帮助我们选择合适的出行方式，为我们提供最为快捷、方便的路线。

④ 师幼再按照导航的路线返回幼儿园。

四、经验提升，绘画去附近公园的路线。

自由进行绘画表达，把去附近公园的路线画下来，并带回家与爸爸妈妈分享。

观察指导要点

- 幼儿能否画出前往附近公园的路线。
- 教师与完成绘画的幼儿进行交流，捕捉有价值的线索，为接下来的总结做好准备。

经验提升：我们绘画出了去附近公园的路线，能用箭头、符号表达经过的地方及行进的方向。

五、知识扩展，了解导航的更多应用。

① 围绕“导航的应用”展开讨论：导航给我们的生活带来了哪些便利？

② 观看视频《导航的使用》，丰富对导航的认识。

观察指导要点

- 幼儿能否根据教师的提问积极回答问题。
- 幼儿能否认真观看视频，对视频内容感兴趣。

经验提升：随着科技的不断发展，导航已经成为现代人出行的重要工具之一，为我们的生活带来了更多便捷。

★ 活动拓展

在图书区提供关于导航的图书，张贴大地图；在科学区投放指南针，供幼儿认识和使用。

★ 家园共育

建议家长带孩子使用共享单车出行；帮助孩子了解并简单操作更多的出行助手。

会说话的交通标志

★ 活动目标

❶ 遵守交通规则，提高安全意识。
❷ 大胆想象设计交通标志，萌发创造能力。
❸ 认识常见的交通标志，了解标志的特征和作用。

★ 活动准备

❶ 经验准备

幼儿已有接触交通标志的经验。

❷ 物质准备

配备材料：幼儿探究游戏活动材料“交通标志分类卡”“交通标志对对碰”“小小设计师”；电子图片“拥堵的十字路口”“常见的交通标志”。

自备材料：画纸、笔、剪刀、胶棒。

★ 活动建议

一、问题导入，了解红绿灯的作用。

❶ 观察交流。观察电子图片“拥堵的十字路口”，并谈话：这是什么地方？车辆为什么会这么拥堵？

❷ 讨论分享。围绕“红绿灯”展开讨论：马路上如果没有红绿灯行不行？

没有红绿灯会怎么样？

观察指导要点

- 幼儿能否通过观察图片猜测造成拥堵的原因。
- 幼儿能否根据已有经验有条理地表达自己的见解。

经验提升：红绿灯是指挥交通运行的信号灯，通常设立在交叉路口和其他需要交通管制的地方，红灯表示禁止通行，绿灯表示准许通行，黄灯表示警示。车辆在马路上行驶、行人行走都要遵守红绿灯的指示。

二、观看图片，认识常见的交通标志。

❶ 观察电子图片“常见的交通标志”并谈话：这些分别是什么标志？代表什么意思？幼儿间交流自己认识的标志名称和作用，与大家分享经验。

❷ 竞赛游戏。教师说出交通标志的名字，幼儿快速说出在第几行第几个。

❸ 观察交流。观察交通标志的颜色并展开交流：这些交通标志的颜色一样吗？每种颜色都代表什么意思？你还知道哪些交通标志？

❹ 操作活动。

取出幼儿探究游戏活动材料“交通标志分类卡”。说一说这些交通标志表达的意思是什么；取下卡片并分类，说说你发现了什么规律。

观察指导要点

- 幼儿能否说出交通标志表达的意思；能否发现并区分不同颜色交通标志的意义。
- 引导幼儿从颜色、形状等方面观察和区分交通标志。

经验提升：交通标志是用文字或符号传递引导、限制、警告或提示信息的道路设施。警告标志一般是三角形的，黄底黑边，黑色图案，警告驾驶人员注意前方路段存在的危险；禁令标志一般是圆形的，白底红边，红斜杠，黑色图案，表示对车辆加以禁止或适当限制的标志；指示标志为蓝底、白图案，形状分为圆形、长方形和正方形，指示车辆、行人行进的标志；指路标志一般是长方形和正方形的，通常为蓝底白字和白色图案，高速公路一般为绿底、白图案，是用于指路的指示牌。此外还有旅游区标志、作业区标志等。

三、分享讨论，了解交通标志的作用。

在小组内围绕“马路上如果没有交通标志”展开讨论：马路上如果没有交通标志会怎样？如果不按照交通标志指示、不遵守交通规则会怎样？

观察指导要点

- 幼儿能否发挥想象思考交通标志的作用。

经验提升：如果没有交通标志，路上的车就会随意乱行，有可能引起车祸，发生危险，严重影响人们的工作和生活，所以交通标志是社会生活环境中不可缺少的一种符号。我们应该遵照交通标志的指示，遵守交通规则，做个文明的交通小标兵。

四、实践操作，判断不同情境的标志运用。

❶ 取出幼儿探究游戏活动材料“交通标志对对碰”，幼儿根据图片情境粘贴适宜的交通标志。

❷ 请幼儿分享自己的操作结果，并说出理由。

观察指导要点

- 幼儿能否条理清楚地介绍自己的想法。
- 与完成操作的幼儿对话，了解幼儿的想法，捕捉有价值的内容，为后续的总结做准备。

经验提升：交通标志不仅能提供道路信息、控制交通、指路导向，还能为交通管理部门提供执法依据。

五、设计制作，拓展迁移经验。

❶ 讨论：我们幼儿园室外有哪些地方需要标志？

❷ 取出幼儿探究游戏活动材料“小小设计师”，请你来设计一下吧。

❸ 投票选标志。分别介绍自己设计的标志，其他幼儿用小粘贴投票选出最有创意的 2 个或几个标志。

❹ 将选出的标志粘贴在适合的场所，和小伙伴一起玩走迷宫游戏。

观察指导要点

- 幼儿能否根据以往经验说出应在哪里设置标志。
- 幼儿能否用简单的图示和色彩表示事物。
- 幼儿能否有条理地说出自己的设计意图。

经验提升：小朋友根据班级的环境，分别设计了相应的标志，如寝室中表示安静睡觉的标志，盥洗室表示小心地滑的标志，楼梯拐角表示小心碰撞的标志等。

★ 活动拓展

在美工区提供纸和笔继续设计安全标志；在益智区提供纸和彩色笔自制交通游戏棋。

★ 家园共育

家长带孩子外出时要提醒孩子遵守交通规则，并为孩子做好榜样；看到交通标志时，和孩子一起说说它们的名称和用途。

出行大体验

★ 活动目标

1. 感受不同出行方式带来的快乐。
2. 了解多种出行方式。
3. 能够条理清晰地讲述自己的出行过程及感受。

★ 活动准备

1. 经验准备

幼儿已有乘坐不同交通工具出行的经验；提前完成幼儿探究游戏活动材料“我的旅行日记”。

❷ 物质准备

配备材料：幼儿探究游戏活动材料“我的旅行日记”“快乐出行游戏棋”；视频《乘坐高铁》《乘坐飞机》《乘坐轮船》；实物材料塑料骰子。

自备材料：中国地图、卡纸、彩笔。

★ 活动建议

一、谈话，了解幼儿的出行经验与体会。

❶ 围绕“我的出行”进行讨论：你都坐过哪种交通工具出行？去过哪里？和谁一起去的？做了什么？

观察指导要点

- 幼儿能否根据教师的问题积极参与讨论。
- 幼儿能否根据已有经验完整清楚地讲述自己的出行过程。

❷ 分享交流。在小组内互相交流自己提前完成的“我的旅行日记”的内容，互相倾听小朋友的旅行经历。

观察指导要点

- 幼儿能否根据自己的绘画内容清楚地讲述。
- 教师鼓励幼儿讲出自己的出行感受，注意捕捉幼儿有价值的经验。

经验提升：生活中，人们的出行方式有很多，近距离出行可以选择步行、骑自行车；稍远的距离可以乘公交车、私家车；更远的距离可以乘坐飞机、轮船、高铁等。

二、经验积累，了解乘坐不同交通工具的感受。

观看视频《乘坐高铁》《乘坐飞机》《乘坐轮船》，了解高铁、飞机、轮船的乘坐方法及注意事项。

观察指导要点

- 幼儿能否认真观看视频资料，了解乘坐不同交通工具的方法。

● 观看视频后，幼儿能否讲述不同交通工具的乘坐要求，能否根据教师提出的问题积极应答。

经验提升：随着科技的进步，人们出行的方式越来越多，交通工具越来越便利，速度也越来越快，乘坐体验也越来越好。乘坐交通工具出行时，要坐稳或扶好扶手，不要将脑袋和手伸出车窗外；要注意文明礼貌，在公共场所不要大声喧哗；有困难寻求大人的帮助。

三、经验提升，去旅行。

1. 观察中国地图，找到我们所在的位置，再找到北京的位置，交流讨论应该乘坐什么交通工具去北京。
2. 找到海南的位置，讨论应该乘坐什么交通工具去海南，为什么。

观察指导要点

● 鼓励幼儿根据已有经验，大胆说出自己的想法。
● 观察幼儿是否有自己的想法并能完整表达。

经验提升：根据自己所在的位置判断距离的远近，从而选择合适的交通工具。

四、自由想象，设计自己的旅行计划。

1. 自主交流，说说假期的时候自己想去哪里旅行，想和谁一起去旅行，需要乘坐什么交通工具，要带什么东西，那里的天气怎么样。
2. 将自己的旅行计划设计出来。
3. 展示旅行计划，互相讲述、分享，了解小伙伴的旅行计划内容。

观察指导要点

● 幼儿能否根据自己的想法做计划，并正确记录。
● 教师与设计完成的幼儿进行交流，了解幼儿的旅行计划，提取有价值的经验。

经验提升：做旅行计划可以帮助我们做好各项旅行准备，让旅行更加顺畅、快乐。

★ 活动拓展

引导幼儿在区域游戏时利用幼儿探究游戏活动材料“快乐出行游戏棋”及实物材料塑料骰子进行游戏，也可以让幼儿与家长共同游戏。

★ 家园共育

家长与孩子共同体验不同的交通出行方式带来的乐趣。

亲亲泥土

主题价值

土壤是植物生长的基本条件，也是维持人类生存的重要资源之一。

“亲亲泥土”主题活动，可以让幼儿亲近大自然，提供与最天然、最具生命力的泥土为伴的机会，让孩子在自由、开放的环境中挖土、玩泥，感知泥土的特性、造型、用途，探究泥土的秘密，感受和理解土壤与万物的关系，萌发保护土壤、合理利用土地资源的意识。

主题讨论

主题实施前，围绕“泥土”设计开放性话题并组织幼儿进行谈话或讨论，了解幼儿对大自然中泥土的已有生活经验以及感兴趣的内容，以便灵活地运用主题案例，做适宜的选择、整合及园本化设计。例如：

1. 泥土是什么样子的？它有什么用？
2. 你喜欢玩土吗？你想怎么玩土？
3. 泥土是怎么来的？泥土可以用来做什么？
4. 你还知道泥土的哪些秘密？
5. 关于土壤和泥巴，你还想知道什么？

…………

主题目标

1. 乐于探索泥土，了解泥土的多种玩法，小肌肉动作灵活，有控制能力。
2. 愿意大胆表达自己的游戏想法和需要，流畅地与同伴交流探究的过程和结果。
3. 愿意和同伴共同游戏，感受集体合作的乐趣和成就感。
4. 了解不同种类土壤的特点，如软硬、粗细、颜色等。
5. 积极探索土壤的秘密，初步理解土壤对于人和动植物生存的重要性。

❻ 能用准确的节奏、好听的声音唱歌；乐意用肢体动作表现对泥土的喜爱之情。

❼ 喜欢玩泥土，体验玩泥、塑泥等自由创作的乐趣，发展想象力、创造力及动手操作能力。

主题资源

活动资源一览表

子主题	活动名称	涉及领域	幼儿游戏资源			教师教学资源		
			实物材料	探究游戏活动材料	图画书	电子图片	音频	视频
土壤的秘密	挖土去	科学/语言		我的发现				
	多样的土	科学/语言		创意泥巴画、豆子生长记		泥巴画样例		
	土的秘密	科学/语言	勺子、透明塑料杯	自制筛网、土的秘密				土的分层、泥土——植物生长的摇篮
好玩的泥土	玩泥巴	科学/语言				好玩的泥巴		幼儿园里玩泥巴
	泥塑欣赏	艺术/语言				中国泥塑作品		泥塑的制作、泥塑工具使用教程
	动手做泥塑	艺术/语言	泥塑工具、黄泥	我的泥塑作品设计方案				
	泥塑作品展	社会/语言						
	泥娃娃	艺术/语言					歌曲：泥娃娃	

续表

子主题	活动名称	涉及领域	幼儿游戏资源			教师教学资源		
			实物材料	探究游戏活动材料	图画书	电子图片	音频	视频
有用的土壤	土生万物	科学/语言	木夹	土壤中的小动物、土壤里的食物				农作物生产过程、农民伯伯丰收了、植物生长需要什么、土壤中的小动物
	保护土壤	科学/社会		保护土壤宣传海报、垃圾分类游戏卡				消失的花田、塑料污染、受伤的土壤在求救
	小蚯蚓	科学/语言		蚯蚓的秘密、蚯蚓喜欢吃什么				蚯蚓的生活
	泥土盖房	科学/语言				土坯房、窑洞		燕子筑巢、窑洞

主题环境

主题墙

❶ 随时关注幼儿在主题实施过程中提出的疑惑或问题，积极引导幼儿探索并寻找答案，鼓励幼儿将答案的图片，绘制的图画、符号等在主题墙上进行展示、交流。

❷ 将幼儿在主题活动中的记录单、绘画、手工作品，如“土的秘密”“蚯蚓的秘密”等及幼儿在区域游戏中的作品展示在主题墙上，供幼儿欣赏、讨论和学习。

❸ 收集与主题相关的图片、照片、实物等布置在主题墙上，如各种颜色的土壤实物或图片、泥塑作品、玩泥的照片等，不断拓展和丰富幼儿的主题目标。

活动区

❶ 建构区：提供黄土和用来脱泥坯的模具，引导幼儿脱土坯，进行建构游戏。

② 科学区：投放不同颜色的土壤实物，引导幼儿观察和比较，感知土壤的多样性；开展泥土种植、无土栽培活动，引导幼儿观察植物在不同环境下生长需要的条件等。

③ 美工区：提供黄泥、陶泥、水等材料，引导幼儿自由进行泥塑活动，为举办泥塑作品展创作丰富多样的作品。

家园共育

① 请家长有意识地和孩子共同收集各种土壤实物、泥塑作品图片或图书等。

② 跟孩子一起到户外挖土、玩土，收集孩子与泥土共同玩耍的照片。

③ 带孩子参观自然博物馆，观察各种各样的土壤标本，丰富对泥土的认知，有条件的还可以带孩子去参观当地的蔬菜大棚、农家田地等，充分感受土壤与人类生存的密切关系。

子主题 土壤的秘密

挖土去

★ 活动目标

① 乐于亲近自然，体验挖土的乐趣。

② 能有条理地讲述自己挖土的过程和发现。

③ 初步了解土壤的特性及作用，了解土壤与动植物生长的密切关系。

★ 活动准备

① 经验准备

会使用简单的小工具。

② 物质准备

配备材料：幼儿探究游戏活动材料“我的发现”。

自备材料：铲子、塑料桶、筐、防护手套等挖土、盛土工具。

★ 活动建议

一、自主探究，感知土壤的基本特性。

❶ 围绕“挖土”进行谈话，幼儿分组商讨、制订活动计划，例如：可以去哪里挖土？挖土需要准备哪些工具？挖土活动中你想了解土壤的哪些秘密（颜色、气味、颗粒大小、软硬、土壤里面有什么）？

❷ 取出并观察幼儿探究游戏活动材料“我的发现”，了解记录的内容和要求。

❸ 尝试使用各种工具独自或自由结伴挖土、装土、玩土并记录，感受土壤的基本特性，自主探索土壤的秘密。

观察指导要点

- 幼儿是否能通过各种感官感知泥土的颜色、气味、颗粒大小、软硬等特性。
- 教师可追随幼儿的探究进程适时引导，如让幼儿用手捏一捏、用鼻子闻一闻等，也可以提出探究性的问题引导幼儿思考，如土壤里面有什么，植物的根为什么在土里等。

经验提升：泥土无处不在，树下、石头旁、池塘边、草地等到处都有土。我们在挖土过程中，看到土的颜色是棕色（或土黄色、黑色等）的，捏起来感觉细细的、软软的。有的土壤是成块的，比较硬；有的是十分松软的；有的是黏黏的。挖土时还能闻到泥土的芳香。有的小朋友发现土里有蚂蚁、蚯蚓；有的小朋友发现了土里有草根、树叶、小石子，还有一些废弃物等。

二、多元表征，表现挖土的过程和发现。

❶ 取出幼儿探究游戏活动材料“我的发现”，将自己在探究活动中的发现及时用图画、符号和简单的文字记录下来。

❷ 在小组内尝试围绕自己的记录表与同伴进行交流和分享。

观察指导要点

- 幼儿是否了解记录的内容和记录的要求。
- 幼儿出现问题时教师要及时进行引导。
- 教师通过观察幼儿的记录结果，及时了解幼儿在活动中获得的经验。

三、分享交流，梳理土壤的特性与作用。

❶ 幼儿展示“我的发现”，并相互交流，分享自己的发现。

❷ 请个别幼儿在集体面前交流分享。教师可通过提问引导幼儿有条理地进行表达，例如：你都发现了什么？你是怎样发现的？

观察指导要点

- 幼儿是否愿意或主动与同伴交流和分享。
- 幼儿是否能有条理地讲述自己的探究过程和探究发现。
- 教师可以通过提出问题，引导幼儿回忆探究过程和结果，如你用了哪些方法等。

经验提升：土壤可以为植物的生长提供养分，植物通过根把土壤中的养分输送给枝叶与花果。土壤还是很多小动物的家。

★ 活动拓展

❶ 将挖到的土壤带回幼儿园，放到户外游戏区域中，引导幼儿在日常活动中继续探究土壤的特性。

❷ 引导幼儿探究土壤中小动物的秘密，如蚂蚁、蚯蚓的秘密等，感受土壤与小动物之间的密切关系。

★ 家园共育

❶ 请家长利用节假日带孩子到户外寻找并采集不同的土壤，了解土壤在颜色、气味、颗粒大小、软硬等方面的不同特性。

❷ 家长不要因为卫生问题而减少幼儿自由探索泥土的机会。

★ 活动资源

知识链接

土 壤

土壤是指地球表面的一层疏松的物质，由各种颗粒状矿物质、有机质、水分、空气、微生物等组成。

土壤的特性：

土壤的颜色有黑色、黄色、红色等。土壤里的物质可以概括为三个部分：固体部分、气体部分和液体部分。由矿物质和腐殖质组成的固体土粒是土壤的主体，固体颗粒间的孔隙由气体和水分占据。土壤气体中绝大部分是由大气层进入的氧气、氮气等，小部分为土壤内的生命活动产生的二氧化碳和水汽等。土壤中的水分主要由地表进入，其中包括许多溶解物质。土壤中还有各种动物、植物和微生物。

土壤的主要功能：

1. 作物生产功能：土壤可以固定植物根系，具有自然肥力，能够促进作物生长，进行农业生产。

2. 动植物栖息地功能：土壤能够为植物和动物提供栖息场所，对保护和提高生物多样性具有重要作用。

3. 调节功能：土壤作为自然界的组成部分，与其他环境因素在交互过程中所发挥的功能。包括水分循环功能、养分循环功能、碳存储功能、缓冲过滤功能、分解转化功能。

多样的土

★ 活动目标

1. 愿意参与探究活动，体验种植的快乐。
2. 能够与同伴大胆交流分享各种各样的土壤。
3. 初步了解沙质土、黏质土和壤土。

★ 活动准备

❶ 经验准备

有挖土经历；在生活中见过不同种类的土。

❷ 物质准备

配备材料：幼儿探究游戏活动材料“创意泥巴画”“豆子生长记”；电子图片“泥巴画样例”。

自备材料：沙质土、黏质土、壤土、水、毛笔（或板刷）、废旧牙刷。

★ 活动建议

一、自主观察，感知并区分沙质土、黏质土和壤土。

❶ 小组探究。幼儿在小组内分别观察三罐不同的土，摸一摸、看一看、捏一捏，比较、发现三种土的不同。

❷ 分别向三罐土中浇水，说说看到了什么现象。

观察指导要点

- 幼儿是否能了解并说出三种土壤的名称和主要特点。
- 教师可通过提问引导幼儿，如："摸一摸、捏一捏、看一看，说说它们有什么不同。""三罐土分别倒入水之后会有什么变化？为什么？"

经验提升：土壤按质地分类，可以分为沙质土、黏质土和壤土。沙质土颗粒较粗，颜色较浅，成团难；黏质土颗粒细，颜色深，成团容易；壤土颗粒较细，颜色较深，成团较容易。三种土壤的渗水能力由高到低依次是沙质土、壤土、黏质土。

二、猜想探究，分享不同泥土的玩法。

❶ 谈话分享。在小组内交流不同的土可以怎样玩，说说这样玩的理由，确定几种小朋友喜欢的玩土方法。

❷ 小组派代表，在集体面前交流自己小组讨论的玩土的方法。

观察指导要点

- 幼儿是否能根据不同的土质，确定不同的玩土方法并解释为什么要这样玩。
- 参与幼儿的交流，了解幼儿的想法与前期经验。

经验提升：根据不同的土的特点，可以有不同的玩法，如沙质土可以用来做沙画，黏质土、壤土可以做泥塑、玩摔泥游戏等。

三、用水和泥，感受水的多少与泥状态的关系。

❶ 在小组内选择一种土壤，用水和泥，感受水的多少与泥的状态之间的关系。

❷ 自由玩泥巴，尝试各种玩泥巴的方法。

观察指导要点

- 观察幼儿和出的泥的状态，是否能发现水的多少与泥的状态之间的关系。
- 教师可以参与到游戏中，发现幼儿有创意的玩法及遇到的困难，为幼儿提供适宜的支持，和幼儿一起解决问题与困难。

经验提升：往一定量的土中放的水越多，和出的泥就越稀；放的水越少，和出的泥就越干。可以通过控制放入水量的多少来和出稀泥或干泥。

四、尝试用泥作画，深入了解土的特点。

1. 观看图片“泥巴画样例”，说一说图上画了什么。
2. 取出幼儿探究游戏活动材料“创意泥巴画”，选择和好的泥巴，用板刷、棉签或手，自由创作一幅泥巴画。
3. 展示分享作品，说说自己是用什么方法作画的，讲讲自己泥巴画的内容。

观察指导要点

- 幼儿是否能根据泥的干稀程度，确定作画的工具和方法。
- 幼儿是否愿意创造性地用多种方式创作泥巴画。
- 教师可以通过谈话，引导幼儿采用不同的方法作画，如摔泥，用毛笔、棉签等蘸泥作画，平面泥塑等。

经验提升：可以根据泥的状态，采取摔、牙刷喷、毛笔画、手抹或雕塑等多种方法，用泥巴做出各种有趣又好看的泥巴画。

★ 活动拓展

1. 活动后，请幼儿完成幼儿探究游戏活动材料“豆子生长记”的内容，说一说豆子适合种在哪种土壤里。种下豆子后，定期观察和记录它们的生长变化。
2. 鼓励幼儿定期观察记录，了解豆子生长的过程、感受、收获，并提高责任意识，用绘画的方式进行表征，分享给老师或同伴。

★ 家园共育

1. 在家里与孩子制订种植计划，并让孩子独立完成种植过程。

② 家长与孩子一起到户外去寻找并感受种有不同植物的土，如种花生的土、种水稻的土、种月季花的土等。

★ 活动资源

知识链接

土壤按质地分，可分为沙质土、黏质土和壤土三种类型。沙质土是由大量的沙粒和少量的黏土混合而成的，呈浅棕色。黏质土黏粒含量多、沙粒含量少，呈棕色或红色。壤土的沙粒和黏粒含量介于沙质土和黏质土之间，富含腐殖质，颜色一般较浅。

不同种类的土壤因为各自的成分和性质不同，适合不同植物的生长。沙质土比较疏松，透气性和渗水性好，比较适合西瓜、花生、仙人掌、薯类、芝麻等植物生长。黏质土具有一定的黏性，透气性和渗水性差，但是保肥力强，适合水稻、芦苇等植物生长。壤土的透气性和渗水性较好，能够保水、保肥，大部分植物都适合生长在壤土中。

土的秘密

★ 活动目标

① 萌发珍惜土地的情感。
② 尝试利用各种工具分离土壤中的颗粒，提高动手操作及观察比较能力。
③ 感知土中的水与空气等不同成分，初步了解土对人类的作用。

★ 活动准备

① 经验准备

幼儿有挖土、观察土的经验，并对土有一定的了解；认识一些常见的分离土中不同颗粒的工具，并知道简单的使用方法；提前完成幼儿探究游戏活动材料“自制筛网”。

② 物质准备

配备材料：幼儿探究游戏活动材料“自制筛网”“土的秘密”；视频《土的

分层》《泥土——植物生长的摇篮》；实物材料勺子、透明塑料杯。

自备材料：提前挖来的土壤、搅拌棍或木棒（建议利用废旧物品）、纸巾。

★ 活动建议

一、观察讨论，交流将土中大小不同的颗粒进行分离的方法。

❶ 操作感知。借助摸一摸、捏一捏、看一看等方式仔细观察干燥的土，讨论：土中的颗粒大小一样吗？

❷ 分享交流。想一想怎样能把土中不同大小的颗粒进行分离。

观察指导要点

- 幼儿是否能运用自己的已有经验，交流将土中不同大小的颗粒进行分离的方法。
- 教师要认真倾听幼儿发言，抓住幼儿的兴趣点，为接下来的活动做参考。

经验提升：土壤由各种颗粒状矿物质、有机质、水分、空气、微生物等组成，这些成分能促进植物生长。由于这些成分多少的不同，它们的颗粒大小也不尽相同。

二、合作探究，验证将不同大小的颗粒分离的方法。

❶ 观察判断。看看桌子上有什么工具，想一想这些工具可以怎么用。

❷ 操作探究。幼儿自由分组，分别选用实物材料勺子、自制筛网和水来进行分离土的实验，了解不同洞眼的筛子分离出来的土有哪些区别，比较用哪种方法分离土比较好，为什么。

❸ 交流分享。幼儿讲述自己的操作方法、步骤与结果。

观察指导要点

- 幼儿是否会使用提供的各种工具，并积极与同组幼儿进行探究。
- 为幼儿的探究提供足够的时间和空间，尊重幼儿的想法，可以质疑但不能简单否定，通过挑战性问题刺激幼儿主动思考。如："不同洞眼的筛子筛出的土有什么不一样？""土遇到水发生了什么变化？"

- 巡回观察幼儿的实验记录单，了解幼儿的探究方法、实验过程及发展水平，在汇报和比较方法时有效进行引导和提升。

经验提升：使用勺子进行分离速度会比较慢，而且比较小的颗粒不太容易分离出来；使用水能够很快地将土壤中的颗粒分离，但是比较小的颗粒就溶解在水中了；使用洞眼大小不同的筛网进行分离，速度会比较快，而且分类会很精细。我们选择筛子时要按照洞眼从大到小的顺序选择，分离出的颗粒也会由大到小。

三、体验分享，深入探究土壤的组成成分。

❶ 取出幼儿探究游戏活动材料“土的秘密”，根据要求进行记录。尝试用纸巾包住土捏一捏，看看纸巾有什么变化，为什么。

❷ 把挖来的土放到实物材料透明塑料杯中，倒入一些水，你发现了什么？

❸ 用木棒搅拌水中的泥土，把杯子放置一会儿，你发现了什么？

❹ 把装有泥土的杯子静置 2 ~ 3 天，再观察杯中泥土的变化。

观察指导要点

- 观察幼儿是否能有序地进行实验操作，是否能发现实验中出现的现象，是否了解出现不同现象的原因。
- 巡回观察幼儿实践操作，适时引导提问。比如“纸巾有变化吗？说明土里有什么？土放入水杯中有气泡说明了什么？”等问题，引导幼儿思考。

经验提升：因为土壤里含有水分，所以用纸巾捏土时纸巾湿湿的；因为土壤里含有空气，所以将土壤放在水杯中会有气泡产生。土壤在水中静置一段时间后，水面上漂浮着腐烂的树叶、草根等腐殖质，水杯中间是比较细腻的泥土，水杯最底层是沙子和碎石块。

四、经验拓展，了解土壤对人类的作用，萌发珍惜土壤的情感。

观看视频《土的分层》《泥土——植物生长的摇篮》，进一步了解土壤是个大宝库，为植物生长提供空气、水分和肥料等。

观察指导要点

- 观看视频后，幼儿是否愿意大胆表达自己的感受与收获，在经验上得以进一步提升。

经验提升：土壤是一个疏松多孔体，其中布满了大大小小蜂窝状的孔隙，存在于土壤毛管孔隙中的水分能被植物直接吸收利用，同时，还能溶解和输送土壤中的养分。土壤中的空气对作物种子发芽、根系发育、微生物活动及养分转化都有极大的影响。

★ 活动拓展

引导幼儿继续观察塑料杯中泥土的变化。说说杯中的泥沙为什么干结了，水为什么不见了。

★ 家园共育

1. 家长与孩子一起查阅资料，了解土壤中有哪些成分。
2. 尝试用各种各样的工具与方法，与孩子到户外深入探索土壤的秘密。

子主题　好玩的泥土

玩泥巴

★ 活动目标

1. 体验玩泥巴的乐趣。
2. 能用多种表征方式记录泥巴的各种玩法。
3. 探索、了解泥巴的多种玩法。

★ 活动准备

1. 经验准备

幼儿已有认识泥土的经验，对泥土的探索感兴趣。

❷ 物质准备

配备材料：视频《幼儿园里玩泥巴》；电子图片“好玩的泥巴”。

自备材料：各种各样的和泥工具、水桶、低沿盆；足够量的水；纸和笔。

★ 活动建议

一、观看视频及图片，引起幼儿兴趣。

❶ 视频欣赏。观看视频《幼儿园里玩泥巴》，说说视频中的小朋友在玩什么，是怎样玩的。

❷ 交流分享。观看图片“好玩的泥巴”，说说自己想怎样玩泥巴，在小组内交流自己玩泥巴的想法。

观察指导要点

- 幼儿是否能通过视频了解泥巴的玩法，并用完整的语言讲述自己的想法。
- 请个别幼儿分享自己玩泥巴的不同想法，拓展玩泥巴的经验。

二、自主探究，体验水和土变成泥的过程。

❶ 幼儿带好装备，与教师到室外进行活动。

❷ 尝试使用各种各样的工具独自或结伴进行和泥游戏，感受水和土变成泥的过程。

❸ 观察交流。互相观察小朋友和出的泥是否一样，自己和出的泥与想玩的泥巴游戏是否符合，怎样改变泥的状态。

观察指导要点

- 幼儿是否能够通过实际操作，发现水和土变成泥的过程；能否初步发现泥的干湿状态与水量的关系。
- 参与幼儿的交流活动，了解幼儿的想法，发现并分享幼儿有创意的游戏和玩法。
- 与幼儿探究稀泥变干或干泥变稀的方法，引导幼儿和出自己需要玩的泥巴。

经验提升：在和泥的过程中，水土比例不同，泥巴的干湿度也不同。水多土少，泥巴就比较稀；水少泥多，泥巴就比较干。泥巴是天然的游戏材料，可以玩很多有趣的泥巴游戏，如做泥塑、做美食、做泥弹珠、摔泥泡等。

三、玩泥游戏，创造、体验各种玩泥方法。

1. 自主玩泥。自由选择不同样态的泥巴，自由结伴，探究泥巴的多种玩法。
2. 分享欣赏。和幼儿一起欣赏不同的泥巴玩法。

观察指导要点

- 观察幼儿对泥巴的各种玩法是否有创意。
- 参与幼儿的玩泥游戏，用自己的经验引导幼儿拓展并尝试各种玩泥的方式。
- 拍摄幼儿玩泥巴的视频，为幼儿与自己的泥巴作品拍照。

经验提升：泥巴由于干稀程度不同，玩法也有很多种，大家可以发挥自己的创意，丰富玩法。

四、摔泥泡，了解与感受民间传统游戏。

1. 游戏欣赏。欣赏教师摔泥泡，了解摔泥泡的玩法。
2. 游戏体验。两人一组摔泥泡，看谁赢得的泥多。

观察指导要点

- 幼儿是否能通过观察摔泥泡，了解游戏的玩法。
- 鼓励幼儿尝试怎样能让自己的泥泡最大，赢的泥最多。
- 集体比较自己赢的泥团，按泥团大小排序，看看谁赢的泥最多。

经验提升：摔泥泡是中国传统的民间游戏。一人分一些泥巴，把泥做成小碗，用手把碗底抹平、抹薄，再托起泥碗，用力倒扣着摔在平整的地面或石板上，泥杯底部就会摔出一个洞。谁摔出的洞大，谁就赢，输的幼儿要用自己的泥做成饼状给前者补上泥洞。最终泥巴体积较大的幼儿获胜。

活动拓展

❶ 活动结束后，请幼儿把自己玩泥巴的有趣方法记录（画）下来，再与小伙伴互相分享。

❷ 把幼儿的记录装订成册，变成玩泥巴小书，供幼儿翻阅，鼓励幼儿继续把好玩的泥巴游戏记录下来，丰富小书的内容。

❸ 晾干幼儿的泥土作品，再让幼儿为自己的作品涂上漂亮的颜色。

家园共育

请家长带孩子在家中制作全家福泥塑，继续体验玩泥的乐趣。

泥塑欣赏

活动目标

❶ 喜欢欣赏泥塑作品，感受中国民间传统泥塑文化的艺术美。

❷ 能用较丰富的语言描述自己对作品的想法与感受。

❸ 感知泥塑作品的制作过程和方法，认识常用的泥塑工具。

活动准备

❶ 经验准备

前期已有感知泥土、认识泥土的相关经验，幼儿喜欢研究泥土的相关知识。

❷ 物质准备

配备材料：电子图片“中国泥塑作品”；视频《泥塑的制作》《泥塑工具使用教程》。

自备材料：收集的各种泥塑艺术品、泥塑工具；收集的生活中常见的陶瓷物品。

活动建议

一、观看视频，初步了解泥塑的制作工艺和流程。

❶ 观看视频《泥塑的制作》，初步了解泥塑的制作工艺和流程。

② 倾听教师解读什么是“泥塑”，以及泥塑的制作工艺。

观察指导要点

- 幼儿观看视频后，是否能积极与教师互动，是否有想深入了解的欲望。
- 跟随幼儿的兴趣，教师可适时向幼儿介绍我国泥塑的发展历史，引导幼儿感受中国泥塑文化的精湛工艺，体会先辈们的聪明才智。

经验提升：泥塑，也叫“彩塑”，是中国传统雕塑艺术的一种。制作方法是在黏土里掺入少许棉花纤维，捣匀后，捏制成各种人物的泥坯，经阴干，先上粉底，再施彩绘。

二、欣赏交流，感受中国民间传统泥塑作品的艺术美。

① 欣赏电子图片“中国泥塑作品”。
② 交流、表达自己对泥塑作品的想法和感受。

观察指导要点

- 教师可以引导幼儿从颜色、形态、做工等几方面认真观察每幅作品的特点。
- 幼儿是否能用完整且丰富的语言表达自己对作品的评价和想法，必要时教师可进行具体讲解。
- 教师可根据幼儿的兴趣介绍泥塑的发展历史和取得的成就。

③ 欣赏黄泥、超轻黏土、陶泥制作的泥塑作品，了解制作不同泥塑作品所需要的泥土的名称。

观察指导要点

- 幼儿是否能通过认真观察并运用自己的生活经验辨认出制作不同泥塑所需要的泥土名称。
- 请幼儿投票选出自己最喜欢的泥塑作品，并与教师、同伴交流喜欢的理由。

经验提升：中国的著名泥塑有敦煌莫高窟的菩萨像和太原晋祠圣母殿的侍女像等。江苏无锡的“惠山泥人”、天津“泥人张”所塑的泥人也各具特色。

三、观察感知，认识常见的泥塑工具。

❶ 观看视频《泥塑工具使用教程》，认识常见的泥塑工具及各自的用途。

❷ 感知实物工具的形态。

观察指导要点

- 幼儿是否能用完整准确的语言表述工具的名称及其功能。
- 教师可以根据幼儿的情况多次播放视频，引导幼儿准确识别各种工具。

经验提升：木槌、木棒是雕塑第一步堆大泥时必须用的工具，木槌主要用来敲实泥块，使泥块之间密实并相互粘接，增强牢度；木棒既有木槌的功能，也可以用来拍塑塑像的大体形块结构，尤其在制作大型雕塑泥模时用得最多。泥塑刀主要用来加泥和塑造。

四、经验迁移，发现生活中的陶瓷物品。

❶ 幼儿展示、介绍自己和父母在活动前收集的生活中的陶瓷物品。

❷ 拓展交流。说说人们用泥制作了哪些生活用品，了解泥制品在生活中的用途。

观察指导要点

- 幼儿是否能用完整的语言介绍自己收集的物品。
- 教师可以引导幼儿主动交流泥制品在生活中的作用，感受劳动人民的智慧。

经验提升：在古代和现在的生活中，有很多物品都是用泥制作成的，比如饭碗、花盆等陶瓷物品，给人们的生活带来了便利。

★ 活动拓展

在活动前，请家长和幼儿一同收集生活中常见的泥塑物品，并带到幼儿园。

★ 家园共育

鼓励家长利用周末时间带孩子到当地的美术展览馆去参观，丰富孩子对中国传统文化的了解，进一步感受传统文化的源远流长和传统泥塑的艺术美。

★ 活动资源

知识链接

“泥人张”泛指晚清以降天津张姓一家祖孙相传的泥塑名手。多作历史人物，形象生动活泼，敷彩鲜明亮丽，富于动态和情节感。泥人张彩塑适于室内陈设，一般尺寸不大，约40厘米，可放在案头或架上。它所用的材料是含沙量低无杂质的纯净胶泥，经风化、打浆、过滤、脱水，加以棉絮反复砸揉而成的“熟泥”。经艺术家手工捏制成型，自然风干，再施以彩绘。

“惠山泥人”因产于江苏无锡惠山附近而得名，源于明代晚期。分两类：（1）手捏戏文，手工捏塑戏曲、神话人物，做工精细，作节日喜庆盛典的陈设、装饰，或作礼品；（2）耍货，以儿童玩具为主，造型朴拙，色彩明快，著名品种有“大阿福”“皮老虎”等。

动手做泥塑

★ 活动目标

1. 喜欢泥塑活动，体验制作泥塑的乐趣。
2. 能使用一些简单的泥塑工具创造性地制作立体泥塑。
3. 知道制作立体泥塑的基本步骤和常用的工具名称。

★ 活动准备

1. 经验准备

有欣赏立体泥塑的经验，喜欢泥塑；初步懂得欣赏立体泥塑的艺术美。

② 物质准备

配备材料：幼儿探究游戏活动材料“我的泥塑作品设计方案”；实物材料黄泥、泥塑工具。

自备材料：泥工板。

★ 活动建议

一、经验回顾，初步探讨制作泥塑的步骤。

① 围绕“最喜欢的泥塑”展开谈话：你最喜欢什么样的泥塑作品？理由是什么？

② 想想自己打算做什么样的泥塑作品。思考想要制作的泥塑形象，如人物、植物、动物等，以及制作泥塑需要的材料和工具，明确自己的制作内容、思路及步骤。

观察指导要点

- 幼儿是否能运用前期经验，准确表述制作泥塑的基本步骤以及需要的工具。
- 教师可根据幼儿实际情况播放视频，帮助幼儿进行回忆。

经验提升：制作泥塑首先选择合适的泥土、刀具；然后可根据草稿或自己的创作构思捏制胚胎，在捏制的过程中要仔细，注意所要创造的物体本身的特征，把一些细节都要捏制出来，便于后面的操作；最后将捏制好的胚胎放在阴凉处晾干，不能在阳光下晒。

二、设计泥塑方案，明确创作的目的和内容。

根据自己的想法，完成幼儿探究游戏活动材料“我的泥塑作品设计方案”，将想法记录下来，并和教师、同伴交流。

观察指导要点

- 幼儿是否能根据自己的兴趣和喜好确定自己想要制作的泥塑形象。
- 教师可鼓励幼儿大胆想象，对于有困难的幼儿可引导其结合生活经验模仿制作。

经验提升：设计方案是制作泥塑的一个重要环节，方案尽量要完整详细，设计出所要塑造的形象及其步骤，指导后续的创作。

三、自主创作，大胆表现和创造。

❶ 取出实物材料黄泥、泥塑工具，按照“我的泥塑作品设计方案”制作泥塑作品。

❷ 为自己的作品取个合适的名字。

观察指导要点

- 幼儿是否能按照自己设计的方案进行泥塑制作。
- 幼儿遇到难题是否善于与同伴和教师交流，如遇到不善于表达的幼儿，教师应及时给予适度的指导和帮助。教师要把握指导的度，不要过于干预幼儿的操作。
- 幼儿使用工具的动作是否规范，是否能够注意安全。

经验提升：制作泥塑要先选择合适的泥土和刀具，然后根据草稿或自己的创作构思，捏制胚胎。

四、展示分享，交流创作过程和结果。

❶ 每名幼儿展示自己的泥塑作品，讲述自己作品的优点，自己在制作过程中遇到的问题，是如何解决的。

❷ 对大家的作品进行投票，选出自己最喜欢的泥塑作品，并说明理由。

观察指导要点

- 幼儿是否能用完整且丰富的语言介绍自己的作品，分享自己的制作过程。
- 幼儿能否认真倾听他人的表述，是否懂得尊重别人；幼儿是否能完整地表述自己喜欢的理由。
- 对于交流比较困难的幼儿，教师可以通过提问进行引导，如“你使用了哪些工具？制作的是什么？怎么制作的？”

★ 活动拓展

❶ 活动结束后，晾干泥塑作品，请幼儿为自己的作品涂上漂亮的颜色。
❷ 鼓励幼儿根据身边亲人的外貌和形态制作立体泥塑。

★ 家园共育

请家长带孩子在家中制作全家福泥塑。

泥塑作品展

★ 活动目标

❶ 愿意为集体做事，为集体的成果感到高兴。
❷ 能主动承担任务，并认真完成。
❸ 尝试与同伴通过商量、讨论、合作的方式策划泥塑作品展。

★ 活动准备

❶ 经验准备

幼儿有较强的合作意识和自主意识；喜欢泥塑作品，并愿意分享美的事物。

❷ 物质准备

自备材料：空旷的场地；幼儿自制泥塑作品及在家中制作的全家福泥塑、纸、彩笔、记号笔。

★ 活动建议

一、交流操作，共同设计展馆图纸。

❶ 围绕“美术展览馆”展开谈话：你参观过美术展览馆吗？你都看到了什么？你想办泥塑作品展，让更多的人欣赏你的作品吗？

❷ 幼儿根据已有生活经验，对“展馆里需要准备什么”这一问题进行初步讨论。

③ 取出自己的泥塑作品，为自己的作品设计标签。（参见“活动资源”）

④ 师幼共同设计展馆图纸，确定展馆内各个物品的位置。

观察指导要点

- 是否能够大胆讲述自己的所见所闻及想法。
- 是否能根据场地的实况，结合自己的生活经验设计图纸。
- 是否能够认真思考，愿意为集体的事努力想办法。
- 如果幼儿的想法出现分歧，必要时可进行一场简短的辩论或投票，引导幼儿说出自己的依据。

经验提升：办泥塑作品展需要展台、泥塑作品、作品介绍、检票台等，还要做好人员安排，包括迎宾人员、检票人员、作品解说人员等。

二、分组讨论，明确布置作品展的分工。

① 幼儿根据自己的兴趣分别选择材料准备小组或展馆工作人员小组，各组根据分工合作完成任务。

② 自主分发需要的工具和材料。

观察指导要点

- 幼儿是否能主动与同组同伴沟通交流，分工合作完成任务。
- 教师引导幼儿认真思考：不同职位的工作人员需要做哪些工作？需要说什么？
- 教师巡回观察，发现问题及时给予帮助和指导。

经验提升：团队的力量是强大的，在团队合作共同完成一项任务前，我们需要做好充分的准备。首先要根据任务的需要进行分工，其次各组再根据自己的分工，团队之间互相合作，共同做好材料、人员等各方面的准备。

三、布置展台，总结任务完成情况。

① 布展。根据之前的讨论、分工结果，把大家的泥塑作品布置到展馆中。

② 两组幼儿向教师和同伴分享各自的合作成果。

③ 师幼讨论任务完成情况，了解幼儿在自主自信及社会性方面的发展。

观察指导要点

- 引导幼儿互相看看同伴的成果，大胆提出自己的建议。
- 观察幼儿是否愿意听取他人的意见；在与别人看法不同时，是否敢于坚持自己的想法，并说出理由。

经验提升：在大家的共同努力下，我们终于完成任务，布置好展馆，可以举行参观活动了。

★ 活动拓展

❶ 展馆布置完成后，在园内举行一场“泥塑作品展”参观活动，促进幼儿的社会性发展。

❷ 此活动不是一次活动完成的，涉及的时间较长，建议教师与幼儿利用区域活动、晨间活动等时间，分组、分工、分头做各种准备。

★ 家园共育

在活动前，请家长利用周末时间带孩子参观当地的美术展览馆，丰富幼儿的生活经验。

★ 活动资源

作品标签

作者姓名	
作品名称	
我的班级	

泥娃娃

★ 活动目标

1. 体验音乐活动的快乐。
2. 能根据歌词内容创编动作。
3. 学习用连贯、优美的声音演唱歌曲。

★ 活动准备

1. 经验准备

幼儿已有制作泥娃娃的经历。

2. 物质准备

配备材料：音频歌曲《泥娃娃》。

自备材料：歌曲图谱。

★ 活动建议

一、律动热身，激发幼儿学习兴趣。

幼儿跟随音频《泥娃娃》和教师一起做热身律动。

观察指导要点

- 幼儿是否熟悉音乐，愿意跟随音乐节奏大胆表现。
- 引导幼儿跟随音乐的节奏自由地舞动身体。

二、感受欣赏，理解歌曲内容。

1. 教师清唱，幼儿倾听。
2. 思考并回答问题：歌曲里都唱了什么？歌曲中的泥娃娃是怎样的泥娃娃？

观察指导要点

- 幼儿是否能认真倾听歌曲，并用完整的语言将自己听到的歌词表述出来。
- 教师可以根据幼儿理解情况多次播放音频。

三、学唱歌曲，大胆表现自己对歌曲的理解。

❶ 倾听音频《泥娃娃》，熟悉歌曲旋律和节奏。

❷ 跟随歌曲音乐和图谱，学唱歌曲。

❸ 幼儿完整演唱歌曲，并用动作、表情表达对音乐的理解和感受。

观察指导要点

- 幼儿是否边听音乐，边看图谱。
- 幼儿是否愿意学唱，是否能用好听的声音跟随音乐完整演唱歌曲。教师可根据实际情况，激发幼儿的学唱兴趣。
- 待幼儿熟悉旋律和歌词后，以分组或集体演唱的形式填词演唱歌曲，教师及时给予鼓励。
- 幼儿是否愿意用自己喜欢的方式（表情、动作等）表达对歌曲的感受。

经验提升：《泥娃娃》是一首非常经典的儿童歌曲，展现了一个充满童趣和想象力的故事。

四、创编动作，体验音乐活动的快乐。

❶ 尝试自由创编动作。

观察指导要点

- 幼儿是否能根据歌词内容自由创编动作，教师可鼓励幼儿创编与他人不一样的动作。
- 幼儿是否能积极参与，对于不愿意参与的幼儿，教师采取适当的方式激励。

❷ 幼儿分组表演。

观察指导要点

- 幼儿是否能够跟随音乐节奏和歌曲内容大胆进行艺术表现和创造。
- 为了激发幼儿的参与积极性，可设置奖励，分组表演后，进行投票，得票最多的小组可以得到奖励。

经验提升：小朋友们都能跟随音乐节奏大胆进行创编，让歌曲更加丰富。

★ 活动拓展

❶ 可在班级角色区投放一个泥娃娃，供幼儿区域游戏时，在表演区和同伴进行创造性游戏。

❷ 将音频《泥娃娃》投放在表演区，请幼儿在区域游戏或晨间活动时继续表演。

★ 家园共育

请孩子回到家中继续和爸爸妈妈一起表演。

★ 活动资源

歌　曲

泥娃娃

骆明道　词
梁弘志　曲

1＝E $\frac{2}{4}$

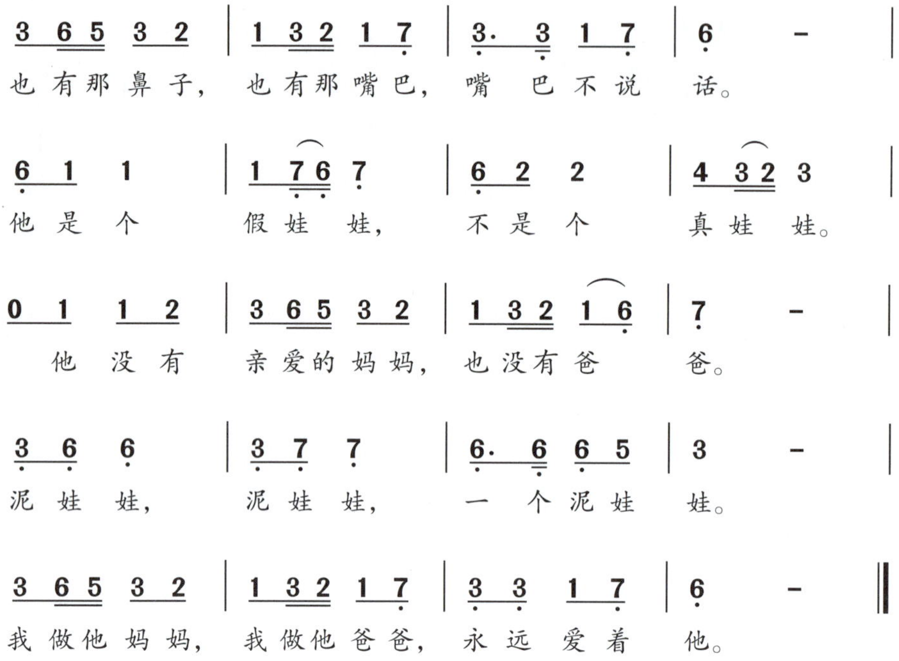

子主题　有用的土壤

土生万物

★ 活动目标

1. 感受土壤和人类生活的密切关系。
2. 能用数字、图画、图表或其他符号记录自己的发现。
3. 了解土壤中含有的养分，知道土壤是很多动植物赖以生存的环境。

★ 活动准备

1. 经验准备

幼儿喜欢探索土壤的秘密。

2. 物质准备

配备材料：幼儿探究游戏活动材料“土壤中的小动物”“土壤里的食物”；

视频《农作物生长过程》《农民伯伯丰收了》《植物生长需要什么》《土壤中的小动物》；实物材料木夹。

自备材料：挖土工具、笔。

★ 活动建议

一、观看视频，初步感知植物的生长离不开土壤。

1 观看视频《农作物生长过程》和《农民伯伯丰收了》，并与幼儿展开谈话：农作物长在哪里？为什么长得这么好？

2 讨论交流，梳理植物的生长需要什么。

3 观看视频《植物生长需要什么》，深入了解植物生长需要的条件。

观察指导要点

- 教师可鼓励幼儿大胆猜想，大胆表述自己的生活经验。
- 观察幼儿是否愿意与同伴交流讨论，是否愿意表达自己的想法。

经验提升：植物的生长需要光照、水分、温度、空气、各种矿物质。植物主要通过叶片吸收空气中的水分，根系吸收土壤内部的水分，来确保植物能够在水分充足的环境中生长。土壤中含有大量的矿物质和微量元素，能够为植物的生长提供充足的营养物质。

二、自由挖土，寻找土壤中的动物。

1 以“土壤中生活着什么动物，这些小动物和土壤有什么关系”为话题，展开谈话，激发幼儿自主挖土探究的兴趣。

2 实践活动。到户外自主挖土，寻找土壤中的小动物。

3 取出幼儿探究游戏活动材料“土壤中的小动物”，把自己的发现及时用图画、符号和简单的文字等方式记录下来，并与同伴进行分享。

观察指导要点

- 幼儿是否愿意自主探究，是否愿意与同伴和教师交流自己的发现。
- 教师可以引导幼儿用自己喜欢的方式记录自己的发现。

经验提升：土壤中的小动物有很多，如蚂蚁、蜈蚣、千足虫、蜗牛等。

三、分享交流，了解土壤中动物的作用。

❶ 分享交流。在小组内分享自己记录的“土壤中的小动物”，相互欣赏和交流，互相比对、共享发现。

❷ 观看视频《土壤中的小动物》，了解土壤中还有哪些动物生存。

观察指导要点

- 幼儿是否愿意或主动与同伴交流和分享。
- 幼儿是否能有条理地讲述自己的发现。

经验提升：土壤中除了有植物的根，还有很多小动物，如蚯蚓、变形虫、线虫等。土壤中的动物在维持土壤健康的生态平衡方面发挥着不可替代的作用，可以与微生物共同通过分解枯枝落叶、倒地的树木、动物尸体及粪便等有机物质，促进有机质的分解和转化；可以提高土壤肥力；可以促进物质循环和能量转化等。

★ 活动拓展

活动结束后，引导幼儿运用实物材料木夹完成探究游戏活动材料“土壤里的食物”操作卡的内容。说说哪些食物是长在土壤里面的；在粘贴页里找一找，将长在土壤里的食物粘贴在对应的位置上。按照折叠线正反折叠，再用木夹做支架，和小伙伴讲讲长在土壤里的食物有哪些。

★ 家园共育

活动前，请家长和孩子一起收集“土生万物”的相关资料。

保护土壤

★ 活动目标

❶ 萌发保护土壤的意识。

❷ 能用自己喜欢的方式表达保护土壤的方法。

❸ 了解保护土壤的一些方法。

★ 活动准备

❶ 经验准备

幼儿对土壤有初步的了解。

❷ 物质准备

配备材料：幼儿探究游戏活动材料“保护土壤宣传海报”“垃圾分类游戏卡”；视频《消失的花田》《塑料污染》《受伤的土壤在求救》。

★ 活动建议

一、观看视频，了解花园消失的原因。

❶ 观看视频《消失的花田》，说说小兔子去郊游看到喜欢的花田了吗，花田消失的原因是什么。

❷ 分享交流：“白色污染”是什么？我们在生活中怎样做才能减少这些污染？

观察指导要点

- 幼儿是否能通过视频内容初步了解土壤污染的原因。
- 与幼儿一起交流，联系生活实际引导幼儿一起谈谈自己家里是否经常使用塑料袋、一次性发泡饭盒等物品。

经验提升：“白色污染”是指废弃的塑料制品对环境的污染。因为塑料多为白色，因此叫“白色污染”。这些垃圾会严重影响土壤的呼吸，造成土壤污染。

二、探索白色垃圾，知道塑料污染的危害。

❶ 观看视频《塑料污染》，说说塑料污染的危害有哪些。

❷ 讨论：怎样减少白色垃圾？

观察指导要点

- 幼儿是否了解什么是“白色污染”，是否了解塑料垃圾的危害。
- 教师可以引导幼儿结合生活经验进行联想，如“跟妈妈买菜时用什么装菜”“是否点过外卖，餐盒是什么样的”等，积极与同伴进行交流。

经验提升：生活中我们常常用到一次性塑料制品，这些塑料制品如果处理不当，就会污染土壤，影响植物的生长，我们在生活中要减少一次性塑料制品的使用。

三、操作活动，设计保护土壤宣传海报。

❶ 观看视频《受伤的土壤在求救》，了解防止土壤污染的方法。

❷ 取出幼儿探究游戏活动材料“保护土壤宣传海报”，说说自己想怎样保护土壤。制作一张保护土壤的宣传海报，和小伙伴们分享。

观察指导要点

- 观察幼儿操作，了解幼儿是否知道保护土壤的方法，是否能创造性地表征自己的想法。
- 鼓励幼儿积极与同伴互相讨论、交流，商讨保护土壤的方法，并用自己喜欢的方式进行表征。

经验提升：小朋友通过设计宣传海报，告诉人们在生活中可以通过减少塑料袋等一次性塑料制品的使用，外出购物时自备环保袋，注意进行垃圾分类，不乱丢废旧电池、废弃灯管、体温计等有害物品等多种好方法来保护土壤，我们也成了保护土壤、保护环境的小宣传员。

★ 活动拓展

取出幼儿探究游戏活动材料“垃圾分类游戏卡”，看看图中都有哪些垃圾，取下图片，按照可回收物、厨余垃圾、有害垃圾、其他垃圾进行分类。

★ 家园共育

请孩子与家长共同交流垃圾分类的话题，在生活中分类投放垃圾。

★ 活动资源

知识链接

垃圾分类

垃圾主要分为四大类：可回收物、厨余垃圾、有害垃圾和其他垃圾。

1. 可回收物：包括玻璃、金属、塑料、纸类、家具、织物、电器电子产品等。这些物品可以再生循环利用，应保持干燥干净无异味，投放到相对应的收集容器或暂存点。

2. 厨余垃圾：包括剩菜剩饭、菜根菜叶、瓜果皮核渣、动物内脏、过期食品等食品类废物。这些垃圾通常称为“湿垃圾”，需要进行生物降解处理。

3. 有害垃圾：包括电池、灯管、家用化学品等。这些物质对人体健康和自然环境造成直接或潜在危害，需要单独收集和处理，防止污染。

4. 其他垃圾：包括尘土、烟头、陶瓷制品、毛发、旧毛巾、已污染的塑料袋（膜）、一次性用品、已污染的纸巾、内衣裤等。这些垃圾危害较小，但无再次利用价值，通常采取填埋或焚烧处理。

垃圾分类的目的是提高垃圾的资源价值和经济价值，减少垃圾处理量和处理设备的使用，降低处理成本，减少土地资源的消耗。通过分类投放，垃圾可以变成公共资源，促进环保和可持续发展。

小蚯蚓

★ 活动目标

1. 萌发保护蚯蚓等土壤中小动物的情感。
2. 能将自己的探索过程与收获用喜欢的方式进行表征。
3. 了解蚯蚓的身体结构及生活习性。

★ 活动准备

1. 经验准备

幼儿有探究泥土的经验，并有进一步探索的兴趣。

2. 物质准备

配备材料：幼儿探究游戏活动材料“蚯蚓的秘密”“蚯蚓喜欢吃什么”；视频《蚯蚓的生活》。

自备材料：挖土工具、纸、笔。

★ 活动建议

一、自主挖土，寻找并观察蚯蚓。

❶ 谈话：蚯蚓的家在哪里？我们在哪里可以找到小蚯蚓？

❷ 利用各种工具到户外挖土，寻找并观察蚯蚓。

观察指导要点

- 幼儿是否有目的地去挖土，是否能认真观察并与同伴和教师交流自己的发现。
- 引导幼儿用多种感官进行探索，叮嘱幼儿不要伤害到蚯蚓。
- 教师可以追随幼儿的探究进程适时引导，如“小蚯蚓有没有脚？”“你们发现的蚯蚓都是一样的吗？”

二、多元表征，记录、交流自己的发现。

❶ 探索活动结束后，取出幼儿探究游戏活动材料“蚯蚓的秘密”，及时用图画、符号和简单的文字记录自己的发现。

❷ 分享交流。小组内相互欣赏和交流自己的记录单，互相比对、共享发现。

❸ 梳理提炼。围绕蚯蚓的身体结构和生活习性展开交流：蚯蚓的身体由哪些部分组成？蚯蚓为什么能在土壤中安家生活呢？

观察指导要点

- 幼儿是否能仔细观察发现小蚯蚓的身体结构特征，并以图画、符号、简单的文字等自己喜欢的方式记录下来。
- 幼儿是否能根据自己的观察和记录进行表述，相互交流自己的想法；能否在交流中对自己与同伴的记录进行观察、比较和分析。
- 教师适时与幼儿进行对话，了解幼儿在活动中的收获，将幼儿的发现以文字的形式简要记录在画纸上，并围绕关键经验捕捉有价值的内容，为后续总结和提升做准备。

经验提升：蚯蚓的身体呈圆筒状，两侧对称，具有分节现象，没有骨骼，属于无脊椎动物，除了身体前两节之外，其余各节均具有刚毛。

三、观看视频，了解蚯蚓的生活习性。

观看视频《蚯蚓的生活》，根据视频内容，说说蚯蚓的生活习性有哪些，进一步了解蚯蚓。

经验提升：蚯蚓一般喜居潮湿、疏松而富于有机物的泥土中，特别是肥沃的庭院、菜园、耕地、沟、河、塘、渠道旁以及食堂附近的下水道边、垃圾堆、水缸下等处。白昼蛰居泥土洞穴中，夜间外出活动。蚯蚓是杂食性动物，它除了玻璃、塑胶和橡胶不吃，其余如腐殖质、动物粪便、土壤细菌、真菌等以及这些物质的分解产物都吃。蚯蚓味觉灵敏，喜甜食和酸味。

四、经验拓展，发现记录小蚯蚓的生活。

❶ 取出幼儿探究游戏活动材料“蚯蚓喜欢吃什么”，用视觉追踪的方式找到小蚯蚓喜欢的食物。

❷ 分享交流探究与操作的结果。

观察指导要点

- 幼儿是否能用视觉追踪的方式独立完成记录单。
- 幼儿是否能够主动与同伴和教师交流自己的发现。
- 教师可以根据幼儿探究的兴趣浓厚程度，增加探究活动的时间和空间，满足其探究需要。

★ 活动拓展

活动结束后，教师带领幼儿继续探索土壤中的动物。

★ 家园共育

家长可与孩子在家中用器皿装满土养蚯蚓，每天观察蚯蚓的变化，并进行记录，孩子到幼儿园后进行分享。

泥土盖房

★ 活动目标

1. 体验泥土盖房的乐趣。
2. 能独自或以同伴合作的方式用泥土盖自己喜欢的房子。
3. 了解用泥土盖房子的基本步骤和方法。

★ 活动准备

1. 经验准备

幼儿喜欢探究关于泥土的知识。

2. 物质准备

配备材料：电子图片“土坯房”“窑洞”；视频《燕子筑巢》《窑洞》。

自备材料：各种泥土（陶土、黏土、沙土）；水；盖房（和泥）工具。

★ 活动建议

一、谈话交流，了解幼儿关于泥土作用的经验。

观察交流。观察陶土和黏土，自由交谈：陶土和黏土除了可以做泥塑还可以用来做什么呢？

观察指导要点

- 幼儿是否了解陶土和黏土的用途。
- 教师鼓励幼儿将自己生活中的所见所闻大胆表述出来。

经验提升：陶土和黏土都是泥土的一种，可以用来做泥塑。此外，很多动物的家也是用泥土做的。

二、观察感知，了解泥土在生活中的应用。

1. 观看视频《燕子筑巢》，了解燕子筑巢的过程和方法。

观察指导要点

- 幼儿是否能发现、总结出泥土是怎么固定在一起的。
- 教师可以引导并让幼儿大胆猜想泥土为什么不会掉下来。
- 幼儿是否愿意与同伴交流燕子筑巢的过程和方法，教师可以让幼儿用动作进行模仿。

经验提升：燕子利用自己的唾液和泥土混合，然后一小口、一小口地衔回，渐渐筑成窝巢。燕子还会衔回小树枝和小草夹杂在泥土中，使巢穴更加牢固。

② 观看电子图片“土坯房”，说说这些房子是用什么建的，了解土坯房的特点。

观察指导要点

- 引导幼儿认真观察图片中的房子是用什么做的。
- 和幼儿谈话，引导幼儿了解土坯房的建筑材料，表达自己的发现和感受。

经验提升：土坯房是用泥土做成的，人们还在泥土中加入草、麻线等来防止泥土断裂，使土坯房更坚固。泥土房子节俭环保，但牢固性、美观性不足。如今，随着社会的进步和发展，人们的生活水平逐渐提高，用泥土做成的房子已经越来越少见了。

三、交流观察，了解特殊的住房“窑洞”。

① 谈话活动。观察电子图片“窑洞”，互相说说自己是否听说过或者看到过窑洞，窑洞是什么样的。

② 观看视频《窑洞》，了解陕北地区特殊的住房。

观察指导要点

- 参与幼儿的谈话交流，了解幼儿对窑洞的前期经验。
- 通过问题引领，丰富幼儿经验，如在泥土中加入什么能让泥土不易断裂。
- 教师可引导幼儿回顾视频内容，重点了解窑洞的特点，哪里的人居住在窑洞里，为什么。

经验提升：我国黄土高原上的黄土直立性强，不易崩塌，当地的人们根据黄土的特点，利用高原的地形，依山靠崖，凿土挖洞，做成窑洞。窑洞冬暖夏凉，体现了人们在特殊地理环境下生存的智慧。

★ 活动拓展

感兴趣的幼儿园，可以和幼儿一起脱泥坯，制作自己的泥土房子。

❶ 争取家长的支持，为幼儿制作泥坯工具，教师可以统一泥坯模具尺寸。

❷ 和幼儿一起用黄土和泥、脱泥坯、晾晒泥坯，幼儿记录并统计自己脱坯的数量。

❸ 晾晒泥坯，其间可协商设计盖房子的图纸。

❹ 用自己制作的泥坯，合作建造自己设计的泥坯房子。

★ 家园共育

请家长带孩子通过图书、网络、实地参观等途径深入了解有关泥土盖房的知识。

多样的职业

主题价值

现代社会已经是多元分工的社会，每一个人都承担着不同的工作职责。幼儿对各种各样不同职业的工作充满了好奇之心，会在游戏时扮演和表现心目中不同职业的角色，同时也对长大后想做的事充满期待。

“多样的职业”主题活动，可以让幼儿通过调查、参观、体验等多种方式，在感受、交流、分享活动中了解不同职业人们的工作以及他们所承担的不同的工作职责，让幼儿在游戏中体验和表现心目中不同职业的角色，培养他们对未来职业进行规划的意识，懂得尊重各行各业人们的劳动，珍惜劳动成果。

主题讨论

主题实施前，围绕“职业”设计开放性话题，组织幼儿进行谈话或讨论，了解幼儿已有的生活经验以及兴趣点，以便灵活地运用主题案例，做适宜的选择、整合及园本化设计。例如：

1. 你知道什么是职业吗？
2. 你知道哪些职业？他们都是做什么的？
3. 你了解哪些劳动工具？他们是什么职业的人需要和使用的？
4. 你知道哪些特殊的职业？如果没有这些职业会怎样呢？
5. 你最喜欢哪个职业？长大后你想从事什么职业？
6. 关于各种不同的职业，你还想知道什么？

…………

主题目标

1. 愿意与他人讨论问题，能连贯、清楚、有序地讲述一件事情，敢于在众人面前表达自己对有关职业的话题与想法，并能根据谈话对象和需要，调整说话的语气。

❷ 了解不同职业的工作内容与差异，培养观察分析的能力。

❸ 了解各种职业与我们生活的密切联系，珍惜他们的劳动成果。

❹ 了解各行各业不同的工作者对社会的贡献，对未来职业选择产生美好的向往。

❺ 能理解、欣赏歌曲的内容和情绪，用生活中的物品表现和感受节奏美。

❻ 能用多种工具、材料和不同的表现手法表达自己的感受和想象。

主题资源

活动资源一览表

子主题	活动名称	涉及领域	幼儿游戏资源			教师教学资源		
			实物材料	探究游戏活动材料	图画书	电子图片	音频	视频
身边人的职业	职业大调查	社会/语言		周围人的职业		各种各样的职业		
	为我们服务的人	社会/语言	扭扭棒、胸卡带、皱纹纸	我是小记者		扭扭棒作品	歌曲：感恩的心	
	向他们致敬	社会/语言	流苏	为您点赞、职业与场所		医生、警察、消防员、军人		他们的工作
	职业与工具	社会/科学		职业工具对对碰				勇敢的消防员
	城市美容师	社会/语言		他们做得对吗		美丽的城市、环卫工人		城市美容师
	动物职业介绍所	语言/社会		创编《动物职业介绍所》	动物职业介绍所	啄木鸟、蚂蚁、鸽子、螃蟹	故事：动物职业介绍所	

续表

子主题	活动名称	涉及领域	幼儿游戏资源			教师教学资源		
			实物材料	探究游戏活动材料	图画书	电子图片	音频	视频
职业大体验	职业大体验	社会/语言	头箍、曲别针	我来送快递、角色扮演游戏卡（一）、角色扮演游戏卡（二）		各行各业的人		
	锅碗瓢盆交响曲	艺术/语言				乐曲图谱		土耳其进行曲
	皮皮的梦	语言			皮皮的梦	皮皮的梦	故事：皮皮的梦	
	小小设计师	艺术/语言		我的服装设计方案		各种各样的环保服装	动感音乐	
	快乐小厨师	社会/艺术						制作面条
	我的职业理想	艺术/语言		我的职业理想		多种多样的职业		

主题环境

主题墙

1 随时关注幼儿在主题实施过程中的问题，积极引导幼儿探索并寻找答案，鼓励幼儿将答案的图片、绘制的符号等在主题墙上进行展示。

2 将幼儿在主题活动中的记录单、绘画、手工作品，如“周围人的职业”“为您点赞”“角色扮演游戏卡”等以及幼儿在活动区游戏中的作品展示在主题墙上，供幼儿欣赏、讨论和学习。

3 收集与主题相关的图片、照片、实物等资源布置在主题墙上，如职业、工具、职业服装等图片，各种各样的服装，各种废旧物制作的环保服装服饰等，不断拓展和丰富幼儿的主题目标。

活动区

1 建构区：提供各类职业人物、工具、场所照片等，引导幼儿围绕多样的职业进行主题搭建。

2 表演区：提供废旧锅碗瓢盆等炊具和音乐《锅碗瓢盆交响曲》，引导幼儿自主欣赏，为音乐伴奏；投放由废旧材料制作的环保服装服饰和动感音乐等，引导幼儿自由表演。

3 美工区：提供报纸、包装袋、塑料袋、扑克牌、废旧光盘、塑料绳、订书器、剪刀、胶带等材料，引导幼儿自由设计制作环保时装；提供彩色卡纸、彩色笔等引导幼儿制作感谢卡。

4 语言区：提供《幼儿梦想家职业绘本》《城市美容师》《儿童职业启蒙绘本》等图书，引导幼儿自主选择图书进行阅读；提供各行各业人物图卡，引导幼儿看图说话。

5 益智区：提供职业与场所、工具的配对牌，引导幼儿游戏。

家园共育

1 请家长有意识地和孩子共同收集、交流各类职业的照片、图片等资料。

2 跟孩子一起收集废旧材料，制作环保时装，并穿上进行时装表演。

3 带孩子到职业体验馆进行游戏活动，有条件的还可以带孩子去参观服装展、时装秀等，开阔幼儿的视野，提高幼儿的审美能力。

子主题 身边人的职业

职业大调查

★ 活动目标

1 感受不同职业对社会的贡献，萌发对各种职业的尊重之情。

2 能用清晰的语言介绍自己的调查结果，并合作对调查结果进行归类分析。

3 了解生活中多种多样的职业以及职业与人们生活的关系。

★ 活动准备

1 经验准备

活动前在家长的帮助下完成幼儿探究游戏活动材料“周围人的职业”调查内容。

2 物质准备

配备材料：幼儿探究游戏活动材料“周围人的职业”；电子图片“各种各样的职业”。

自备材料：每组一张职业汇总表。（见“活动资源”）

★ 活动建议

一、谈话交流，分享“周围人的职业”调查结果。

1 小组内围绕“周围人的职业”进行谈话：你调查了哪些人？有哪些职业？他们每天都会做哪些工作？

2 以小组为单位，轮流交流自己的调查结果。

观察指导要点

● 每名幼儿是否都能发言交流。观察个别幼儿没有交流的原因，是没完成调查表的内容，还是不愿意发言。可根据具体情况，鼓励幼儿清楚、连贯、有条理地与其他同伴交流。

- 通过倾听幼儿的调查交流，了解幼儿对职业的理解以及印象最深刻的职业是什么。

经验提升：小朋友们都进行了调查，有的是向爸爸妈妈调查，有的是向自己周围熟悉的人调查，通过调查我们了解到社会上有各种各样的职业，他们就在我们身边，为人们的生活贡献自己的力量。

二、归类统计，汇总组内调查结果。

❶ 统计本组小朋友调查结果有哪些是一样的，有哪些是不一样的，一共有多少种职业。

❷ 讨论：不同职业会给我们的生活带来哪些便利？

❸ 对本组的调查结果进行分类、汇总：这些职业可以怎样分类？

观察指导要点

- 幼儿在进行小组交流汇总时是否能积极参与其中，及时发现问题或矛盾冲突，了解幼儿的学习效果及发展水平。
- 教师可通过提问引导幼儿对调查结果进行分类，如“你们的调查结果中有哪些职业是为我们生活提供服务的？”“哪些职业是保护我们的？”等等。

经验提升：小朋友们调查的内容丰富多彩，我们可以按照职业的不同工作内容，把同一种类的放到一起，这样看起来就会更加清晰明了。

三、分享讨论，了解不同的职业。

每组派代表展示并介绍本组调查内容，并请组内其他小朋友进行补充。

观察指导要点

- 幼儿是否愿意主动与同伴交流和分享。
- 幼儿是否能清楚、连贯、有条理地讲述自己组汇总的内容。

经验提升：我们的生活离不开各行各业的人，如理发师、厨师、快递员、警察、军人、医生、护士等，他们用辛勤的劳动为社会做出贡献。

四、总结拓展，了解不同职业对社会的贡献。

❶ 拓展谈话：你还知道哪些职业？他们都做什么工作？

❷ 观察电子图片“各种各样的职业”，加深对各种职业的了解：他们是做什么工作的？他们的工作辛苦吗？他们的工作给人们带来了哪些方便？没有这种工作会怎么样？

经验提升：不同的职业虽然工作不同，但他们对社会都有着不同的贡献，我们要尊重各种职业的人，尊重他们的劳动成果。他们每天辛苦地工作，让我们对他们说一声：“叔叔/阿姨，您辛苦了，谢谢您！”

★ 活动拓展

将各组的调查汇总表布置在主题墙上，供幼儿继续讨论和讲述。

★ 家园共育

❶ 请家长协助孩子完成幼儿探究游戏活动材料“周围人的职业”。

❷ 家长跟孩子共同收集并交流各类职业的照片、图片和资料等。

★ 活动资源

职业汇总表

1. 国家机关、党群组织、企业、事业单位负责人	
2. 专业技术人员	
3. 办事人员和有关人员	
4. 商业、服务业人员	
5. 农、林、牧、渔、水利业生产人员	
6. 生产、运输设备操作人员及有关人员	
7. 军人	
8. 不便分类的其他从业人员	

知识链接

我国职业分类主要依据的是《中华人民共和国职业分类大典》，该大典将职业分为八大类，具体如下：

1. 国家机关、党群组织、企业、事业单位负责人：这一类别包括了在各类国家机关、党群组织、企业和事业单位中担任领导和管理职务的人员。

2. 专业技术人员：这一类别涵盖了从事各种专业技术工作的人员，如科学研究人员、工程技术人员、医疗卫生人员等。

3. 办事人员和有关人员：这一类别主要指的是在各类机构和组织中从事行政事务、辅助管理等工作的人员。

4. 商业、服务业人员：这一类别包括了在商业、服务业领域从事各种工作的人员，如销售人员、服务人员、餐饮人员等。

5. 农、林、牧、渔、水利业生产人员：这一类别主要指的是在农业、林业、畜牧业、渔业和水利业等领域从事生产活动的人员。

6. 生产、运输设备操作人员及有关人员：这一类别涵盖了从事生产、运输设备操作以及相关辅助工作的人员，如工人、司机、维修人员等。

7. 军人：这一类别指的是在军队中服役的人员，包括各种军兵种和后勤支持人员。

8. 不便分类的其他从业人员：这一类别主要用于归类那些无法明确归入上述七大类别的从业人员。

这些职业分类反映了我国社会经济的多元化和复杂性，为职业教育和就业提供了重要的参考依据。

为我们服务的人

★ 活动目标

1. 感受周围人对自己的付出，萌发对他们的感恩之心。
2. 能在集体中积极地谈论话题，主动发言。
3. 了解生活中为我们服务的人的工作，体会他们的辛苦。

★ 活动准备

1. 经验准备

（1）运用实物材料胸卡带、皱纹纸，提前完成幼儿探究游戏活动材料“我是小记者”的制作。

（2）扮演小记者，提前采访家里人以及幼儿园里的各种工作人员。

❷ 物质准备

配备材料：幼儿探究游戏活动材料“我是小记者”；音频歌曲《感恩的心》；电子图片“扭扭棒作品”；实物材料扭扭棒、胸卡带、皱纹纸。

自备材料：每名幼儿采访幼儿园工作人员的照片、小剪刀。

★ 活动建议

一、谈话交流，感受家人对我们的关爱。

❶ 分享交流。小组内互相说说晚上和周末在家的时候都做些什么，爸爸妈妈在忙些什么，家里其他人在忙些什么，他们为什么这么辛苦忙碌，你应该说什么。

❷ 个别分享。个别幼儿在集体面前分享交流。

观察指导要点

- 幼儿是否能在交流中充分表达自己的看法与经验。
- 追随讨论进程适时引导幼儿理解家人的辛勤付出，对家人充满感恩，激发为家人服务的欲望。

经验提升：我们真幸福，有这么爱我们的家人，他们为了我们，不怕辛苦不怕累，让我们住在干净整洁的房子里，吃上营养丰富的饭菜，让我们健康快乐地长大。他们很辛苦，我们也要爱他们，也要为他们服务，比如学做家务，做家里的小帮手。

二、经验分享，回顾自己采访的为我们服务的人。

❶ 回忆并交流。幼儿园里也有很多为我们服务的人，你都采访了谁？他们每天在忙什么？

❷ 结合幼儿的采访照片，交流自己采访的人及其主要工作，体会他们的辛苦。

观察指导要点

- 观察幼儿的前期经验有哪些，是否愿意与他人讨论问题，并且敢在众人面前说话。

- 鼓励幼儿在表达幼儿园各类工作人员工作内容的同时，激发对他们的尊敬之情，引导幼儿珍惜他人劳动的成果。

经验提升：老师每天和我们一起做游戏、学知识；保育员老师每天进行卫生消毒，让我们的教室干净整洁；保健阿姨每天给我们进行健康检查，保证我们的健康；食堂的叔叔阿姨每天早早来到幼儿园，为我们准备营养可口的饭菜；保安叔叔守卫大门，保护我们的安全……大家都在为我们服务，我们要尊敬他们，有礼貌地配合他们的工作，珍惜他们的劳动成果。

三、制作礼物，抒发感恩情感。

① 谈话。围绕“怎样感谢在家里、在幼儿园爱我们、为我们服务的人”进行交流，说说想怎样表达自己对他们的感谢。亲自为他们设计和制作一个小礼物，送给他们以表达我们的谢意吧。

② 观看电子图片“扭扭棒作品”，欣赏扭扭棒作品。

③ 幼儿利用实物材料扭扭棒，自由创作或按图片仿制小礼物。

观察指导要点

- 幼儿用扭扭棒自主创作或仿制小礼物时遇到的困难和解决方法。
- 提示幼儿扭扭棒过长时可用小剪刀剪断。
- 与完成制作的幼儿对话，了解幼儿要将礼物送给谁，为什么送给他，准备说哪些感谢的话。

经验提升：小朋友们都用扭扭棒制作了各种小礼品，有漂亮的小花、棒棒糖、小戒指、眼镜、发卡等。让我们把自己制作的小礼物送给为我们服务的人，并表达我们对他们的爱和感谢之情吧。

四、赠送礼物，大胆表达。

幼儿将制作好的礼物赠送给身边为自己服务的人，并用语言大胆向他们表达自己的谢意。

观察指导要点

- 幼儿是否能自主选择接收礼物的人，能否大方、清晰地表达自己的谢意。

● 鼓励幼儿连贯、清晰地说出表达感谢的话。

经验提升：身边有这么多为我们服务的人，他们每天都在为我们付出，谢谢他们。

活动拓展

1. 在美工区提供扭扭棒等材料，幼儿可继续自主制作小礼物。
2. 班级设立值日生，鼓励幼儿为小朋友们服务。

家园共育

家长鼓励孩子在家做一些力所能及的家务劳动。

向他们致敬

活动目标

1. 感受医生、警察、军人、消防员等的默默奉献，萌发尊重这些职业的情感。
2. 能运用自己喜欢的表达方式进行艺术创作。
3. 了解医生、警察、军人、消防员等职业的特点和重要性。

活动准备

物质准备

配备材料：幼儿探究游戏活动材料“为您点赞”“职业与场所”；视频《他们的工作》；电子图片“医生、警察、消防员、军人”；实物材料流苏。

自备材料：线描笔、水彩笔、水粉、毛笔、白纸、抹布等。

活动建议

一、交流分享，谈论想向哪些人致敬。

1. 谈话。你觉得哪些职业很了不起？你想向哪些人致敬？

② 个别分享。请个别幼儿在集体面前分享交流。

观察指导要点

- 幼儿是否能在交流中充分表达自己的看法。
- 跟随幼儿的提问适时引导，如：“这些职业为什么了不起？”

经验提升：无论是什么职业，都值得我们尊重。我们应该致敬每一位奋斗的劳动者。

二、观看图片、视频，了解医生、警察、消防员、军人等职业。

① 交流分享。说说自己是否了解医生、警察、消防员、军人，他们都是做什么的。

② 观看视频《他们的工作》，交流自己对这些职业的了解和认识。

③ 逐一观察图片“医生、警察、消防员、军人”，并进行交流，丰富对这些职业的服饰、标识的认知。

观察指导要点

- 幼儿是否能充分与他人共同讨论问题，不随意打断他人的发言。
- 幼儿是否能通过观察，了解这些职业的特性。
- 追随幼儿的讨论进程适时引导，如：“我们的生活中没有这些职业可以吗？”

经验提升：医生、警察、消防员、军人这些职业的人在自己的岗位上默默奉献，帮助处于危难中的人们，甚至会牺牲自己的生命。我们应该向他们致敬。

三、多元表征，用自己喜欢的表达方式进行艺术创作。

① 思考交流。想想自己最喜欢哪种职业的人，为什么喜欢他们。

② 画出自己心目中最了不起的职业。自由选择绘画工具，取出幼儿探究游戏活动材料“为您点赞”及实物材料流苏，用自己喜欢的方式进行表达、创作。

观察指导要点

- 巡回观察幼儿的绘画内容，必要时进行询问，帮助幼儿更好地回顾各种职业的特点。

- 提示幼儿可以通过绘画人物的服装、帽子、使用工具等表现人物的职业特征；可以采用水粉、线描、水彩多种形式进行绘画。

经验提升：每个职业都有各自的职业特征，他们服装不同，使用的工具不同，工作环境和工作内容也不同，要找到最突出的特点进行绘画。

四、作品展示，观摩并评价作品。

1. 展示并向大家介绍自己的作品。
2. 互相评价喜欢哪幅作品，为什么。
3. 将自己的艺术作品布置到活动室墙面。

经验提升：我们的生活中还有许许多多了不起的职业，小朋友回家后和爸爸妈妈一起去寻找和发现吧。

★ 活动拓展

1. 取出幼儿探究游戏活动材料“职业与场所”，在区域内玩迷宫游戏。
2. 在表演区和角色区提供医生、警察、消防员、军人等职业的服装，供幼儿表演和游戏。
3. 在语言区提供《与职业相关的图书》，引导幼儿自主阅读。
4. 在美工区提供绘画材料，引导幼儿继续进行自主创作。

★ 家园共育

家长可以带幼儿找寻和认识生活中更多了不起的职业。

职业与工具

★ 活动目标

1. 感受劳动工具带给人们的便利，懂得尊重不同职业的人的劳动成果。

② 能运用生活中的经验清楚、有条理地表述自己的见解。

③ 认识几种职业的常用工具，了解职业与工具之间的关系。

★ 活动准备

① 经验准备

幼儿初步了解警察、医生、消防员、老师的工作内容。

② 物质准备

配备材料：幼儿探究游戏活动材料“职业工具对对碰”；视频《勇敢的消防员》。

★ 活动建议

一、观看视频，了解消防员的常用工具。

① 观看视频《勇敢的消防队员》。

② 围绕视频内容讨论：视频中的人是谁？他们的工作是什么？他们使用的工具都有什么？这些工具有什么用？

观察指导要点

- 幼儿观看视频时是否能通过观察发现消防员使用的工具。
- 追随幼儿的交流进程适时引导，如：“消防员使用什么工具？它有什么用？”

经验提升：消防员使用的工具有消防车、消防水枪、消防斧等，这些工具都是消防员快速到达火场，灭火和救援用的。

二、观察判断，了解其他几种职业的劳动工具。

① 取出幼儿探究游戏活动材料“职业工具对对碰”，通过观察判断图中人物的职业，说说他们是做什么工作的，他们使用什么样的工具。

② 在粘贴页中取下他们工作中使用的工具，粘贴在相应的格子里。

③ 互相交流、讲述不同职业所需要的特殊工具。

观察指导要点

- 幼儿能否结合生活经验找出不同职业使用的工具。

● 鼓励幼儿清楚、有条理地表述自己的见解。

经验提升：职业不同，使用的工具也不同，如医生给病人看病要用到听诊器、血压仪、针筒、手术刀等；教师要用粉笔、黑板、三角尺、教鞭等；警察要用警车、执法记录仪、强光手电、伸缩警棍等；环卫工人要用扫帚、簸箕、铁锹、铲刀、垃圾袋、钳夹等。

三、实践体验，感受工具带给人们的便利。

1. 围绕“活动室的卫生清洁”讨论：清扫活动室卫生需要哪些工具。
2. 自由选择抹布、扫帚、拖布等工具进行劳动。
3. 围绕“劳动的感受”讨论：你运用了什么工具做了哪些工作？这些工具怎样使用？劳动后有哪些感受和体会？

观察指导要点

● 幼儿是否能正确使用工具。
● 幼儿是否能完整地讲述自己的劳动感受。

经验提升：不同工作要使用不用的工具，这些工具让我们的工作更便捷、更省力。同时，一些工具的发明也改变了原有的工作方式，解放了双手，如吸尘器、扫地机器人。小朋友们长大后也可以为各种职业发明更好用的工具。

★ 活动拓展

1. 请幼儿发挥想象，画出自己发明的工具，讲讲它的特殊功能。教师把幼儿的作品布置到主题墙上，供幼儿互相观察、交流，也可装订成画册，引导幼儿互相阅读与讲述。
2. 在语言区提供图书《儿童职业启蒙绘本》，方便幼儿阅读了解多样化的职业工具；提供职业与场所、职业与工具的关系配对牌，引导幼儿游戏。

★ 家园共育

请家长和孩子共同寻找和发现更多的职业工具，鼓励孩子与同伴和教师分享。

城市美容师

活动目标

1. 尊重环卫工人并爱惜他们的劳动成果。
2. 乐意在大家面前大胆发言，连贯、完整地进行讲述。
3. 初步了解环卫工人的职业特征及其与人们生活的关系。

活动准备

1. 经验准备

提前了解环卫工人的工作。

2. 物质准备

配备材料：幼儿探究游戏活动材料“他们做得对吗”；视频《城市美容师》；电子图片“美丽的城市”“环卫工人”。

自备材料：幼儿每人一块抹布。

活动建议

一、观察感知，了解环卫工人的职业特征。

1. 观察电子图片“美丽的城市”，自由讨论：我们的城市为什么会这么干净美丽？是谁每天把我们的城市打扫得这么干净？

2. 观察电子图片“环卫工人”，进行谈话：他们是谁？你在哪里见过他们？他们是怎样工作的？为什么衣服上会有荧光条？

观察指导要点

- 观察幼儿能否运用已有经验辨识环卫工人，是否对环卫工人有所了解。
- 引导幼儿仔细观察并大胆猜测，分析环卫工人的服装特点。

经验提升：环卫工人每天出现在城市的大街小巷，他们拿着扫帚等工具把我们的城市打扮得干净漂亮。他们的工作服是橘色的，上面还有荧光条，可以更容易被过往车辆和行人发现，从而保护他们的安全。

二、讨论交流，了解环卫工人的工作与人们生活之间的关系。

❶ 观看视频《城市美容师》，了解环卫工人的工作。

❷ 讨论环卫工人的工作与人们生活之间的关系：视频中有谁？他们在干什么？马路上有什么变化？他们辛苦吗？如果没有他们的工作行不行？为什么？

观察指导要点

- 幼儿是否能流利、完整地进行讲述。
- 在幼儿交流讨论时，可引导幼儿从环卫工人的工作内容、工作时间以及与人们生活的关系等方面进行讨论。

经验提升：环卫工人的工作很辛苦，无论严寒酷暑还是无论风霜雨雪，他们每天都会早早开始工作，把我们的城市街道清扫得干净又整洁，让我们能够舒服地生活，他们的工作很重要，人们称他们是“城市的美容师”。

三、操作分析，懂得尊重和珍惜环卫工人的劳动成果。

❶ 交流讨论。环卫工人工作那么辛苦，我们应该如何珍惜他们的劳动成果呢？

❷ 取出幼儿探究游戏活动材料“他们做得对吗”，看看哪些行为是不对的，并说说为什么。

观察指导要点

- 观察幼儿是否能围绕话题自主交流。引导个别幼儿注意倾听他人发言。
- 关注幼儿能否进行正确判断，并且有条理、有逻辑地说出自己的理由。

经验提升：环卫工人的劳动很辛苦，他们“宁愿一人脏，换来万人洁”，我们要尊重他们的劳动，爱护环境，不随地扔垃圾，养成良好的卫生习惯。

四、自主劳动，体验劳动的辛苦与快乐。

每人取一块小抹布，擦洗自己的小椅子，共同打扫活动室的卫生。

经验提升：劳动让我们的环境更美好，让我们养成爱劳动的好习惯，自觉爱护环境卫生，争做保护环境的小卫士！

★ 活动拓展

1. 在幼儿园开展“争做环保小卫士”活动，培养保护环境的意识。
2. 在幼儿园开展捡拾户外垃圾、树叶等劳动活动。
3. 语言区投放图书《城市美容师》，供幼儿阅读。

★ 家园共育

请家长带孩子在家里进行力所能及的劳动，并督促孩子养成爱护环境、保持卫生的好习惯。

动物职业介绍所

★ 活动目标

1. 喜欢听故事，体验故事的有趣。
2. 乐于沟通，积极思考，合理地续编故事。
3. 理解故事内容，初步了解特点与职业的匹配。

★ 活动准备

1. 经验准备

对社会常见的职业有所了解。

2. 物质准备

配备材料：幼儿探究游戏活动材料“创编《动物职业介绍所》”；图画书《动物职业介绍所》；音频故事《动物职业介绍所》；电子图片“啄木鸟、蚂蚁、鸽子、螃蟹”。

★ 活动建议

一、谈话感知，初步了解职业介绍所。

围绕“职业介绍所”进行讨论：职业介绍所是做什么的？动物职业介绍所是

做什么么的?

观察指导要点

- 观察幼儿是否对职业介绍所有所了解。
- 鼓励幼儿讨论时大胆发表自己的猜测和见解。

经验提升：我们的生活中有很多职业，如教师、警察、快递员、司机、厨师，等等。职业介绍所是为别人介绍工作的地方，动物职业介绍所是为动物介绍工作的地方。

二、完整欣赏故事，初步理解故事内容。

1. 完整倾听音频故事《动物职业介绍所》。
2. 回答问题：故事的名字是什么？故事里都有谁？他们在做什么事情？

观察指导要点

- 幼儿是否能够认真专注地听故事。
- 鼓励幼儿大胆且清楚地讲述出故事的主要内容。

经验提升：故事的名称是“动物职业介绍所”。说的是大猩猩开了一家职业介绍所，他给龙虾、青蛙、袋鼠妈妈介绍工作的故事。

三、分段讲故事，引导幼儿思考动物特点与职业的匹配。

1. 倾听故事前两段，回答问题：龙虾为什么要换工作呢？什么是粮仓管理员？大猩猩所长给龙虾介绍了什么工作？
2. 倾听故事第三段。先倾听前半部分，猜一猜大猩猩所长可能会给青蛙介绍什么职业，为什么。
3. 倾听故事第四段。先倾听前半部分，说一说如果你是大猩猩所长，你会给袋鼠妈妈介绍什么职业，为什么。教师继续讲述后半部分故事。
4. 讨论：大猩猩所长是根据什么给动物们介绍工作的？

观察指导要点

- 幼儿是否能通过观察和已有经验，说出这些动物的特点。

● 幼儿能否结合生活经验猜出大猩猩给每个动物介绍的工作。

经验提升：每个动物都有自己的特点，大猩猩是根据他们的特点给他们介绍工作的。

四、再次完整欣赏故事，自主看图画书讲故事。

❶ 倾听音频故事，再次熟悉、欣赏故事内容。

❷ 取出图画书《动物职业介绍所》，自主看书讲述故事内容，进一步熟悉、理解故事。

五、分组制作小书，创意续编故事。

❶ 观察电子图片“啄木鸟、蚂蚁、鸽子、螃蟹”，幼儿自由分为四组，分组讨论小动物有哪些特点，分别给四个动物找工作。

❷ 自由为喜欢或熟悉的小动物介绍工作。取出幼儿探究游戏活动材料“创编《动物职业介绍所》”，分组创编，制作手掌小书。

❸ 自由讲述自己为动物介绍的工作，分享自己创编的故事。

观察指导要点

● 幼儿是否愿意主动与同伴交流自己对动物特点的认识，并商量出适合的工作。

● 鼓励幼儿用故事的语言，清晰且有条理地讲述自己组的讨论结果。

经验提升：每个小动物都有自己的长处，小朋友们也有自己的长处，只有多看到别人的长处，我们才会收获更多的快乐！

★ 活动拓展

❶ 在表演区投放图画书、音频及动物头饰，供幼儿自由表演。

❷ 在美工区投放美工材料，引导幼儿自主制作表演头饰和道具。

★ 家园共育

❶ 回家后把故事讲给爸爸妈妈听。

❷ 请家长和孩子共同了解更多动物的特点，思考与其相适应的职业。

活动资源

故　事

动物职业介绍所

大猩猩开了一家动物职业介绍所，他在电视上打了个广告：尊敬的各位动物，您有合适的工作吗？您想充分发挥自己的特长吗？请到大猩猩动物职业介绍所，它能让您如愿以偿。

广告登出后不久，就有动物报名了。第一位是龙虾，龙虾急匆匆地说："猩猩所长，我是粮仓管理员，可我一不小心，大钳子就戳破了米袋子，请您帮帮忙，帮我找到一份合适的工作，好吗？"大猩猩所长笑着说："龙虾先生，别着急，我想办法帮助你。你的大钳子像把剪刀，裁衣服倒挺合适的，你可以当个好裁缝。"龙虾非常乐意地当了一名裁缝。

第二位报名的是青蛙，他说："猩猩所长，我是歌唱演员，可观众们都说我的歌声太难听，请您帮帮忙，帮我找一份合适的工作，好吗？"大猩猩所长笑着说："青蛙，别着急，我来帮助你，你的歌声不好听，可你是游泳的行家，你当游泳教练肯定行。"青蛙想想：对呀，我游泳棒极了，我就当一名游泳教练吧。青蛙非常高兴地当上了游泳教练。

第三位来报名的是袋鼠妈妈，她急得快要哭了。她说："猩猩所长，我是一名理发师，可这个工作一点儿也不适合我，请您帮帮我，帮我找一份合适的工作，好吗？"大猩猩所长笑着说："袋鼠妈妈，您别急，我来帮助您。你不是有个大口袋吗，当邮递员准合适。"袋鼠妈妈高兴地点点头。

一天天过去了，大猩猩所长真能干，帮助许多小动物找到了合适的工作：小狗当上了警察，小猴成了路灯管理员，大象开了浴室，蚯蚓是个合格的天气预报员，松鼠当上了粮食局长……

动物们都找到了合适的工作，他们忘不了大猩猩所长的帮助，买来了鲜花表示感谢。猩猩所长笑着说："我们每个人都有自己的长处，找到自己的长处，就不愁找不到合适的工作啦！"

子主题 职业大体验

职业大体验

★ 活动目标

❶ 感受各行各业人们工作的辛苦，体验角色扮演的乐趣。

❷ 能够与同伴合作，进行角色扮演。

❸ 初步了解生活中几种常见职业的工作内容与职责。

★ 活动准备

❶ 经验准备

对医生、护士、美容美发师、超市收银员、餐厅服务员等职业的工作内容有所了解；玩过班级角色区游戏。

❷ 物质准备

配备材料：幼儿探究游戏活动材料“我来送递员”“角色扮演游戏卡（一）”“角色扮演游戏卡（二）”；电子图片“各行各业的人”；实物材料头箍、曲别针。

自备材料：医院、美容美发厅、超市、餐厅等角色区域及相关材料。（可在角色专项活动室，也可在平行班级设置不同的角色情境和材料共享资源；没有条件的选择一个或两个场景开展游戏）

★ 活动建议

一、观察感知，了解几种职业的工作内容与语言特点。

❶ 观察电子图片“各行各业的人”，辨识各种职业的名称。

❷ 围绕图片进行讨论：图片上的人从事什么职业？他们在哪里工作？他们会说什么，做什么？

❸ 幼儿自主交流，请个别幼儿模仿示范。

观察指导要点

- 观察幼儿对各种职业的工作内容是否了解。
- 引导幼儿讨论不同职业的工作特点与语言特点，可让个别幼儿模仿示范。

经验提升：不同职业的人在与人交流时有着自己的语言特点，如医生要礼貌地询问病人的姓名、年龄，哪里不舒服；餐厅服务员要主动与客人打招呼，询问想吃点什么，主动介绍食谱等。正因为有各行各业人们的辛苦工作，我们的生活才能更加方便、更加健康、更加安全。

二、实践体验，感受各种职业的工作内容。

① 幼儿自选喜欢的职业，到相应的角色区域，利用实物材料头箍、曲别针及幼儿探究游戏活动材料“角色扮演游戏卡（一）”“角色扮演游戏卡（二）”，与同伴进行角色扮演游戏。同一角色区内进行角色分工，并按照角色进行装扮。

② 按照小伙伴协商的规则和玩法进行角色游戏。

观察指导要点

- 每个角色区域设定角色人数板，观察并提醒幼儿当该区域角色人数满员时，幼儿自主或协商更换到其他角色区域。
- 观察幼儿在游戏中的表现，当角色扮演遇到困难时，教师选择恰当的方式介入指导。
- 观察幼儿是否懂得角色职责，能否用角色语言有礼貌地进行游戏和交流。

经验提升：游戏中小朋友要记住自己扮演的角色，并认真完成自己的工作，为有需要的人服务。大家要相互配合，使用礼貌用语。

三、收纳整理，分享游戏体验，评价游戏情况。

① 教师播放背景音乐，幼儿进行材料的收纳整理。

② 小组内互相交流：今天扮演了什么角色？做了哪些工作？在游戏中遇到了什么困难？自己是怎样解决的？下次游戏时还有什么好的想法和需要？

观察指导要点

- 观察幼儿游戏材料整理和物品的整理归位情况。
- 提示幼儿交流游戏中的经验、遇到的困难、还有哪些需要，针对幼儿提出的问题，共同分析原因，讨论对策。

经验提升：在游戏中我们体验了不同职业人们的工作。每个人都在自己工作的岗位上认真工作，大家的生活才会更方便和美好。接下来我们一起丰富游戏内容和材料，让下一次的角色游戏更加有趣。

★ 活动拓展

❶ 不断丰富、完善各个角色区域的内容和材料，供幼儿自选游戏。在美工区提供材料，幼儿可以为角色游戏自制玩具材料。

❷ 开展“快递服务站”游戏，收集各种“货品”，幼儿扮演快递员，取出幼儿探究游戏活动材料“我来送快递”，把货品按照快递单分别送给客户，如园长、保安、厨师、保健医生、各班级的教师、小朋友等，并请幼儿说一说做快递员的经历和感受。

★ 家园共育

请家长引导孩子在生活中观察各行各业人们的工作，丰富幼儿的生活经验。

锅碗瓢盆交响曲

★ 活动目标

❶ 感受乐曲风格，体验演奏活动的快乐。

❷ 尝试利用常见的厨具为音乐伴奏，会用不同音色表现不同的音乐风格。

❸ 学习看指挥、分声部演奏乐曲，初步了解 ABA 的曲式结构。

★ 活动准备

❶ 经验准备

请幼儿和家长一起收集锅、碗、勺、盆、桶、杯、锅盖等各种厨房用具。

❷ 物质准备

配备材料：视频《土耳其进行曲》；电子图片“乐曲图谱”。

自备材料：将幼儿收集到的锅、碗、勺、盆、桶、杯、锅盖等各种厨房用具布置成“厨具展览会”。

★ 活动建议

一、猜谜游戏，了解厨师的职业特点。

❶ 猜谜语：头戴高高帽，手拿锅铲勺。饭菜味道香，吃了真健康。（谜底：厨师）

❷ 自由交流：厨师是做什么的？他们都使用哪些工具？

二、体验感受，探究厨具的不同声音。

❶ 参观“厨具展览会”并谈话：在展览中都看到了什么？是做什么用的？

❷ 自由探索。尝试用这些厨具敲击出好听的声音，并围绕这些声音谈话：你用的什么厨具敲击出了好听的声音？它发出的声音怎么样？你能把自己发现的声音演奏给大家听吗？

观察指导要点

- 追随幼儿的参观进程适时引导幼儿认真观察，如：“你见过这些东西吗？在哪里见过？是什么？它们是做什么用的？还能做什么用？”
- 幼儿是否能够通过敲击尝试，发现不同厨具发出的不同音色特点。

经验提升：这些锅碗瓢盆都是厨房里的用具，除了能做饭、吃饭以外，我们还能用它们敲击出好听的声音，不同的物品发出的声音也不同，有的悦耳，有的刺耳，有的清脆，还有的沉闷。

三、看图谱来伴奏，感受乐曲曲式结构。

❶ 观看电子图片“乐曲图谱”，围绕图谱进行讨论：图谱上都有什么厨具？它们有什么不同？ A 队和 B 队一样吗？有哪些不同？

❷ 尝试看图谱跟着视频《土耳其进行曲》打节奏。

❸ 围绕“音乐和图谱”讨论：看图谱听音乐有什么新的发现？哪个地方的音乐是一样的，唱了两遍？这样的曲式是什么结构？

观察指导要点

- 全面观察幼儿的尝试过程，及时发现幼儿伴奏时出现的问题并给予帮助和回应。
- 了解幼儿看图谱的能力，引导幼儿学习听音乐，按图谱打伴奏。
- 提醒幼儿结合图谱感受乐曲的段落和曲式。

经验提升：活泼欢快的音乐我们可以用盘子、碗等来伴奏，沉闷的音乐我们可以用桶和盆来伴奏。伴奏时要跟随音乐节奏，等待时不要发出声音，伴奏要结束时所有乐器可以一起进行伴奏，但是要控制好声音的大小。这段音乐由三个部分组成：A、B、A。其中A部分出现两次，B部分出现一次，形成ABA的曲式结构。

四、幼儿演奏，体验演奏的快乐。

① 自选“乐器”组队，并尝试乐器的演奏方法。

② 了解演奏的要求，重点了解如何看指挥演奏。讨论并尝试结尾部分如何伴奏。

③ 尝试随音乐看指挥演奏。

④ 互相交换乐器，再次演奏。

观察指导要点

- 全面观察幼儿的演奏过程，及时提醒幼儿要听音乐看指挥演奏。指挥抬起双手，手心向上是准备，双手攥拳是结束。

经验提升：小朋友在合奏时一定要听指挥。只有互相配合听指挥，才能演奏出好听的音乐。

五、感受乐曲风格，了解乐曲名称。

① 围绕乐曲谈话：听了这首乐曲你有什么感觉？心情如何？

② 了解乐曲名称：你听过这首乐曲吗？知道这是哪个作曲家创作的吗？

观察指导要点

- 观察幼儿是否对乐器有一些了解。
- 鼓励幼儿说出自己的音乐感受。

经验提升：这首好听的乐曲是由德国著名作曲家贝多芬创作的《土耳其进行曲》，是一首充满活力和动感的乐曲。我们用各种厨房用具为这首音乐伴奏，体会到了音乐的魅力。只要我们用心，就会发现生活中很多物品都能发出好听的声音，也能感受到更多生活中的美好。

★ 活动拓展

将图谱、音频投放到表演区，引导幼儿继续探索和表演。

★ 家园共育

小朋友回家后可以和爸爸妈妈用家里的厨具演奏一曲欢乐的“锅碗瓢盆交响曲”。

皮皮的梦

★ 活动目标

1. 感受各行各业工作的重要，有团结协作的意识。
2. 能完整清晰地讲述故事内容，尝试采访并大胆表述采访中的发现。
3. 理解故事内容，了解各行各业的劳动对社会、对人们生活的意义。

★ 活动准备

1. 经验准备

初步了解父母及周围人们的工作。

2. 物质准备

配备材料：图画书《皮皮的梦》；音频故事《皮皮的梦》；电子图片“皮皮的梦”。

★ 活动建议

一、倾听交流，初步理解故事内容。

1. 交流分享。在小组内交流自己了解的周围人的工作，说说如果我们生活中没有了这些职业，会发生什么样的事情。

② 观察电子图片“皮皮的梦”，猜猜故事主题，完整倾听音频故事《皮皮的梦》。

③ 围绕故事讨论：故事的名字是什么？故事中都有谁？发生了一件什么事？

经验提升：故事的名字叫“皮皮的梦”，讲述了一个叫皮皮的小朋友，在梦中来到一个大家都不工作的城市的故事。

二、看图讨论，进一步理解故事内容。

① 观察图片，根据问题讲述图片内容。例如：梦里皮皮到了哪里？马路上发生了什么事？怎么会这么乱？皮皮来到医院看到了什么？为什么？公园里是怎样的景象？怎么会这么脏乱？

② 交流讨论：你喜欢这样的地方吗？为什么？自由交流自己的想法。

观察指导要点

- 追随幼儿讲述进程进行追问，帮助幼儿更好地理解故事内容。
- 幼儿是否能看图有条理地讲述故事内容。

经验提升：人们都不工作，不仅不能给我们带来快乐，反而一切都没有了秩序，导致人们的生活很不方便。

三、理解故事，完整表达故事内容。

① 再次倾听音频故事，进一步熟悉和理解故事内容。

② 取出图画书《皮皮的梦》，自主看书讲述故事内容。

观察指导要点

- 幼儿能否根据图画书连续讲述故事内容，及时发现问题并予以纠正。
- 巡回观察幼儿的讲述，必要时进行鼓励和提示。

经验提升：小朋友们能根据图画书连续的画面内容完整地讲述故事，也了解了故事中的内容。不工作对大家都没有好处，会给我们造成更多的麻烦。

四、自由辩论，了解各行各业劳动对社会、对生活的意义。

① 分组交流，说说自己了解的周围人的工作，你认为哪种工作更重要。

② 根据意见的不同分组，进行小小辩论赛，充分表达自己的理由。

观察指导要点

- 观察幼儿是否能用恰当的语言表述自己的生活经验，是否能说出自己的观点及理由并尝试说服对方。
- 鼓励幼儿主动在大家面前大胆地表达。

经验提升：不同职业的人给我们的生活带来不同的方便，他们的工作对社会及人们的生活都有独特的意义，缺了哪个职业都会给我们的生活带来不便。我们要尊重各行各业的人，尊重他们的劳动。相信小朋友们长大了也一定会努力工作，成为对社会有用的人。

★ 活动拓展

在语言区提供故事图片和指偶，引导幼儿进行故事讲述。

★ 家园共育

① 请幼儿回家后将故事讲给爸爸妈妈听。

② 请家长带孩子一起了解更多职业，及其对社会及人们生活的独特意义，丰富幼儿生活经验。

★ 活动资源

故　事

皮皮的梦

皮皮是幼儿园大班的小朋友，他最喜欢吃糖果、做游戏，常常缠着妈妈到儿童乐园去玩。他想：要是长大了也能这样多好，不用工作，吃吃玩玩多快乐！

皮皮躺在公园的草地上美美地想着这些，想着想着就睡着了。他做了一个奇怪的梦。梦中皮皮长大了，他来到一个大家都不工作的城市。他哼着小曲，开着汽车准备到公园去玩。突然，他发现前方一片混乱，好像出了什么事。皮皮赶紧刹车，可是已经晚了，后面的车“砰”的一下撞到了车上。皮皮的头撞到了玻璃上，鲜血直流。皮皮吓坏了，他想找一家医院，可是没法开车，路都给堵住了。他想：要是有交通警察就好了。

过了很久，道路终于通了。皮皮赶紧开车去找医院，费了好大的劲儿，他找到了一家医院，可皮皮被眼前的景象惊呆了：只见一位妈妈抱着发烧的娃娃着急地走去，娃娃病得难受，哇哇大哭；爸爸戴着牙疼的孩子满医院上下跑着找医生；交通事故中受伤的病员躺在病床上直哼哼，就是没有医生。“要是有医生就好了。”皮皮大声地说着。他感到很难过。

他到公园去散散心，可是到了公园，皮皮心里更难受了，公园里到处是垃圾，这些垃圾发出了难闻的臭味，讨厌的苍蝇到处乱飞。皮皮一边拼命地逃，一边大声叫着：“环卫工人到哪里去了？怎么没人打扫卫生呀？”一大群苍蝇飞到了皮皮的身边。“讨厌，走开，走开！”皮皮大声叫着。

“皮皮，你在干吗？快醒醒。”妈妈着急地叫唤着皮皮。皮皮睁开双眼，环顾四周，似乎还在躲避那些讨厌的苍蝇。“发生了什么事？”妈妈着急地问道。皮皮把自己做的梦告诉了妈妈，妈妈笑着说：“如果大家都不工作，咱们的生活会变成什么样呢？你长大了一定要做个有用的人，为大家服务。”

小朋友，你说说皮皮会怎么回答？长大了，你想做什么呢？

小小设计师

★ 活动目标

1. 感受服装艺术的美，体验创意制作的乐趣。
2. 有序清晰地用语言表达自己的设计方案。
3. 知道服装设计的基本要求，能够运用一些废旧材料设计制作和装饰服装。

★ 活动准备

1. 经验准备

在家里提前完成幼儿探究游戏活动材料“我的服装设计方案”；请家长跟幼儿一起收集生活中的废旧材料。

2. 物质准备

配备材料：幼儿探究游戏活动材料“我的服装设计方案”；电子图片“各种

各样的环保服装”；音频《动感音乐》。

自备材料：报纸、包装袋、塑料袋、扑克牌、废旧光盘、塑料绳、订书器、剪刀、胶带等。

★ 活动建议

一、观察讨论，创意设计环保时装。

1. 观察欣赏。观看电子图片“各种各样的环保时装”，说说这种时装的款式。
2. 谈话讨论：这些环保服装都运用了哪些材料？你想用什么废旧材料设计一件服装呢？
3. 分享交流。在小组内，互相介绍自己完成的幼儿探究游戏活动材料“我的服装设计方案”，了解同伴的设计与想法。
4. 小组选举出大家都喜欢的服装设计。

观察指导要点

- 幼儿是否能够发现时装的各种材料，是否能结合“我的服装设计方案”进行介绍、说明。
- 鼓励幼儿从外形、材料、优点等几方面，介绍自己的服装设计方案，勇于在小伙伴面前表达自己的想法。

经验提升：小朋友设计的服装款式，有套装、连衣裙等，还有配套的帽子、围巾等配饰。制作材料包括报纸、塑料袋、包装袋等。

二、实践操作，运用废旧材料制作服装。

1. 了解制作服装的基本要求：服装分为前片和后片，制作服装时要先按照自己的身高胖瘦进行裁剪，制作完服装的主体部分，再进行细节装饰。
2. 操作实践。结合小组选出的服装样式，自选需要的材料，合作进行服装制作。

观察指导要点

- 指导提醒幼儿先进行主体制作，再进行细节装饰，选择合适的材料，避免太复杂。

- 提醒幼儿制作服装时要节约材料，注意环保和卫生。及时提示幼儿制作时要注意安全，剪刀不要对着别人，还要注意节约材料，不用的或者用剩的材料及时放回材料筐中。

经验提升：制作服装时，设计和选材很重要，还要注意服装颜色的协调和搭配，让我们的服装更漂亮。

三、分享交流，展示小组制作的服装。

分组展示、介绍自己小组制作的服装。说一说本组制作的是什么服装，用了什么材料，服装的优点有哪些，服装什么地方最好看，为什么。

观察指导要点

- 幼儿是否能条理清晰地介绍自己设计的服装，愿意主动与同伴交流和分享。

经验提升：今天小朋友们都成了小小的服装设计师，设计了自己喜欢的服装，还用废旧物品制作出了自己设计的服装，回家后和爸爸妈妈一起收集更多不同的废旧材料，争取制作出更有创意的服装，体验服装设计的乐趣吧。

四、表现展示，进行环保时装秀表演。

❶ 各组代表介绍服装的基本造型，说说服装的款式特点、主要优点等。

❷ 各组选出模特，穿好自己设计的服装，代表本组参加服装表演展示活动。模特随着音频《动感音乐》展示自己组设计的环保时装。

观察指导要点

- 观察幼儿是否能够说出服装的主体造型，如是短款还是长款，是坎肩还是裙装等。
- 提醒幼儿在穿设计的服装时要小心，不要弄坏了。
- 鼓励幼儿模仿模特的台步和亮相，大胆、自由地进行表演和展示。
- 鼓励幼儿说出表演时大家配合的重要性。
- 鼓励幼儿说出自己表演时的心情与收获。

经验提升：小朋友们设计的服装款式很多，有短款、长款、坎肩、裙装等。服装模特展示了最有特色的环保时装秀。你们是最棒的设计师，也是最棒的环保小卫士。大家在表演时要注意表情、眼神和亮相，跟着音乐节奏走台步，这样就更像时装模特了。

★ 活动拓展

❶ 在美工区投放服装图片及各种废旧材料，引导幼儿继续进行环保时装的设计和制作。

❷ 将优秀的幼儿时装作品布置到活动室展示墙，供幼儿欣赏。

★ 家园共育

❶ 请家长和孩子一起收集不同材质的废旧材料，进行环保时装的设计和制作。

❷ 请家长带孩子共同观看时装展，提高幼儿的审美能力。

★ 活动资源

知识链接

时装表演

时装表演是由时装模特在特定场所通过走台表演，展示时装的活动。一般是在长长的表演台上，模特穿上特制的时装，配以相应的饰品，以特定的步伐和节奏来回走动，并做各种动作和造型。时装模特是传递设计师意图的使者，用自己的形体、姿态、动作与时装融合。通过模特，将服装、音乐、表演融为一体，达到高度完美的艺术统一。

快乐小厨师

★ 活动目标

❶ 感受中国传统的面条饮食文化。

❷ 能条理清晰、流畅地说出自己的想法。

③ 掌握手工面条的制作方法，能添加蔬菜汁制作彩色面条。

★ 活动准备

① 经验准备

幼儿提前和家长了解多种样式的面条。

② 物质准备

配备材料：视频《制作面条》。

自备材料：

（1）面板、擀面杖、塑料刀、面条挤压器、小勺、小碗、面盆若干。

（2）面粉、菠菜汁、西红柿汁、鸡蛋等若干。

（3）围裙、厨师帽、套袖若干。

★ 活动建议

一、交流感知，初步了解面条的种类。

在小组内分享交流自己关于面条的经验，讨论交流面条的种类。

观察指导要点

- 幼儿是否知道面条的多样性。
- 鼓励幼儿自由交流，教师适时追问，引发幼儿说出不同面条的口味及样式。

经验提升：面条在我国有着悠久的历史，其种类繁多，因地域、制作工艺和口味的不同而各具特色，如手擀面、刀削面、油泼面、热干面、炸酱面等，深受人们的喜爱。

二、观看讨论，了解面条的制作方法。

① 小组讨论。自由说说面条是怎么做出来的，需要哪些工具。

② 观看视频《制作面条》，说说面条的制作方法和步骤，了解面条的制作方法。

观察指导要点

- 幼儿是否能通过观看视频，了解并说出面条的制作方法和步骤。
- 鼓励幼儿大胆交流，表达自己的想法。

经验提升：面条的样式不同，选材也不同，比如切面条可以选择擀面杖和塑料刀，压面条可以选择挤压器。

三、实践操作，自主选材做面条。

1. 了解做面条需要用到的材料：面粉、蔬菜汁、面板、擀面杖、塑料刀等。
2. 自主选材，制作彩色面条。

观察指导要点

- 幼儿是否能自主选择适宜材料，按步骤制作面条。
- 鼓励幼儿通过团、压、擀、搓的方式自主完成面条的制作。

经验提升：用蔬菜汁和面粉和成面团时，要边和面边一点一点加蔬菜汁，比例要适中。揉面团至盆净面光，不沾手为宜，再通过团面团、压面饼、擀面皮、折面皮、切面条的方式做成或宽或细的面条，粗细要均匀。擀面皮的时候可以加点干面粉，使其干爽，不粘黏。

四、展示品尝，幼儿讲解面条的制作方法。

1. 在班级内用电锅煮面条，也可以送厨房煮面条。
2. 一起品尝制作好的各式面条，体验自己的劳动成果。

观察指导要点

- 引导幼儿品尝和分享美食，体验分享的快乐。
- 鼓励幼儿大胆介绍面条的制作方法和口味，表达自己的想法。

经验提升：面条的做法有很多种，能煮出许多种味道，小朋友们在家可以和爸爸妈妈一起尝试做多种样式的面条。

★ 活动拓展

在语言区提供与厨师有关的图书，拓宽幼儿的经验。

★ 家园共育

请家长在家和孩子一起做饭，让孩子感受劳动的乐趣。

我的职业理想

★ 活动目标

❶ 理解和尊重社会各行各业的工作，树立远大理想。

❷ 能用完整连贯的语言讲述自己的职业理想。

❸ 尝试用绘画的形式表达自己的职业理想。

★ 活动准备

物质准备

配备材料：幼儿探究游戏活动材料“我的职业理想”；电子图片“多种多样的职业”。

自备材料：画纸、彩笔、油画棒等作画工具若干。

★ 活动建议

一、谈一谈，萌发对长大后所要从事的职业的憧憬。

❶ 观看图片“多种多样的职业”，说说图中都有哪些职业。

❷ 谈话交流。小组内围绕“长大后想从事什么职业，为什么”的话题进行交流。

❸ 个别交流，每组派代表在集体面前讲述自己的职业理想。

观察指导要点

- 幼儿是否能大胆想象并表达自己的职业理想，鼓励幼儿清楚地讲述自己的想法，语言要流畅。
- 追随幼儿的讨论适时引导，如：“你长大后想成为像谁一样的人？为什么？”

经验提升：理想就是我们对未来的一种期望。职业理想就是自己对长大后想做什么的一种憧憬。

二、画一画，自主表达自己的职业理想。

❶ 想想说说。想象自己长大后的职业是什么样的。

❷ 绘画表达。自选作画工具，取出幼儿探究游戏活动材料“我的职业理想”，进行创作绘画。

观察指导要点

- 巡回观察幼儿的绘画过程，了解幼儿的设想，鼓励幼儿大胆想象和落笔，对需要的幼儿及时给予支持和回应。
- 与完成绘画的幼儿对话，了解该幼儿的想法，将幼儿对绘画内容的解释以文字的形式简要记录在画纸上，并围绕关键经验捕捉有价值的内容，为后续总结和提升做准备。

经验提升：从小朋友们的作品中可以看出，大家的职业理想各不相同，有的小朋友长大了想当医生治病救人，有的小朋友长大想当一名解放军保卫祖国，还有的小朋友梦想成为一名科学家。小朋友都画出了自己长大后最想做的工作。

三、秀一秀，用多种方式展示自己的职业理想。

❶ 展示自己的绘画作品，小朋友互相猜一猜同伴的职业理想是什么。

❷ 尝试用完整、连贯流畅的语言介绍自己的作品。

❸ 与同伴间分享交流自己的绘画作品。

观察指导要点

- 幼儿是否愿意主动与同伴交流和分享。
- 幼儿是否能用完整的语言讲述自己的绘画作品。

经验提升：你们的职业理想都很棒，从现在起我们大家就要努力学习本领，争取长大后实现自己的职业理想，更好地为社会做贡献，为人民服务。

★ 活动拓展

❶ 在活动室创设“我的职业理想”展示区，请小朋友将自己的作品布置到展示区中，时刻激励自己要为了实现职业理想而努力。

❷ 鼓励幼儿用表演、角色扮演等更多的方式表达自己的职业理想。

❸ 在语言区提供图画书《幼儿梦想家职业绘本》，引导幼儿自主阅读。

★ 家园共育

请家长听孩子讲一讲自己的职业理想，并鼓励孩子为实现自己的职业理想而努力。

气象万千

主题价值

炎炎夏日，忽而烈日当头，暑热难耐；忽而乌云滚滚，狂风阵阵，大雨滂沱；忽而云开雾散，一道彩虹挂在天边。夏日里的天气就像小娃娃的脾气一样瞬息万变。大班的幼儿对大自然充满好奇心和探究欲，本主题就带领幼儿去探究生活中的天气现象，引导幼儿观察大自然，帮助幼儿真切感受自然的奥秘。

“气象万千”主题活动，可以让幼儿通过观察、感受、记录、参观和操作等多种方式，在分享、交流和体验活动中了解气候的变化与人们生活的关系，让幼儿直接或间接地感受天气的变化以及对我们生活的影响，了解天气是多变的，引导幼儿关注天气现象，了解气象常识，萌发了解自然、探索自然的兴趣。

主题讨论

主题实施前，围绕“多变的天气”主题设计开放性话题并组织幼儿进行谈话或讨论，了解幼儿对天气现象已有的生活经验以及感兴趣的内容，以便灵活地运用主题案例，做适宜的选择、整合及园本化设计。例如：

1. 蒸发的水汽为什么有的形成云，有的形成雾？
2. 雨是怎么来的？雨为什么有时下得大，有时下得小？
3. 为什么在夏天里下冰雹？
4. 一天里的天气为什么会不断变化，有时晴，有时阴？
5. 怎样能预知天气情况？
6. 关于天气现象，你还想知道什么？

…………

主题目标

1. 关注并感受天气情况，萌发观测天气、乐于探究自然现象的兴趣。
2. 通过持续观测天气，知道天气是不断变化的，了解天气变化与人们日常生活的关系。

3 初步了解云、雾、冰雹等天气现象，感知云、雾、冰雹的基本特征。

4 能够在指导下完成风向标的制作，完成风向实验测试任务。

5 学会看天气预报，认识常见的气象符号，知道一些常见动物能预报天气，知道天气预报对人们生活的重要性。

6 了解雾霾、台风、沙尘暴，以及它们带给人类的危害，树立环境保护意识。

7 懂得在遇到灾害危险时要自救，学习保护自己的方法，加强防险避灾、安全自救的意识。

主题资源

活动资源一览表

子主题	活动名称	涉及领域	幼儿游戏资源			教师教学资源		
			实物材料	探究游戏活动材料	图画书	电子图片	音频	视频
多变的天气	多变的天气	科学/语言		天气记录表、天气与生活		不同的天气、天气与生活		
	大自然的语言	科学/社会		有趣的云		云、雾、冰雹，各种各样的云		云的形成、雾的形成、冰雹的形成
	制作风向标	科学	硬吸管、圆珠大头针、有孔塑料珠、橡皮头铅笔、橡皮泥	自制风向标				
	云彩和风儿	语言/科学	棉花、活页环	创编《云彩和风儿》		云彩和风儿	散文诗：云彩和风儿	
天气早知道	天气早知道	语言/科学		天气播报单				天气预报、如何预测天气情况

续表

子主题	活动名称	涉及领域	幼儿游戏资源			教师教学资源		
			实物材料	探究游戏活动材料	图画书	电子图片	音频	视频
天气早知道	气象符号	科学/语言	魔术贴、整理袋	会说话的气象符号、今日天气卡（一）、今日天气卡（二）		气象符号		
	雾霾哪里来	科学/语言				雾霾天气		雾霾天气
	动物气象员	语言/科学		动物知天气	动物气象员	动物气象员、能预知下雨的小动物	故事：动物气象员	
应对自然灾害	可怕的天气	科学/语言				台风		台风、如何应对台风
	夏天的雷雨	艺术/科学					雷声、夏天的雷雨	
	沙尘暴来了	社会/科学		沙尘天气怎么办		沙尘暴		沙尘暴的成因与危害
	地震避险	社会/语言		地震的时候怎么办		地震后的场景		地震、地震逃生自救方法

主题环境

主题墙

❶ 随时关注幼儿在主题实施过程中提出的疑惑或问题，积极引导幼儿探索并寻找答案，鼓励幼儿将答案的图片、绘制的符号等在主题墙上进行展示。

❷ 将幼儿在主题活动中的记录单、绘画、手工作品，如“天气记录表”等以及幼儿在活动区游戏中的作品展示在主题墙上，供幼儿欣赏、讨论和学习。

❸ 收集与主题相关的图片、照片、实物等资源布置在主题墙上，如各种关于天气、气象符号、雾霾、台风、沙尘暴等方面的图片，在活动室里挂上温度计，记录气温曲线图等，不断拓展和丰富幼儿的主题目标。

活动区

① 表演区：提供音频故事《动物气象员》，小山羊、蜻蜓、小乌龟、蜘蛛的头饰，引导幼儿继续表演故事。提供音频歌曲《夏天的雷雨》和打击乐器，引导幼儿欣赏和自由表演。

② 美工区：提供绘画工具材料，以“多变的云”为主题引导幼儿大胆想象、自主绘画；提供绘画工具，引导幼儿制作防治沙尘暴的宣传环保海报。

③ 科学区：提供制作风向标的材料，引导幼儿继续制作风向标，进行风向的观测；提供幼儿探究游戏活动材料“会说话的气象符号”操作单，引导幼儿按要求完成；提供幼儿探究游戏活动材料“地震的时候怎么办”操作单，按要求完成并分享讲述。

④ 语言区：投放云、雾、冰雹的图片，引导幼儿讲一讲它们形成的故事；提供幼儿探究游戏活动材料“创编《云彩和风儿》”，引导幼儿用棉花任意造型，制作云朵画绘本，继续创编；投放《动物气象员》等关于动物和气象的绘本，引导幼儿自主阅读，丰富幼儿的气象知识。

家园共育

① 请家长协助孩子完成“天气记录表”等调查表。

② 家长跟孩子共同收集了解有关冰雹、台风、沙尘暴、地震等的图书、图片等资料。

③ 请家长和孩子一起收看天气预报，了解更多的关于气象的知识。

④ 带领孩子有意识地观察、感知天气变化现象，参观气象站、科技馆等，一起利用风向标探究观测风向并做记录，开阔幼儿的视野，拓展生活经验。

子主题 多变的天气

多变的天气

★ 活动目标

❶ 乐于关注天气变化，萌发观测天气的兴趣。
❷ 能够持续观测天气，知道天气是不断变化的。
❸ 初步了解天气变化与人们日常生活的关系。

★ 活动准备

❶ 经验准备

活动前一周请幼儿观察天气情况，在家长的帮助下完成幼儿探究游戏活动材料“天气记录表”。

❷ 物质准备

配备材料：幼儿探究游戏活动材料“天气记录表”“天气与生活”；电子图片“不同的天气”“天气与生活”。

自备材料：每组一张“天气情况统计表”（见活动资源）、记录笔等。

★ 活动建议

一、谈论交流，分享“天气记录表”的内容。

❶ 围绕幼儿探究游戏活动材料“天气记录表”的记录情况进行谈话，在小组内轮流交流自己一周的天气记录结果，说说都出现了哪些天气，今天是什么天气。

❷ 互相对比“天气记录表”的内容，说说有哪些相同和不同。

观察指导要点

- 是否每个幼儿都参与讨论交流，幼儿交流中能否清楚、有条理地表达自己观察记录的结果。
- 鼓励幼儿自由交流，教师适时追问，引发幼儿说出天气情况。

- 对能够细心观测记录的幼儿给予表扬，如记录一天之中天气的不同变化等。

经验提升：有的小朋友是在爸爸妈妈的帮助下观察、测量的，有的小朋友是观看电视、报纸中的天气预报进行记录的，还有的小朋友记录了一天中天气的不同变化，大家都非常认真地观察并记录了天气的变化情况。

二、归类统计，汇总观测记录结果。

1 各组统计观测到的天气情况，看看有哪几种天气，每种天气有几天，选出代表介绍本组统计结果。

2 尝试分析幼儿分类、汇总的情况，讨论：我们记录的结果为什么会有不一样的情况？一天中的天气也会有变化吗？

3 师幼交流：你们以前还遇到过其他什么类型的天气？

观察指导要点

- 幼儿能否积极参与小组统计汇总活动，及时发现幼儿遇到的问题或矛盾冲突。
- 教师可通过问题引导的方式，提示幼儿将记录结果进行分类，如统计一下你们的记录一共有多少种天气情况，晴天有几天、下雨有几天等。

经验提升：小朋友们在统计汇总一周天气情况时，把同一类型天气归类到一起并计算出天数，这样我们就会清晰明了地知道这一周天气的变化情况，通过观测我们还知道了每天的天气情况都是在不断变化的，有时预报的天气和实际的天气情况也会有偏差。

三、分享讨论，天气与人们日常生活的关系。

1 出示电子图片“不同的天气”，说一说图中都有哪些天气。

2 出示电子图片“天气与生活”，说一说图中的人在做什么，什么样的天气适合做这些事情。

3 师幼谈话：你喜欢什么样的天气？为什么？

4 讨论：天气对我们的日常生活有没有影响？有哪些影响？

观察指导要点

- 幼儿是否主动参与谈话讨论活动，是否了解天气与人们生活的关系。
- 教师可以用提问的方式，如“你从图片上看到了什么人？在做什么事情？”“做这件事情需要什么样的天气”等问题，引导幼儿逐步深入讨论。

经验提升：在生活中我们会遇到各种天气，如晴天、阴天、雨天、大风、雷电、冰雪等，天气过冷、过热并持续很长时间，雨水过多或过少等，都会给人类带来危害，天气的变化会给人们的生活带来很大的影响。

四、操作活动，进一步了解天气与人们生活的关系。

❶ 取出幼儿探究游戏活动材料“天气与生活”，说一说图中都是什么天气，这样的天气对我们的生活有什么影响。哪些天气会给人们的生产生活带来有利的影响？哪些天气会带来有害的影响？取下粘贴页中的表情图片，贴到对应的位置上。

❷ 互相分享操作单，说一说自己的理由。

观察指导要点

- 幼儿是否能理解图意并完成粘贴。
- 幼儿是否能清晰流畅地与大家分享自己的理由。

经验提升：小朋友们通过观察能够读出图中信息，知道不同的天气对人们的生活有不同的影响。

★ 活动拓展

❶ 将幼儿的“天气记录表”布置在主题墙上，继续进行分享交流。

❷ 在活动室里挂上温度计，布置气温记录曲线图，引导幼儿每天观测气温并记录。

★ 家园共育

❶ 请家长协助孩子完成“天气记录表”。

❷ 家长跟孩子共同收集了解有关天气的知识。

★ 活动资源

天气情况统计表

天气情况	日期	合计天数
晴		
多云		
阴天		
小雨		
中雨		
大雨		

知识链接

天气为什么会变化？

天气是指某一个地区距离地表较近的大气层在短时间内的具体状态。而天气现象则是指发生在大气中的各种自然现象，即某瞬时内大气中各种气象要素（如气温、气压、湿度、风、云、雾、雨、雪、霜、雷、雹、霾等）空间分布的综合表现。

地球的地表不一样，如海洋、陆地对阳光的吸收反射不一样。地球在不断旋转，气流的冷热交替变换导致了气温的骤减，而气温的骤减则直接导致了雨雪天气。

地球周围有大气，以上各个因素影响了大气的流动、冷暖、含水量，导致气候的不同、天气的变化。

大自然的语言

★ 活动目标

❶ 乐于探究自然现象，萌发科学探究的兴趣。

❷ 能有条理地讲述自己的观察和发现。

❸ 感知云、雾、冰雹的基本特征，初步了解云、雾、冰雹等天气现象的形成原因。

★ 活动准备

❶ 经验准备

请家长和幼儿一起收集和查找云、雾、冰雹等自然现象的相关资料。

❷ 物质准备

配备材料：幼儿探究游戏活动材料“有趣的云”；视频《云的形成》《雾的形成》《冰雹的形成》；电子图片“云、雾、冰雹”“各种各样的云”。

自备材料：保温杯（内装冰块）、装有温水的大口瓶、装有热水的保温瓶。

★ 活动建议

一、谈话交流，感知云、雾、冰雹的基本特征。

❶ 观看电子图片“云、雾、冰雹”，围绕云、雾、冰雹天气现象谈话：你见过什么样的云？云在什么地方出现？你在什么地方见过雾？你经历过下冰雹的天气吗？冰雹是什么样子的？等等。

❷ 讨论：你见过什么颜色的云？不同颜色的云朵一般会在什么时间出现？有雾和冰雹天气时大家都应该注意些什么？云和雾有哪些相同和不同之处？

观察指导要点

- 幼儿是否能在谈话交流中，充分清晰地表达自己的已有经验。
- 跟随幼儿的讨论进程，适时引导对云、雾、冰雹特征的了解，如“各种云都在什么时候会出现？”“云和雾有哪些相同和不同之处？”等等。

经验提升：天上的云是多变的，有时白云朵朵，有时阴云密布，有时在朝阳或落日余晖的映照下又色彩斑斓。因在天上的不同高度，云可以形成各种不同的形状。雾和云不同，雾会弥漫在我们身边，接触地面。在雾天要注意交通安全，要戴口罩。冰雹天气时，要注意躲避。

二、观看视频，了解云、雾、冰雹等天气现象的形成原因。

1. 观看视频《云的形成》，交流云形成的原因。
2. 观看视频《雾的形成》，交流雾形成的原因。
3. 观看视频《冰雹的形成》，交流冰雹形成的原因。
4. 讨论：云、雾、冰雹的形成条件都有什么？

观察指导要点

- 观察幼儿是否能认真观看视频，能否针对视频内容与大家分享交流。
- 教师可先抛出问题，引导幼儿带着问题去观看视频，寻找问题的答案。

经验提升：云、雾、冰雹都是常见的天气现象。地表的水被太阳暴晒汽化上升到空中，许许多多的水蒸气在一起凝聚成云，云遇到冷空气则液化，与空气中的尘埃凝结，形成雨滴或冰晶，越来越大，当气温降到一定程度时，空气的水汽饱和，于是就下雨了。要是遇到冷空气而没有凝结核，水蒸气就凝华成冰或雪，就是下雪了。如果温度急剧下降，就会结成较大的冰团，也就是冰雹。雾是在气温下降时，在接近地面的空气中，水蒸气凝结成的悬浮的微小水滴。

三、实验操作，自主探究“白气”现象。

1. 观察：从保温杯中取出冰块，然后把装有热水的保温瓶的瓶塞打开，在保温瓶口出现水蒸气时，用冰块接近瓶口，观察出现的现象，然后移开冰块。
2. 讨论交流：你看到了什么现象？尝试分析原因。

观察指导要点

- 幼儿是否能通过观察清晰地描述出看到的现象。
- 教师可反复操作几次实验过程，充分让幼儿观察，引导幼儿说出保温瓶口出现的是水蒸气，水蒸气碰到冰块产生了“白气”的现象。

经验提升：装热水的保温瓶口出现的水汽叫水蒸气，当水蒸气碰到冰块时，就出现小朋友们看到的白气。天上的云就是好多水蒸气遇冷形成的，如果地面温度低白气没有飘到高空，而是停留在低空，小朋友们就会看到雾。所以，一般雾多发生在早晨，等到太阳出来了，温度上升了，雾就会散去。

四、操作活动，进一步理解云的多样性。

❶ 观看图片“各种各样的云”，说说图片中都有哪些云，它们的样子和名称分别是什么。

❷ 完成幼儿探究游戏活动材料“有趣的云”。观察图中的各种云，说说它们的名称，用语言描绘不同云的样子，说说它们像什么。户外观察天空中的云是什么样的，画在表格中，说说分别是什么云。

观察指导要点

- 幼儿是否能在视频中了解观察完成操作单记录。
- 幼儿是否能说出云、雾、冰雹形成的原因。

经验提升：天上的云变化万千，有各种各样的姿态。云、雾、雨、雪、冰雹……这些天气现象，也是大自然和我们交流的一种语言。

★ 活动拓展

❶ 在美工区提供绘画的工具材料，以“多变的云”为主题引导幼儿大胆想象自主绘画。

❷ 在语言区投放云、雾、冰雹的图片，引导幼儿讲一讲它们形成的故事。

★ 家园共育

家长和孩子继续一起收集学习有关各种天气现象的资料，拓展他们的生活经验。

★ 活动资源

知识链接

云是悬浮在空中由水滴或（和）冰晶组成的可见聚集体。底部不接触地面。按云底的高度，一般分高云、中云和低云 3 族。云状演变能表明大气结构和天气的变化。

雾是近地气层中视程障碍的天气现象。由于大量悬浮的微小水滴或冰晶造成水平能见距离小于1000米所致。雾对水、陆、空交通运输安全有不利影响。

冰雹是空中降下来的冰块，呈球形或不规则形，多在晚春和夏季的午后伴同雷阵雨出现，给农作物带来很大危害。

制作风向标

★ 活动目标

1. 体验科学制作活动的快乐，萌发科学探究的兴趣。
2. 尝试利用多种工具材料制作简易风向标，有动手操作及观察能力。
3. 掌握简单风向标的制作方法，借助风向标完成风向实验测试任务。

★ 活动准备

1. 经验准备

收集了解相关风向的知识。

2. 物质准备

配备材料：幼儿探究游戏活动材料“自制风向标”；实物材料硬吸管、圆珠大头针、有孔塑料珠、橡皮头铅笔、橡皮泥。

自备材料：记录笔、剪刀、橡皮泥；制作好的风向标。

★ 活动建议

一、观察谈话，了解风向标的构造。

1. 围绕“如何测量风的方向”进行谈话：风的方向是如何测量出来的？
2. 观察制作好的风向标，了解风向标的构造和组成。

观察指导要点

- 幼儿是否能通过观察，了解风向标的构造和组成部件。
- 幼儿观察时教师适时引导，必要时也可拆解，以便幼儿了解风向标的组成部件。

经验提升：风是有方向的，气象上把风吹来的方向确定为风的方向，我们可以利用风向标来测出风的方向。风向标由一根支撑杆和一个带箭头、箭尾的横杆组成。

二、自主操作，组装制作风向标。

❶ 讨论交流如何制作风向标。

❷ 取出幼儿探究游戏活动材料“制作风向标”及实物材料硬吸管、圆珠大头针、有孔塑料珠、橡皮头铅笔、橡皮泥，尝试组装制作风向标。

观察指导要点

- 幼儿在交流讨论中，能否梳理总结出风向标的制作步骤。
- 幼儿能否自主制作完成风向标。
- 观察幼儿讨论交流和制作过程，及时发现问题，必要时给予引导和帮助。提醒幼儿吸管和上下塑料珠之间不要挨得太紧，吸管能自由转动为宜，提醒幼儿使用大头针和剪刀时注意安全。

经验提升：1. 将硬吸管两端纵向剪开一厘米的缝隙。2. 取下三角形箭头和燕尾形箭尾。3. 将箭头和箭尾插在吸管两头。4. 将大头针穿过珠子插入吸管中间，插在铅笔顶端的橡皮上。5. 把铅笔穿过标有东西南北的圆盘，用橡皮泥将其固定在中心位置，风向标即制作完成。

三、实验探究，运用风向标观测风向。

❶ 确认东南西北方位，把风向标放在户外高处，通过观察风向标箭头指的方向来判断风向。

❷ 更换不同的位置，继续观测风向。

观察指导要点

- 幼儿是否能正确使用风向标进行风向测量。
- 幼儿能否清楚明了地记录自己感知到的风向。
- 观察幼儿测量和记录过程，及时发现问题，给予引导和帮助，如引导幼儿先确认环境方位，让风向标圆盘上标明的东南西北与之对应，再进行观测。

经验提升：注意观察风向与风向标箭头所指方向的关系，确认箭头所指的方向就是风向，如箭头指向东南就是从东南方向吹来的风。

★ 活动拓展

在科学区添加制作风向标的材料，引导幼儿继续制作风向标，进行风向的观测。

★ 家园共育

1. 家长和孩子一起利用风向标观测风向，并做记录。
2. 家长跟孩子共同收集了解有关风向、风力的知识。

★ 活动资源

知识链接

风向标是一个不对称形的物体，重心固定于垂直轴上。当风吹过，对空气流动产生较大阻力的一端（箭尾）便会顺风转动，使风向标的箭头永远指向风的来源。原理其实非常简单：箭尾受风面积比箭头大，若箭头及箭尾均受风，箭尾必会被风推动，使箭头移往风的来源。

云彩和风儿

★ 活动目标

1. 感受散文诗的语言美和意境美，萌发热爱大自然的美好情感。
2. 感受云彩的变化，能用肢体语言表现云彩的有趣。
3. 能有感情地朗诵散文诗，并尝试创编。

★ 活动准备

1. 经验准备

户外活动时有意识地引导幼儿观察天空中云的变化，鼓励幼儿大胆想象云朵像什么，一会儿又变成了什么。

2. 物质准备

配备材料：幼儿探究游戏活动材料“创编《云彩和风儿》”；电子图片“云彩和风儿”；音频散文诗《云彩和风儿》；实物材料棉花、活页环。

自备材料：在有云朵的好天气录制一小段云朵的视频。

★ 活动建议

一、观看视频，交流讨论感受云彩的美。

1. 谈话：天空中的云是什么样子的？像什么？
2. 讨论：天空中的云千变万化，是谁让云变得这么有趣？

观察指导要点

- 幼儿是否能通过观看视频和已有经验，发现云不断变化的秘密。
- 如果天气很好，天空有云，可以带幼儿到户外感知云彩的变化。

经验提升：有时云彩是移动的，风会吹动云彩，风儿和云彩是一对好朋友，风儿吹呀吹，云彩就会不断变化。

二、观看图片，初步感知散文诗。

1. 边观看电子图片“云彩和风儿”，边欣赏音频散文诗《云彩和风儿》。
2. 交流讨论：散文诗的名字叫什么？在散文诗中你听到了什么？

观察指导要点

- 在交流讨论中，幼儿能否说出散文诗中的内容。
- 可再次观看电子图片“云彩和风儿”，提示幼儿注意倾听散文诗的内容。

经验提升：这首散文诗语言优美，生动形象地描绘了云彩多姿多彩的变化，把不断变化的云想象成小白船、大狮子、小娃娃等，生动有趣。

三、学习散文诗，有感情地朗诵散文诗。

1. 借助电子图片及音频，分段理解散文诗内容，并学习朗诵。
2. 完整地朗诵散文诗。
3. 分组有韵律地朗诵散文诗。
4. 尝试用肢体动作表现出云变化的样子。

观察指导要点

- 幼儿能否完整有感情地朗诵散文诗。
- 引导幼儿尝试用肢体动作表现出云的变化，如“我们来学学小白船飘在海里的动作”，引导幼儿举起手臂做竖起桅杆、扬起风帆的样子，“做一做狮子躬起身子、张开大口的样子”等，激发幼儿学习散文诗的兴趣，引导幼儿感受散文诗的语言美和意境美，能有韵律地朗诵散文诗。

经验提升：这是一首优美的散文诗，我们可以通过有感情、有节奏的朗诵，感受散文诗的意境。

四、游戏体验，尝试创编散文诗。

1. 介绍玩法：教师扮演“风儿”，幼儿扮演“云彩”，随着音乐幼儿做自己喜欢的动作。教师说到“风儿吹呀吹”时，“云彩”用肢体动作表现云彩的变化，固定一个造型，两人一组尝试根据自己的造型创编一句散文诗。

② 请个别幼儿将自己创编的内容说给大家听一听，其他小朋友也可以提出修改意见。

观察指导要点

- 幼儿是否能根据自己的造型进行创编语句，创编的语句是否优美。
- 幼儿是否能帮其他小朋友提出修改意见。

经验提升：小朋友们能遵守游戏规则，和老师一起愉快游戏，大胆想象摆出各种造型，还尝试用散文诗中的句式根据自己的造型来创编语句。

★ 活动拓展

① 户外活动时，引导幼儿观察天空中云的变化，大胆想象云朵变成了什么。

② 在语言区提供幼儿探究游戏活动材料“创编《云彩和风儿》”及实物材料棉花、活页环，引导幼儿用棉花任意造型，粘贴在蓝色的纸上，制作云朵画绘本，继续创编散文诗。

★ 家园共育

请家长带领孩子一同观察天空中的云，说一说云朵的姿态像什么。

★ 活动资源

散 文 诗

云彩和风儿

天上的云彩真有趣，天上的风儿真能干。

吹呀吹，云彩变成小白船。竖起桅杆，扬起风帆，小白船飘呀飘，飘到远处看不见。

吹呀吹，云彩变成大狮子，躬起身子，张开大口，狮子一声吼，吓得羊群都逃散。

吹呀吹，云彩变成小娃娃，跑来跑去，跟太阳公公闹着玩。

天上的云彩真有趣，天上的风儿真能干。

子主题 天气早知道

天气早知道

★ 活动目标

1. 感知天气预报与人们日常生活的关系，能主动关注天气预报。
2. 能用连贯完整的语言播报天气，愿意参与班级天气播报的活动。
3. 了解天气预报中的主要信息，简单了解天气预报观测信息。

★ 活动准备

1. 经验准备

活动前幼儿和家长共同了解一些关于气象方面的知识；收看天气预报，完成幼儿探究游戏活动材料“天气播报单”。

2. 物质准备

配备材料：幼儿探究游戏活动材料“天气播报单”；视频《天气预报》《如何预测天气情况》。

自备材料：彩笔。

★ 活动建议

一、观看天气预报，了解天气预报中的信息。

1. 带着“你在天气预报里能了解到哪些信息”这个问题，观看视频《天气预报》。
2. 围绕“我在天气预报里了解到的天气情况”进行交流。
3. 讨论：还能从哪些途径了解天气情况？

观察指导要点

- 每名幼儿是否都能积极参与交流，观察幼儿交流过程中是否能把天气预报中的相关要素提炼出来。

- 鼓励幼儿根据观看视频内容和已有经验大胆交流，给予幼儿充分的交流时间，必要时教师可加以引导，如“天气预报里说了关于风的情况吗？”等等。

经验提升：在天气预报中，我们可以了解到未来几天里的阴晴雨雪、气温、风向风力等关键要素。我们还可以通过报纸、电视、听广播、打电话、上网查阅等途径，来获知未来的天气情况。

二、观看视频，简单了解气象局如何预测天气。

1. 观看视频《如何预测天气情况》，简单了解气象局如何预测天气情况。
2. 交流讨论：工作人员都需要进行哪些观测和数据的分析？

观察指导要点

- 观察幼儿在观看视频过程中是否对天气观测内容感兴趣，及时发现幼儿不理解的词语和问题，了解幼儿的学习情况。
- 教师可分段播放视频，及时引导幼儿了解归纳预测天气需要的各项工作。

经验提升：气象局需要在各地设置气象站（气象观测点），对空气、温度、风等各种因素进行观测记录，还运用气象雷达、气象卫星监测地面温度、湿度，空中气流的信息等，然后计算机根据一定的原理，把各种观测数据进行综合分析，预测出天气情况。天气预报是预测科学，由于天气的各个因素瞬息万变，所以有时的预报会和实际情况有所偏差，但随着科技发展的进步，以后的天气预报会越来越精准的。

三、讨论交流，了解天气预报的作用和重要性。

1. 谈话：为什么要关心天气预报，如果不知道天气情况，会出现什么问题？
2. 讨论交流：你还了解天气预报对哪些行业有帮助？

观察指导要点

- 幼儿是否愿意主动与同伴交流和分享。
- 幼儿是否能说出具体事例，发现天气预报的作用和重要性。

经验提升：天气预报为我们的生活、生产，特别是出行带来了方便。天气预报包括旅游气象、农业气象、海洋气象、航空气象、交通气象、水文气象等。通过天气预报，我们就可以知道未来几天的天气情况，例如农民伯伯知道要下雨就可以不给农作物浇水；爸爸妈妈知道天气冷了就可以给宝宝多穿衣服；渔民叔叔知道要刮大风了，渔船就可以提前进港口停泊；飞行员叔叔知道有大雾了，飞机就可以暂停飞行任务，防止发生危险……每个人都可以根据天气的变化提前安排自己的生活。

四、表达表现，尝试天气播报的活动。

1. 取出完成的幼儿探究游戏活动材料“天气播报单”，小组内交流天气预报记录情况。
2. 每组选派一或两名代表展示天气播报，可以单独播报，也可以两个人配合播报。

观察指导要点

- 幼儿是否愿意在小组内大胆交流天气情况。
- 幼儿是否能大胆自信地在全体幼儿面前尝试播报，语言表达是否连贯完整。

经验提升：小朋友们用连贯完整的语言，向大家介绍了天气情况，包括日期、阴晴雨雪、温度等，还根据天气情况提出了相应的建议，以后每个小朋友都要轮流来做天气播报主持人，比一比谁的播报最受欢迎。

★ 活动拓展

1. 开展“我是小小天气预报员”活动，每天请一名幼儿播报天气情况。
2. 鼓励幼儿每天收看天气预报，了解天气状况，养成天气早知道的习惯。

★ 家园共育

请家长和孩子一起收看天气预报，了解更多气象知识。

气象符号

★ 活动目标

1. 萌发探索天气奥秘的兴趣。
2. 能够与同伴大胆交流分享气象知识。
3. 认识常见的气象符号，学会看天气预报。

★ 活动准备

物质准备

配备材料：幼儿探究游戏活动材料“会说话的气象符号”“今日天气卡（一）”“今日天气卡（二）”；电子图片“气象符号”；实物材料魔术贴、整理袋。

自备材料：当日天气预报视频，充气的小锤子人手一个。

★ 活动建议

一、观看视频，引发对气象符号的关注。

1. 围绕“今天的天气怎么样”进行谈话。
2. 观看当日的天气预报，说一说在天气预报中都看到了哪些表示气象的符号，它们都是什么样的，你还知道哪些气象符号。
3. 自主交流讨论，充分表达自己的看法与经验。

观察指导要点

- 幼儿是否能通过观察，说出天气预报中天气现象的符号特征。
- 教师适时引导幼儿大胆推理想象，如引导幼儿推理小雨的符号是云下面有一个点，那中雨和大雨的符号会是什么样。

经验提升：气象符号是代表各种天气现象、云状、天空状况等的专用符号，包括供观测记录使用的天气现象符号和供媒体传播使用的天气图形符号，我们在电视天气预报中看到的就是天气图形符号。

二、观察发现，认识常见的气象符号。

❶ 观察电子图片“气象符号”，说说对它们的了解。

❷ 交流讨论：这些气象符号有哪些相似的地方？有哪些不同的地方？

❸ 逐一观看图片，说出它们代表的天气现象。

观察指导要点

- 幼儿是否能大胆与他人共同讨论交流，不随意打断他人的发言。
- 幼儿是否能通过观察，发现几种符号相似的特性。
- 可引导幼儿分类观察气象符号，找出符号图案的差异部分，突出重点，便于幼儿理解记忆。

经验提升：中国气象局发布了天气的图形符号，这些图形符号非常直观，便于我们记忆，例如，白天晴天用太阳来表示，晚上晴天用月牙来表示；小雨用云朵下面有一个点，中雨用云朵下面有两个点，大雨用云朵下面有三个点来表示；下雪就用雪花的图案来表示，小雪用一个小雪花，中雪和大雪分别用两个和三个雪花来表示。

三、操作练习，巩固认识常见的气象符号。

❶ 取出幼儿探究游戏活动材料“会说话的气象符号”，将气象符号粘贴到对应的图片下面。

❷ 幼儿互相检查，发现错误快速改正过来。

观察指导要点

- 幼儿是否能正确对应气象符号。
- 幼儿是否能合作进行检查及纠错。

四、游戏体验，熟悉天气记录，会运用常见的气象符号。

❶ 取下幼儿探究游戏活动材料“今日天气卡（一）”“今日天气卡（二）”及实物材料魔术贴、整理袋，尝试操作、完成今天的天气信息内容。

❷ 自由结对，相互交流各自的“今日天气卡（一）”“今日天气卡（二）”的内容，看看内容是否一致，不一致的是哪些地方，该如何改正。

观察指导要点

- 观察幼儿取卡时是否能说出天气符号的名称。
- 观察幼儿游戏中不容易辨识的天气符号有哪些，指导他们想出识记的好办法。
- 观察幼儿操作情况，出现问题、难点及时给予适宜的提示和支持，鼓励幼儿自主解决困难与问题。

经验提升：通过操作，小朋友们了解了“今日天气卡”的内容与操作方法，从今天起，小朋友每天都来完成操作记录，看看哪个小朋友坚持得最长久。

★ 活动拓展

日常生活中，引导幼儿每天坚持完成“今日天气卡”的内容，培养幼儿的任务意识。

★ 家园共育

家长可以带孩子共同收集有关气象符号方面的相关

★ 活动资源

知识链接

天气图形符号

序号	黑白符号	彩色符号	名称	序号	黑白符号	彩色符号	名称
1			晴（白天）	20			中雪
2			晴（夜晚）	21			大雪
3			多云（白天）	22			暴雪
4			多云（夜晚）	23			冻雨
5			阴天	24			霜冻

续表

6			小雨	25			4级风
7			中雨	26			5级风
8			大雨	27			6级风
9			暴雨	28			7级风
10			阵雨	29			8级风
11			雷阵雨	30			9级风
12			闪电	31			10级风
13			冰雹	32			11级风
14			轻雾	33			12级及以上风
15			雾	34			台风
16			浓雾	35			浮尘
17			霾	36			扬沙
18			雨夹雪	37			沙尘暴
19			小雪				

雾霾哪里来

★ 活动目标

1. 形成自觉的环境保护意识。
2. 能运用倡议宣传画的形式进行环保宣传。
3. 了解雾霾天气形成的原因，知道雾霾天气对人类的伤害。

★ 活动准备

❶ 经验准备

请在爸爸妈妈的协助下收集、查找有关雾霾的资料。

❷ 物质准备

配备材料：电子图片“雾霾天气”；视频《雾霾天气》。

自备材料：画纸、彩笔。

★ 活动建议

一、谈话交流，引发对雾霾天气的关注。

❶ 观看电子图片“雾霾天气”，围绕图片进行谈话，说说图片上的天空是什么颜色的，这是什么样的天气。

❷ 交流讨论：人们在这样的环境里会有什么不适？

观察指导要点

- 幼儿是否能关注到雾霾这种天气现象，是否能结合自身说出雾霾天气对生活的影响。
- 参与幼儿的谈话与讨论，了解并唤起幼儿对雾霾的前期经验。

经验提升：图片中是雾霾天气，雾霾是雾和霾的混合物，雾霾会造成空气混浊、湿度较大、能见度低。

二、观看视频，了解雾霾天气的形成。

❶ 观看视频《雾霾天气》，了解雾霾天气的形成与危害。

❷ 交流讨论：视频中的天气是什么样的？人们是怎样出行的？我们有没有遇到过这样的天气？它会对你的生活产生哪些影响？

观察指导要点

- 幼儿是否能通过视频，了解雾霾天气的特征和危害。
- 可引导幼儿根据问题分段观看视频，及时总结梳理问题的答案，了解雾霾的相关知识。

经验提升：雾霾是一种以高浓度细颗粒物为主的大气污染状态，容易对人体呼吸系统、心脑血管系统等造成损伤。

三、交流讨论，雾霾天气里应该如何防护。

交流讨论：遇到雾霾天气，小朋友应该如何防护？

观察指导要点

- 幼儿是否能了解雾霾天气防护的办法。

经验提升：雾霾天气应避免晨练，减少外出，用室内锻炼替代室外锻炼；如果不得不出门时，最好戴上防护口罩；外出回家后，要及时洗脸、洗手、漱口、清理鼻腔。

四、创意制作，进行有效的环保宣传。

1. 交流谈话：工厂的废气不断排放，马路上的车越来越多，排出的尾气越来越多……这些因素都使我们的环境越来越差，我们应该怎样做呢？
2. 幼儿自制绿色环保倡议宣传画。
3. 和教师一起到幼儿园周围做一名环保宣传员，把制作好的倡议书送给其他人，也可在来园、离园时发给家长。

观察指导要点

- 观察幼儿绿色环保倡议宣传画的制作情况，及时发现幼儿制作过程中存在的问题。
- 巡回观察指导，提示幼儿宣传画上可以画出破坏环境的行为，也可以画出环保好办法，对有困难的幼儿给予帮助和支持。

经验提升：除了制作宣传单，我们还可以做一些广告、公益活动等来宣传环保。倡议保护生态环境人人有责；倡议绿色出行，减少汽车尾气等废气的排放等。

★ 活动拓展

1. 利用班级天气预报墙，记录每天的雾霾指数。
2. 请小朋友们轮流做天气播报员，向全班小朋友们播报雾霾情况及预防措施。

★ 家园共育

1. 请家长与孩子一起在环保倡议宣传画上签字承诺。
2. 建议家长减少开车出行，与孩子约定每周步行或乘坐公交车出行。

★ 活动资源

知识链接

雾 霾

雾霾是大气中飘浮的二氧化硫、氮氧化物和细颗粒物等与雾气结合后，导致大气混浊、能见度低（排除雨雪、沙尘等天气现象造成的视程障碍）相对湿度较大的一种灾害性天气。

雾霾天气空气中污染物多，气压低，对呼吸系统、心脑血管系统有直接的影响。出现霾天气时，视野能见度低，空气质量差，容易引起交通阻塞，发生交通事故。

面对这种恶劣天气，我们要减少外出、减少户外锻炼、关闭门窗、注意饮食、行车走路要倍加小心。

动物气象员

★ 活动目标

1. 喜欢听故事、乐于探索天气的奥秘。
2. 知道一些常见动物能预报天气的特殊特征，丰富气象常识。
3. 理解故事内容，尝试表演故事。

★ 活动准备

❶ 经验准备

请家长与幼儿一起查找、收集有关动物与天气的资料。

❷ 物质准备

配备材料：幼儿探究游戏活动材料“动物知天气”；图画书《动物气象员》；音频故事《动物气象员》；电子图片“动物气象员”“能预知下雨的小动物”。

自备材料：故事中动物的头饰。

★ 活动建议

一、谈话交流，引出故事核心内容。

❶ 谈话交流：你们是通过什么方式提前知道天气情况的？

❷ 经验分享：有些人即使没有看天气预报，也会通过生活中的一些现象知道天气情况，他们是怎么知道的？

观察指导要点

- 观察幼儿在谈话交流中的参与度，了解幼儿的已有经验。
- 追随幼儿的谈话进程，适时引导幼儿说出可以通过观察生活中的一些现象来预知天气。

经验提升：小朋友们可以通过看电视、网络、报纸的途径提前了解天气情况，一些有生活经验的人们，可以通过观察天气现象、动植物的变化等来预知天气。

二、倾听、讲述故事《动物气象员》，了解故事内容。

❶ 倾听音频故事《动物气象员》。

❷ 回忆并交流：故事里都有谁？讲了什么事情？故事中哪些动物可以预报天气？

❸ 再次倾听音频故事《动物气象员》，讨论：从动物的哪些变化知道天气情况的？为什么会出现这样的情况？

❹ 自主阅读图画书《动物气象员》，讲述故事，重点学习故事中的对话语言。

观察指导要点

- 幼儿能否通过画面观察到动物们的变化，并且愿意交流。
- 引导幼儿根据故事情节发展，观察乌龟、蜻蜓、蜘蛛，感知天气的变化。

经验提升：小动物们可真厉害，能预报天气。由于下雨前空气中水蒸气较多，蜻蜓翅膀沾满水汽，会低飞。乌龟龟甲上会凝成细小的水滴，蜘蛛吐丝变得困难会收网。

三、分享交流，了解其他动物气象员。

❶ 谈话交流：你还知道哪些动物可以预报天气？

❷ 观看电子图片“能预知下雨的小动物”，了解一些常见的动物是怎样预报天气的，探究预报天气的原因。

❸ 取出幼儿探究游戏活动材料“动物知天气”，想一想还有哪些动物会预报天气，画一画。

观察指导要点

- 是否每个幼儿都积极参与发言交流。
- 观察个别幼儿没有交流的原因，根据具体情况，鼓励幼儿积极、大胆地与其他同伴交流。

经验提升：生活中有许多小动物可以预报晴雨天气，如燕子低飞，预示要下雨，因为下雨前空气湿度增大，小虫的翅膀上随着小水滴而变软，不能高飞，燕子为了捕食小虫，也就跟着低飞。下雨前，如果蚁窝太湿，蚂蚁无法待在潮湿的蚁窝，只能搬去高处干燥的地方，因此出现蚂蚁在下雨前搬家的情形。蚯蚓通过土中空隙呼吸氧气，由于湿度增大，土粒黏合在一起，蚯蚓无法呼吸从土中空隙透进的氧气，便爬出地面呼吸。当看到小鱼浮到水面上，就是要下雨了，也是因为气压低，水中缺氧的缘故。青蛙叫声大而密，预示不久就会下雨。

★ 活动拓展

❶ 在区域活动中，鼓励幼儿扮演角色，表演故事内容。

❷ 在语言区投放关于动物和气象的图书，丰富幼儿的气象知识。

★ 家园共育

请家长与孩子一起查找、收集有关动物与天气的相关资料。

★ 活动资源

故 事

动物气象员

小山羊要出门去旅行了。

一只小乌龟高声喊住它："小山羊，今天天气不好，要下雨，你最好不要出门。"小山羊奇怪地问："你怎么知道天会下雨？"小乌龟说："你看见我身上的小水珠了吗？快要下雨之前，空气中的水汽比较多，这些水汽碰到我凉凉的背，就慢慢结成了无数的小水珠。"小山羊半信半疑，没有吭声。小乌龟说："如果你不信，可以去问蜻蜓。"

小山羊走出门，正好碰上一只蜻蜓。那只蜻蜓飞得低低的。小山羊上前问道："小蜻蜓，今天天气好吗？我想去旅行，能去吗？"蜻蜓说："今天天气不好，要下雨啦。""你怎么知道会下雨的？"小山羊不明白地问。蜻蜓说："你看我不是飞得很低吗？下雨之前，空气里的水汽特别多，我的翅膀上沾满了水汽，就只能低低地飞。"

小山羊还是将信将疑。蜻蜓说："如果你不相信，可以去问问前面树上的蜘蛛。"小山羊向前走去，问树上的蜘蛛："小蜘蛛，今天会下雨吗？我想去旅行，能去吗？"在树上收网的蜘蛛说："今天天气不好，快下雨了，请你不要出去啦。""你怎么知道会下雨呢？"小山羊问。蜘蛛一边收网一边回答："天快下雨了，我吐不出丝来了，只好把网收了。等天晴了，我再重新织网。"

小山羊这才相信了，转身回到屋里，不去旅行了。

子主题 应对自然灾害

可怕的天气

★ 活动目标

① 形成防险避灾、安全自救的意识。

② 能用图画、符号、文字等形式记录自己的经验。

③ 了解台风带给人类的危害，知道台风来临时我们应该做的一些安全措施。

★ 活动准备

① 经验准备

查找台风、暴雨等灾害天气的相关资料。

② 物质准备

配备材料：视频《台风》《如何应对台风》；电子图片“台风”。

自备材料：图画纸、笔。

★ 活动建议

一、谈话交流，引出台风话题。

① 自由谈话交流：小朋友们，你们遇到过台风吗？台风来临时周边环境会发生什么变化？

② 出示图片“台风”：看看这些图片里都发生了什么？结合已有经验表达自己的所见所闻。

观察指导要点

- 幼儿是否能讲出画面的关键信息。
- 引导幼儿围绕台风天气的话题展开交流，鼓励幼儿积极分享关于台风的一些见闻。

经验提升：台风常带来狂风和暴雨，破坏性很强，会给人类带来灾害。

二、观看视频，了解台风的危害及影响。

1. 播放视频《台风》，了解台风。
2. 交流分享：台风是从哪里来的？一般会发生在哪里？台风是怎样移动的？台风会给人们带来怎样的危害？

观察指导要点

- 幼儿能否在交流谈话中，把视频中了解到的关于台风的内容清楚完整地表述出来。
- 引导幼儿围绕"台风给人类的生活带来危害"的话题观看视频，了解台风的相关知识，鼓励幼儿积极展开交流，分享已有经验。

经验提升：台风常伴有狂风、暴雨，沿海岸并有风暴潮。狂风会破坏建筑物、毁坏树木、掀翻船只、影响出行、影响交通；暴雨会引发洪水，造成水涝灾害。

三、视频分享，了解防台风的措施。

1. 谈话交流：当台风来临的时候，我们应该怎么办？
2. 观看视频《如何应对台风》，了解防台风的措施。
3. 分享交流，说一说视频里在台风来临前和台风来临时都是怎样做的。

观察指导要点

- 观察幼儿是否能积极参与谈话交流，了解幼儿掌握防台风预防措施的情况。
- 提问并根据幼儿的回答，与幼儿总结讨论台风来临前后的自我保护措施。

经验提升：台风来临前，气象台会发布台风消息或台风警报，要提早做好自我防范和保护，主要做好以下几个方面：1. 准备必要的食物、饮用水、药品和日用品，以及蜡烛、应急灯、手电筒等应急用具。2. 关好门窗，关掉不用的电器，可以的话切断电源，搬移易坠物品。3. 加固易倒设施，加固室外悬空、高空设施以及简易、临时建筑物，必要时拆除。4. 物品防淹防浸。5. 取消出行计划，不要到台风可能影响的区域游玩，正在台风可能影响区域旅游的人应提前返回。

四、游戏操作，绘画防台风安全手册。

1. 说一说台风来临时我们应该怎样做，把你认为好的防台风办法画出来。
2. 互相说一说自己画了什么，想表达什么。

观察指导要点

- 观察幼儿是否能用图画记录的形式，来表达防台风措施。
- 观察幼儿在图画记录方面遇到了哪些困难，是如何解决的。
- 观察幼儿是否能大胆自信地与人交流自己的想法和做法。

经验提升：台风是和我们生活息息相关的自然灾害，我们要做安全小卫士，把防台风保安全的做法告诉我们身边的每一个人。

★ 活动拓展

1. 在活动区增加气象灾害的图片，引导幼儿了解不同的气象灾害。
2. 把幼儿绘画的防台风办法图画装订成册，供幼儿互相阅读、讲述。

★ 家园共育

请家长和孩子一起查找、收集有关台风、暴雨等气象灾害的相关资料。

★ 活动资源

知识链接

台风是发生在太平洋西部海洋和南海海上的热带气旋，是一种极强烈的风暴，中心附近最大风力达12级或12级以上。

台风主要有三大危害：强风、暴雨和风暴潮。

1. 强风：吹毁房屋、建筑及高空设施，压死压伤人员。刮断电力和通信线路。吹翻车辆、船只、行人，吹毁农作物，吹倒甚至拔起大树。

2. 暴雨：造成平原洪涝，使城镇、村庄、农田受淹，城市内涝积水。引发山洪、地质灾害，冲毁房屋、建筑、道路、桥梁，甚至吞噬整个村庄。导致水库垮坝，防堤决口或漫顶。

3. 风暴潮：掀翻海上船只，冲垮码头、养殖场以及各类设施，冲走海边人员。造成海堤溃决，海水倒灌，冲毁房屋、建筑，淹没村镇、农田等。

夏天的雷雨

★ 活动目标

1. 愿意参加歌唱活动，体验歌唱活动的快乐。
2. 尝试用打击乐器为歌曲伴奏。
3. 学唱歌曲，并能用问答的形式互动配合演唱。

★ 活动准备

1. 经验准备

了解雷雨天里预防雷电的相关经验。

2. 物质准备：

配备材料：音频《雷声》、音频歌曲《夏天的雷雨》。

自备材料：响板、沙锤、双响筒、碰铃等打击乐器若干。

★ 活动建议

一、谈话交流，唤起已有经验。

1. 倾听音频《雷声》，说一说什么时候会有雷声，在雷雨天气里我们应该注意什么。

2. 自由交流。幼儿根据已有经验充分表达自己的所见所闻。

观察指导要点

- 观察幼儿是否能积极主动参与交流谈话。
- 引导幼儿围绕雷雨天气的话题展开交流，鼓励幼儿积极分享已有经验，踊跃表达自己的见闻。

经验提升：雷雨天气里我们要关好门窗，停止在空旷的地方进行户外活动，打雷时不宜打伞，不宜在大树下躲避雷雨。

二、感受欣赏，理解歌曲内容。

1. 欣赏歌曲《夏天的雷雨》，感受歌曲的节奏、旋律。
2. 再次倾听歌曲，发现歌曲的问答式特点，熟悉理解歌曲内容。

观察指导要点

- 观察幼儿是否发现歌曲的问答式特点，是否掌握歌曲内容。
- 再次倾听时鼓励幼儿轻声哼唱，可用提问的方式引导幼儿熟悉歌词："歌曲里都唱了些什么？天空中什么光发亮？"幼儿答"一闪闪，一闪闪，闪电光发亮"等。

经验提升：歌曲的第一段是提问的形式，第二段是回答的形式，唱出了夏天里电闪雷鸣的情景。

三、学唱歌曲，分组互动问答式演唱。

1. 倾听歌曲《夏天的雷雨》，尝试轻声跟唱。
2. 教师、幼儿齐唱歌曲。
3. 教师、幼儿问答对唱歌曲。
4. 幼儿分组，采用问答对唱的形式演唱歌曲。

观察指导要点

- 观察幼儿是否能完整演唱歌曲、唱准切分音小节。
- 重点引导幼儿唱准切分音小节，可请幼儿跟随教师练习演唱。

四、歌曲伴奏，多种形式熟悉歌曲。

1. 自由选择自己喜欢的打击乐器，练习歌曲节奏型。
2. 尝试随音乐边演唱边加入打击乐器演奏。
3. 分组以问答的形式表演歌曲。

★ 活动拓展

在表演区投放音频《夏天的雷雨》和打击乐器，小朋友们可以继续表演歌曲。

★ 家园共育

请家长和孩子一起查找有关夏季雷雨天预防雷电的安全常识。

★ 活动资源

歌 曲

夏天的雷雨

切分音是人为改变重音在节拍中地位的处理方法。所构成的重音称“切分音”。

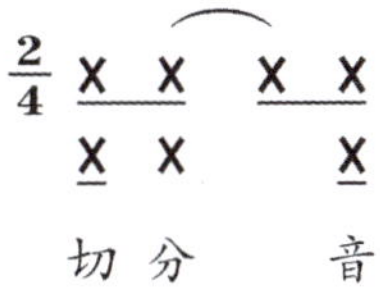

沙尘暴来了

★ 活动目标

❶ 萌发环境保护意识。

❷ 能够交流分享自己的经验。

❸ 简单了解沙尘暴的成因和危害以及治理沙尘暴的措施。

★ 活动准备

❶ 经验准备

请家长协助幼儿收集沙尘暴的相关资料。

❷ 物质准备

配备材料：幼儿探究游戏活动材料“沙尘天气怎么办”；视频《沙尘暴的成因与危害》；电子图片“沙尘暴”。

★ 活动建议

一、谈话讨论，初步了解沙尘暴。

❶ 围绕“沙尘暴”的话题进行谈话：小朋友们都喜欢玩沙子，能用沙子堆出各种漂亮的造型，你们知道沙子给人们带来的好处和坏处都有哪些吗？

❷ 同伴间交流讨论，根据自己的已有经验自由表述。

观察指导要点

- 观察幼儿是否能清晰地表达沙子的好处和坏处。
- 倾听幼儿的交流，了解幼儿对沙尘暴的前期经验。

经验提升：沙子是人们生活中不可缺少的建筑材料，用沙子和水泥混合可以用来砌墙和铺地面；海边、湖边的沙滩可以供人们沙浴；跳高、跳远的运动场地都有沙坑，可以防止落地时受伤。但是沙子也会给我们带来危害，如土地沙化形成沙漠，失去许多农业耕地，如果强风卷起沙尘，在空中漫天飞舞，就形成沙尘暴，给我们的生产和生活造成严重的危害。

二、观看图片，感知沙尘暴的危害。

1 思考交流：你们见过沙尘暴吗？说一说你的体验。

2 观看电子图片“沙尘暴”，交流讨论：你看到了什么样的画面？沙尘暴的危害有哪些？

观察指导要点

- 幼儿是否能清晰地讲述出自己的体验和观看沙尘暴画面的感受。
- 引导幼儿围绕关键经验进行交流讲述，如天空的颜色、看不清事物、影响交通出行。听到风沙的声音、感受到风沙吹在人脸上打在身上的感觉，闻到当时空气中的气味等方面交流讲述。

经验提升：沙尘暴风蚀土壤、破坏植被、掩埋农田，恶化生态环境。沙尘暴能够摧毁建筑物及公用设施，造成人畜伤亡，危害人民生命财产安全。沙尘暴致使我们看不清事物，影响汽车的行驶和飞机的起降，致使火车途中受阻，甚至造成严重的交通事故。沙尘暴严重污染空气，让人的皮肤、眼睛、鼻子、喉部和肺部受到侵害，损害身体健康。

三、观看视频，了解治理沙尘暴的措施。

1 谈话交流：沙尘暴是怎么形成的？自由交流自己的想法。

2 观看视频《沙尘暴的成因与危害》。

3 讨论：我们用什么方法才能减少和控制沙尘暴。

观察指导要点

- 幼儿是否能从已有经验和观看的视频中，对减少和控制沙尘暴的办法进行梳理总结。
- 引导幼儿根据沙尘暴的成因，从植被的破坏、森林的大量砍伐等方面进行讨论。

经验提升：沙尘暴与人们乱砍滥伐树木等破坏环境的行为有关。只有加强环保意识，扩大植被、建造更多的防护林，才能减少和控制沙尘暴。

四、操作探究，深入了解沙尘暴的成因与治理。

❶ 取出幼儿探究游戏活动材料“沙尘天气怎么办”，说一说沙尘天气要如何做好防护。把你的办法用喜欢的形式记录（画）下来。

❷ 互相看看同伴的作品，你能读明白同伴的记录吗？

观察指导要点

- 幼儿是否了解沙尘暴的防治方法并能用多种方式进行表征。
- 幼儿是否能用简单的语言概括表达自己的创意想法，是否能读懂同伴的作品。

经验提升：小朋友们都表达了自己的想法，如多喝水补充水分，出行时戴好口罩、眼镜进行遮挡，尽量减少出行，开车时遇到沙尘暴要提示家长减慢车速等保护自己的方法。

★ 活动拓展

引导幼儿把大家的作品装订成册，制作封皮、封底，填写页码、变成小书，供大家阅读。

★ 家园共育

请家长和孩子继续一起收集了解有关防治土地沙化、控制沙尘暴灾害天气的方法，拓展生活经验。

★ 活动资源

知识链接

沙尘暴是“沙暴”和“尘暴”的总称，通称“风沙”。风挟带大量尘沙、干土而使空气混浊、天色昏黄的天气现象。主要由大风卷扬地面尘沙所致。沙尘暴使土壤变得贫瘠，农作物及各种设施遭到掩埋和损害，污染环境，对人、动植物造成危害。防治措施主要为扩大植被、建立防护林体系等。

地震避险

★ 活动目标

1. 懂得在遇到灾害危险时要自救。
2. 具有防震意识和应对危险的能力。
3. 了解发生地震时的应急避震知识，掌握地震时的防护措施和方法。

★ 活动准备

1. 经验准备

请幼儿与家长一同收集地震的相关资料。

2. 物质准备

配备材料：幼儿探究游戏活动材料“地震的时候怎么办”；电子图片“地震后的场景”；视频《地震》《地震逃生自救方法》。

自备材料：救生物品。

★ 活动建议

一、观看视频及图片，引发关于地震的话题交流。

1. 观看视频《地震》及图片“地震后的场景”。
2. 谈话交流：发生了什么事？周围的环境发生了什么改变？人们的状况如何？

观察指导要点

- 观察幼儿是否能够以地震为中心话题，积极参与交流讨论。
- 教师可以利用提问的方式，引导幼儿层层深入地了解地震的危害。

经验提升：地震通常由地球内部的变动引起，能给人类造成灾害，如引起房屋受损或者倒塌，交通、电力、通信、物品的损毁，自然环境的破坏，以及由此造成的人员压埋和对牲畜的伤害。海底强地震还会引发海啸灾害。

二、观看视频，了解地震自救的方法。

❶ 讨论交流：如果遇到这种情况你应该怎样自救？

❷ 观看视频《地震逃生自救方法》。

❸ 合作思考：寻找有效的保护方法并体验撤离的时候，如何在运动的过程中保护自己。

观察指导要点

- 观察幼儿是否能专注地观看视频，了解幼儿的已有经验和掌握地震自救方法的情况。
- 如果幼儿在交流谈话中遇到问题模糊不清时，教师可引导幼儿二次观看视频片段，帮助幼儿梳理应急避震自救的方法。

经验提升：发生地震后不要慌乱，可就近躲避，选择紧挨墙根下、浴室、卫生间等开间小而不易塌落的空间避震，头要尽量向胸前靠拢，闭口，双手交叉放在脖后，保护头部和颈部。正在上课的小朋友应躲在课桌和小床下，保护好头部，要听从老师的安排，不要乱跑。主震后应迅速撤离至户外，撤离时要注意保护头部，可用枕头等软物将头部护住，不能使用电梯，在户外要避开高大建筑物，要远离高压线等设施。

三、实践练习，进行地震灾害演练。

❶ 听演习口令“地震了”，开展室内避震自救。

❷ 听教师指挥，主震后按安全撤离路线图，迅速撤离到户外安全的地方。

观察指导要点

- 观察幼儿在进行演习时是否能做到冷静、有序、不拥挤。
- 引导幼儿不要慌张，赶紧躲避在活动室内安全的地方，然后迅速有序地撤离到户外，提醒幼儿撤离时注意保护头部。

经验提升：提醒幼儿听到指令后不要慌乱，保持冷静，迅速就近蹲或趴在课桌或床下，双手护头颈蹲在卫生间等不易塌落的角落空间。主震后听从老师的安排，用枕头等软的物品将头部护住，按路线图有序撤离户外。

四、讨论交流，进一步熟悉地震自救的措施。

❶ 讨论交流：为什么撤离时要走图中标注的路径？说一说刚才参加演习时谁做得对，谁做得不对，为什么。

❷ 拓展谈话：如何把地震自救的方法介绍给他人？

经验提升：图中标注的安全撤离路线图是离户外安全地带最近的一条通道。小朋友们在演习中做到了不慌乱、不乱跑，能迅速就近躲避到桌子下，听从老师安排、有序撤离，并用衣服、枕头等将头部护住。

★ 活动拓展

在区域活动中完成幼儿探究游戏活动材料“地震的时候怎么办”操作单，进一步熟悉地震自我防护的方法。

★ 家园共育

❶ 家长跟孩子共同收集、查找有关地震和地震自救方法的资料。

❷ 家长可带孩子去科技馆观看测震仪器或体验地震屋，增加孩子对地震的感性认知。

★ 活动资源

知识链接

强烈地震发生时，如在家中可躲避在较坚实的家具，如床、桌下面或厨房、卫生间等小开间室内。主震后，可用枕头等较软物将头部护住，迅速撤离到户外安全处。要注意关闭煤气，切断电源。住在高层建筑里的人不能使用电梯。

正在上课的学生和幼儿园的小朋友应躲在课桌或小床下。要听从老师的安排，不要乱跑。

在影剧院或其他公共娱乐场所的人们应因地制宜，躲避到椅子下、舞台下、乐池、桌子、柜台两侧，保护好头部，切不可一齐拥向出口。

车上的乘客要抓住座椅或车上的牢固部件，不要急于下车。正在运行的车辆应紧急停车，设法停在开阔处。如果正在过桥，则要紧紧抓住桥栏杆，主震后立即向靠近的岸边转移。

在街道上行走的人不要在狭窄的巷道停留，不要躲在电线、变压器、烟囱及高大建筑物附近。

远离石化、化学、煤气等易燃有毒的工厂或设施，如遇到引起火灾或有毒气体污染时，应迅速向上风方向撤离。

再见，幼儿园

主题价值

在生活了三年的幼儿园里，小朋友们一定有很多美好的回忆，在即将离别之际，一定会有很多情感想要表达，也一定有很多人、很多事物想要好好地道别。“老师，再见了！”“好朋友，再见了！”“美丽的幼儿园，再见了！”“小花小草，再见了！”除了对幼儿园的依依不舍，一定也对小学生活充满了好奇和向往。

“再见，幼儿园”主题活动，可以让幼儿通过调查、谈话、参观等不同方式的活动，在分享、交流、体验、创造活动中抒发对幼儿园的依依不舍之情，以及对小学生活的憧憬和期盼，同时也为幼儿能够更加自信地迎接小学生活做好充分准备。

主题讨论

幼儿间经常会谈论有关升入小学的话题，因此可以围绕“回忆和向往”这一主题预设开放性话题，引导幼儿进行谈话和讨论，了解幼儿对幼儿园生活的难忘与不舍之情，以及对小学生活的向往，以便收集幼儿已有经验，运用到主题案例内容的选择、整合及园本化设计中。例如：

❶ 在幼儿园里，你对自己参加的哪次活动印象最深刻？

❷ 即将离开幼儿园，你最想对老师和小朋友说些什么？

❸ 你最喜欢和幼儿园的小伙伴玩哪些游戏？

❹ 你知道十分钟有多长吗？

❺ 幼儿园和小学有什么不一样的地方？

❻ 你知道书包里都会放些什么吗？你会整理书包吗？

…………

主题目标

❶ 能够大胆地表达自己的真实想法，知道要认真倾听别人的发言，不随意打断。

❷ 了解一分钟能做的事情，能够在游戏和操作中体验一分钟的长短。知道时间的宝贵，懂得珍惜时间。

❸ 认识学习用品并了解它们的用途，能根据文具的用途整理、摆放，有序地收纳学习用品，体验即将成为小学生的喜悦心情。

❹ 了解幼儿园与小学的不同之处，能够尝试制订小学生计划表，体验自己做计划、完成计划的自豪感，萌发上小学的兴趣。

❺ 能够与同伴合作，用自己喜欢的方式和材料进行艺术创作，体验集体创作的乐趣，感受和谐的班级氛围。

❻ 能够有感情地演唱歌曲，感受歌曲不同的风格，回忆幼儿园生活的甜蜜，感受与教师同伴之间的依依惜别之情。

主题资源

活动资源一览表

子主题	活动名称	涉及领域	幼儿游戏资源			教师教学资源		
			实物材料	探究游戏活动材料	图画书	电子图片	音频	视频
美好的幼儿园时光	甜蜜的回忆	艺术/语言				毕业纪念册电子模板、毕业纪念册手绘模板		
	我的进步	语言/社会		成长时间轴				
	“一分钟”的小主人	语言/社会		挑战一分钟		沙漏简笔画	音频：一分钟指针走动的声音	一分钟能做什么
	老师再见了	艺术/语言				《老师再见了》简谱	歌曲：老师再见了	《老师再见了》钢琴伴奏
	毕业诗	语言/社会		创编《毕业诗》、送给弟弟妹妹的心意卡			乐曲：栀子花开 诗歌：毕业诗	
	全家福	艺术/语言		自画像扑克牌、毕业心愿清单				

续表

子主题	活动名称	涉及领域	幼儿游戏资源			教师教学资源		
			实物材料	探究游戏活动材料	图画书	电子图片	音频	视频
走近小学	我了解的小学生活	语言/科学		谁对谁不对、养成好习惯				
	课间活动	科学/艺术		课间活动安排			音频：下课铃声	课间十分钟能做什么
	小小辩论会	社会/语言		辩论会提词卡				
	上学歌	艺术/语言				《上学歌》简谱	歌曲：上学歌	《上学歌》歌表演
	各种各样的学习用品	语言/社会				学习用品		
	我要上小学	艺术/社会		参观小学记录单、小学生活我知道				

主题环境

主题墙

❶ 随时关注幼儿在主题实施过程中提出的疑惑，积极引导幼儿探索并寻找答案，鼓励幼儿将探究的结果，如图片、自主表达的符号、绘画等在主题墙上进行展示。

❷ 在主题开展过程中，将幼儿学习的过程性资料，如幼儿制作的“自画像扑克牌”等以及幼儿在活动区游戏中制作的作品进行展示，再辅以相应的文字说明，供幼儿欣赏、讨论，并随着各个主题活动的开展逐步完善和丰富。

❸ 收集与主题相关的图片、照片、实物等资源布置在主题墙上，如幼儿在园三年的活动照片、小学各种活动及学习环境的图片、各种学习用品的实物等，不断拓展和丰富幼儿的主题目标。

活动区

❶ 语言区：设立“小小朗读者”活动角，投放《毕业诗》背景音乐、儿童麦克风，供幼儿继续有感情地进行朗诵；投放幼儿自制的计划表，鼓励幼儿随时交流；提供《课间十分钟》绘本故事，体会合理利用课间十分钟的重要性；提供绘本《魔法亲亲》，缓解幼儿心中对上学的恐惧，并有勇气独自面对陌生的环境；投放带有小学背景的故事盒及相应的人偶、学习用品等操作材料，供幼儿进行小学学习生活的熟悉与讲述。

❷ 建构区：投放废旧纸箱等辅助材料，供幼儿搭建“我心中的小学”。

❸ 科学区：提供能够操作的表盘，进一步感受时针、分针、秒针运动的规律；提供沙漏、秒表等计时工具以及花生等用来计时的操作材料；提供记录表及操作材料（如涂色卡、串珠、多米诺骨牌等），供幼儿熟练使用计时工具。

❹ 美工区：投放毕业纪念册模板，供幼儿进行个人纪念册的制作；提供教师的日常照片，供幼儿进行人像写生；投放为弟弟妹妹制作礼物的材料，如折纸、贺卡等；还可投放辅助仿编《毕业诗》的材料纸，供幼儿继续创作；投放制作画框的材料，幼儿可以继续为“全家福”制作画框，丰富制作经验；投放文具收纳盒，供幼儿练习分类收纳文具。

❺ 表演区：在表演区提供手机供幼儿拍摄合影，制作电子相册，也可录制幼儿在幼儿园中游戏的小视频；提供《上学歌》的音频或视频以及节奏乐器供幼儿自由表演唱；布置桌椅、小黑板等小学教室的物品，准备书包、文具等用品，供幼儿进行情景再现。

❻ 生活区：投放小学一年级的各科课本以及作业本，还有一系列文具和生活物品，一个空书包，供幼儿继续熟悉整理书包的方法。

子主题 美好的幼儿园时光

甜蜜的回忆

★ 活动目标

1. 回顾园内生活的甜蜜，感受与教师、同伴之间的依依惜别之情。
2. 能够与同伴合作，用自己喜欢的方式和材料进行艺术创作。
3. 了解纪念册的制作流程及方法。

★ 活动准备

1. 经验准备

有小组分工合作的经验，能够协商进行艺术创作。

2. 物质准备

配备材料：电子图片“毕业纪念册电子模板”“毕业纪念册手绘模板”。

自备材料：与家长一同收集整理幼儿三年的成长档案、幼儿在园的绘画及手工作品、在园活动的纪实照片及视频等；用红色皱纹纸制作的花和飘带、剪刀；制作所需工具及各种材质的装饰材料。

★ 活动建议

一、谈话交流，互诉离别之情。

1. 谈成长：说说自己三年来的成长和变化。
2. 谈不舍：说说会因为哪些事不舍得离开幼儿园。
3. 谈感谢：说说如何向帮助过自己的人表达感谢。

观察指导要点

- 观察幼儿是否能够发现自身外表的成长变化，并感受到自己行为习惯等方面的进步和变化。
- 在描述中，观察幼儿是否能够用恰当的词汇表述不舍、感谢之情。

● 为了幼儿更直观地回忆起自己的变化，可以提供幼儿成长档案，通过观察、对比自己三年的变化，激发幼儿参与交流的积极性。

经验提升：在幼儿园的三年里，我们长大了，也养成了良好的行为习惯，还和身边的老师、小伙伴一同游戏，建立了深厚的感情。在即将离别的时候，把对大家的感谢和不舍大胆地表达出来吧。我们可以通过制作毕业纪念册的方式把美好的回忆记录下来。

二、自由参观，选取纪念册素材。

1. 进行小型的剪彩活动，开启“时光隧道”。（将收集到的幼儿三年来的绘画、手工作品，活动影像视频、照片布置在活动室或走廊等区域）
2. 自由参观，亲身感受三年间与同伴度过的美好时光。
3. 选取精彩瞬间照片或作品作为制作“甜蜜的回忆”毕业纪念册的素材。

观察指导要点

● 观察幼儿能否在众多素材中选取出具有代表性及特殊意义的素材。

● 在选取的过程中，可引导幼儿将素材中的事件说给身边的同伴听，交流选取的出发点，互相给出选取意见。

经验提升：在幼儿园的三年中我们有很多难忘的事，有欢笑也有泪水，有感动也有遗憾，组成了我们最难忘的记忆。

三、策划设计，尝试制作纪念册。

1. 集体讨论：纪念册应该包含哪些制作内容？（可参考电子图片“毕业纪念册电子模板”及“毕业纪念册手绘模板”）
2. 小组制订具体的分工内容。
3. 各组沟通、合作制作纪念册。

观察指导要点

● 集体讨论前，可带领幼儿观察收集到的纪念册图片，引导幼儿说出纪念册需要包含的制作内容。
- 在小组商讨具体分工时，建议幼儿根据不同内容进行分工，比如图片组对收集的图片进行分类、拣选，排版组根据制作内容对版面进行设计，美工组通过选择制作材料、制作方法尝试统一制作风格。
- 提示幼儿在运用素材、制作材料等环节中梳理自己的发现。

经验提升：在小组分工合作的过程中，每组除了需要贡献自己的智慧外，还需要在与别人有不同意见时交流、协商，共同完成。这本纪念册是大家集体智慧的结晶。

四、集体分享，梳理制作经验。

1. 各组分享纪念册，交流制作感受。
2. 在纪念册上签名留念。

观察指导要点

- 观察在交流的过程中是否能够围绕制作过程、合作体验等进行讲述，讲述时能否尝试表达自己的一些观点，对他组的纪念册进行正确评价。
- 可引导幼儿通过观察对比各组纪念册在制作方法、所用的材料等方面的不同，进行深入交流，共同梳理制作经验。

经验提升：在大家分享纪念册的制作过程中，老师为你们的作品感到骄傲和自豪。纪念册里记录的是我们三年的美好时光，三年的珍贵友情，也寄托了对好朋友、对老师、对幼儿园的喜爱和留恋之情，希望大家能够带着这份感恩和不舍开始小学的新生活。

★ 活动拓展

在美工区投放制作“毕业纪念册”的纸卡等材料，供幼儿进行个人纪念册的制作。

★ 家园共育

❶ 请家长在活动前帮助收集幼儿园三年中的各种影像资料，并与孩子一同交流难忘的幼儿园生活。

❷ 可以组织孩子与好朋友一起进行聚餐、郊游等社会交往性活动，将友谊从园内延伸到个人生活中。

我的进步

★ 活动目标

❶ 体验自己和同伴的成长，分享进步的喜悦。

❷ 会用“原来……现在……”句式讲述自己的进步。

❸ 知道要认真倾听别人的发言，不随意打断。

★ 活动准备

❶ 经验准备

活动前教师可引导幼儿运用“原来”和“现在”进行讲述。

❷ 物质准备

配备材料：幼儿探究活动游戏材料“成长时间轴”。

自备材料：与家长一起收集整理三年的“幼儿成长档案”；教师将班级三年中幼儿活动的视频或照片剪辑成微影片《我们长大了》；麦克风、手机支架、录制视频的手机，写有“原来”“现在”的直播提示板等直播道具。

★ 活动建议

一、观看影片，感受并表达自身变化。

❶ 集体观看教师制作的微影片《我们长大了》，感受自己的成长变化。

❷ 教师提问：你在影片中发现了什么？那些事都是什么时候发生的？影片中原来的你和现在的你有哪些不同？你现在的心情怎么样？

观察指导要点

- 观察幼儿在自己分享时能否有序、连贯、清楚地讲述，在别人表达分享时能否专注地倾听，不随便打断别人。
- 表达前可引导幼儿按照小班、中班到大班的时间顺序进行讲述，也可以提示用“原来”和“现在”的时间概念对应影片中的事件做叙事性讲述。

经验提升：看过影片后，我们会为自己的变化感到高兴，同时想起要和相处了这么久的老师、小朋友们分别，也会感到不舍。

二、结伴组队，分享个人成长和进步。

① 自由分组，观察“幼儿成长档案”，小组内交流并互相说说自己的成长进步。

② 取出幼儿探究活动游戏材料“成长时间轴”，请幼儿把自己的进步记录下来，并运用“原来……现在……”的句式讲一讲。

观察指导要点

- 观察幼儿在小组内能否围绕“成长进步”的话题自主交流，关注没有进入小组内讨论的幼儿的情绪变化，引导他们大胆表达自己的想法。
- 在幼儿交流分享时，可引导幼儿用“原来……现在……”的句式进行讲述，为之后的语言游戏做经验积累。

经验提升：通过刚才大家的分享和交流，可以看到我们在幼儿园里学会了很多本领，比如穿衣服、系鞋带、叠被子、用筷子。我们还学会了讲故事、唱歌和跳舞，与大家一起制作各种手工作品。这些都是我们的成长和进步，都值得我们为自己而骄傲。

三、直播游戏，运用句式讲述成长进步。

① 布置直播道具，准备小麦克风、小电视等，准备举办一场直播活动。

② 幼儿自愿报名，以“我的进步”为主题，用记录好的“成长时间轴”进行直播。直播要求是用“原来……现在……”的句式进行分享。

❸ 投票点赞。用举手“点赞”的方式对“主播”进行投票。

观察指导要点

- 观察幼儿在直播中是否能够大胆、流畅地运用“原来……现在……”的句式进行讲述。
- 可将写有“原来”“现在”的直播提示板进行展示，在幼儿忘记运用句式时由小伙伴举起进行提示。

经验提升：今天我们用“原来……现在……”的句式，将自己的成长进步说给大家听，并用点赞的方式为小伙伴的进步表示了赞赏，祝福小朋友们在升入小学后学到更多的本领，有更大的进步。

★ 活动拓展

❶ 在活动室内布置“我进步啦”小区域，提供两格记录表，并标注“原来”和“现在”的词条，请幼儿将自己原来的样子和现在的进步画出来，或请教师拍摄照片，展示在区域内。

❷ 主题墙中可增加“夸夸我家娃”小专栏，请家长将孩子的成长进步以照片附加文字说明的方式进行分享展示。

★ 家园共育

❶ 请家长在活动前帮助孩子回忆在幼儿园三年的成长变化，为谈话交流活动积累感性经验。

❷ 可以在家中布置一处“成长天地”照片墙，将孩子在家中学会的自我服务等方面的本领拍照后随时展示在墙上。

“一分钟”的小主人

★ 活动目标

❶ 珍惜时间、懂得时间的宝贵。

❷ 能够在游戏和操作中体验“一分钟”的长短。

❸ 知道一分钟是 60 秒，了解一分钟能做的事情。

★ 活动准备

❶ 经验准备

对时间的长短有初步的感受。

❷ 物质准备

配备材料：幼儿探究游戏活动材料“挑战一分钟”；音频《一分钟指针走动的声音》；视频《一分钟能做什么》；电子图片“沙漏简笔画”。

自备材料：带秒针的时钟一面；积木、豆子、筷子、碗、皮球若干；沙漏；活动前复印沙漏简笔画若干份。

★ 活动建议

一、体验游戏，了解“一分钟”的长短。

❶ 游戏“木头人”。看时钟上的秒针，从“12”开始停止动作，转一圈回到“12”后才能活动，直观感受“一分钟”的长短。

❷ 观察时钟，讨论交流钟面指针的运动规律。

讨论：时钟有什么用途？时钟的钟面上有些什么？谁走得快、谁走得慢？秒针走一圈是多长时间？分针会在表盘中怎么走？

❸ 相互交流，说说“一分钟”游戏中自己的感受。

观察指导要点

● 观察幼儿能否在交流游戏感受时使用常见的、恰当的形容词、动词来描述。

- 可鼓励幼儿互相描述同伴游戏中的行为，激发幼儿的交流欲望。

经验提升：通过小朋友的细心观察，我们发现时钟上秒针转一圈就是一分钟。如果钟表上没有秒针，可以观察分针，分针走一小格也是一分钟。

二、直观感受，尝试用多种感官体验“一分钟”。

1. 听一听。闭上眼睛后播放音频《一分钟指针走动的声音》，听觉感受时间在一秒一秒地走。
2. 看一看。观察沙漏，视觉感受“一分钟”时间的流逝。
3. 数一数。跟随秒针的运动从“1”开始数到“60”，尝试读秒。
4. 画一画。用彩笔为“沙漏简笔画”涂色，感知“一分钟”能涂画的图案大小。
5. 同伴间交流体验与感受。

观察指导要点

- 观察幼儿在用不同感官感受“一分钟”时能否专注，不被打扰。
- 引导幼儿在每个感受环节要认真、用心，避免用不恰当的行为或声音影响同伴。

经验提升：我们刚才通过耳朵、眼睛、嘴巴、手来感觉“一分钟”到底有多长。通过倾听，我们可以感受到时间的流逝；通过“读秒”，我们还可以把“一分钟”数出来；在涂色时小朋友会发现同样都是一分钟，有的人涂得快，有的人涂得慢。今天我们用各种方法知道了“一分钟”有多长，那么就请珍惜每一分钟吧。

三、实验操作，用喜欢的方式体验“一分钟”。

1. 取出幼儿探究游戏活动材料“挑战一分钟”，亲自体验“一分钟”能做什么，最后把实验结果填画在记录表上。
2. 幼儿分组，分别选择在“一分钟”内搭积木、夹豆子、拍皮球，对比讨论：

（1）搭积木组在一分钟里最高搭了多少层积木？最低搭了多少层积木？

（2）夹豆子组在一分钟里最多夹了多少粒豆子？最少夹了多少粒豆子？

（3）拍皮球组在一分钟最多拍了几下？最少拍了几下？

观察指导要点

- 观察幼儿在进行对比讨论过程中，能否用语言准确描述出数量的差异。
- 可引导幼儿关注数量的差异，并鼓励幼儿尝试分析差异产生的原因。

经验提升：刚刚各组小朋友在一分钟时间里做同样的事情，每组的操作材料不一样，数量不一样，难易程度不一样，所以数量结果也不同。

四、观赏视频，唤起珍惜时间的意识。

❶ 播放视频《一分钟能做什么》。

❷ 分享交流观看感受：生活中我们应该怎样珍惜时间？

观察指导要点

- 观察幼儿在分享交流时是否可以用视频中的具体事件举例说明“一分钟”的宝贵。
- 可以号召幼儿共同发起“珍惜时间”的倡议。

经验提升：城市管理员们一分钟能为城市的美好做很多事情，军人和消防员叔叔们在一分钟里可以为祖国的安全、人民的幸福做很多事情，他们的一分钟过得多么有意义，多么宝贵！我们要做时间的主人，珍惜时间，不浪费每一分每一秒。

★ 活动拓展

❶ 在数学区提供能够操作的表盘，进一步感受时针、分针、秒针运动的规律。

❷ 在科学区提供沙漏、秒表等计时工具，以及花生等计时用的操作材料。

★ 家园共育

❶ 家长在生活中时刻提示孩子珍惜时间，做事不拖拉，不随便浪费时间。

❷ 可为孩子准备一块有指针的小手表，并给予相应的小任务，比如：擦地、洗碗等工作。尝试计时完成任务，提高任务意识和完成效率。

老师再见了

★ 活动目标

❶ 体验歌曲中师生离别之情。

❷ 能有感情地演唱歌曲。

❸ 知道感激老师的辛勤培育之恩。

★ 活动准备

❶ 经验准备

了解三拍子歌曲的节奏型；有绘制人物肖像画的经历。

❷ 物质准备

配备材料：视频《〈老师再见了〉钢琴伴奏》；音频歌曲《老师再见了》；电子图片“《老师再见了》简谱”。

自备材料：活动前请家长协助收集三年中师生之间的各种难忘活动照片或视频，教师编辑成短片《我们在一起》（背景音乐为《老师再见了》）；幼儿人手一份绘画用的彩笔。

★ 活动建议

一、视频回忆，引发学唱歌曲的欲望。

❶ 共同观看视频短片《我们在一起》。

❷ 分享交流：师生共同分享三年中快乐的、感人的、难忘的事情。

❸ 再次播放短片，提示幼儿聆听视频中的背景歌曲《老师再见了》。

教师提问：视频中你听到的背景歌曲是一首描写小朋友即将毕业去上小学，要与老师分别时唱的歌曲，马上你们也要离开幼儿园了，你想怎样表达心里的感情呢？你听了这首歌想到了什么？心里有什么感觉？

观察指导要点

● 观察幼儿能否在聆听背景音乐歌曲时感受到歌曲传递的离别之情。

- 教师可以边播放视频边念歌词，从视觉和听觉两个维度渲染歌曲所传递的对老师不舍的情感。

经验提升：我们一同度过了三年的时光，在即将离别的日子里，我们可以通过各种形式来表达自己对幼儿园、对老师的依依不舍之情。就像视频中一样，可以用歌声来诉说。

二、倾听欣赏，理解歌词内容，感受离别之情。

❶ 播放音频歌曲《老师再见了》，回答问题，理解歌词内容。

教师提问：三年中，老师都带大家学习了哪些知识和本领？和三年前的自己相比，你都有哪些进步？当你离开幼儿园会不会想念老师？上小学后还会不会来看望老师？

❷ 再次播放歌曲，教师边提问上述问题，边引导幼儿运用歌词内容来回答问题。

观察指导要点

- 观察幼儿能否通过回答教师的问题清晰地表述自己的想法。
- 引导幼儿跟随提问理解歌词内容，加深对内容的理解。

经验提升：这首歌先唱出了小朋友们在老师的带领下学习了哪些本领，又说出了我们三年的变化和进步，最后唱出了进入小学还会回来看望老师的心愿，整首歌表达了小朋友们对老师的不舍。

三、学习演唱，大胆表现对歌曲的理解。

❶ 播放歌曲，进行节奏体验，用身体动作表现 3/4 拍的节奏型。

❷ 教师示范，幼儿集体跟唱，同时用 3/4 拍的身体律动应和歌曲旋律。

❸ 出示电子图片“《老师再见了》简谱”，跟随视频《〈老师再见了〉钢琴伴奏》尝试演唱歌曲。

观察指导要点

- 观察幼儿能否充满感情地演唱歌曲。
- 观察幼儿能否接唱好前奏和间奏，注意观察幼儿每唱一句是否换气。
- 在幼儿演唱前，可以提示幼儿回想和老师、同伴之间感人的经历，并可用手势在每句需要换气的地方示意，保证歌曲演唱的完整性。

经验提升：我们充分感受了歌曲的节奏，在对幼儿园三年美好时光的回忆中，充满感情地演唱了整首歌曲。

四、唱给老师的歌，自由表达对老师的情感。

1. 以小组为单位，分组面对老师演唱这首歌。
2. 以个人演唱的方式面对老师演唱这首歌。

观察指导要点

- 观察幼儿在演唱的过程中情绪是否饱满、是否能用肢体动作表现歌曲。
- 教师面对幼儿时感情真挚，配合肢体动作引领幼儿的情感表达。

经验提升：今天我们学习了一首表现师生离别之情的歌曲，有些小朋友还留下了不舍的眼泪。我们就把这份珍贵的感情放在心里，带上老师对你们的祝福和爱，踏上新的旅程吧！

★ 活动拓展

1. 在表演区提供《老师再见了》伴奏音乐以及打击乐器，供幼儿进一步熟悉 3/4 拍乐曲的节奏。
2. 在毕业典礼中加入歌表演《老师再见了》，为幼儿的大胆表现提供更大的舞台和机会。

★ 家园共育

家长可引导幼儿在早入园、晚离园及毕业典礼等场合用音乐、舞蹈或图画作品等表达对老师的感谢之情，激发孩子的情感共鸣。

★ 活动资源

乐 谱

老师再见了

1=F $\frac{3}{4}$

龚之华 张友珊 词
王履三 曲

中速 亲切地

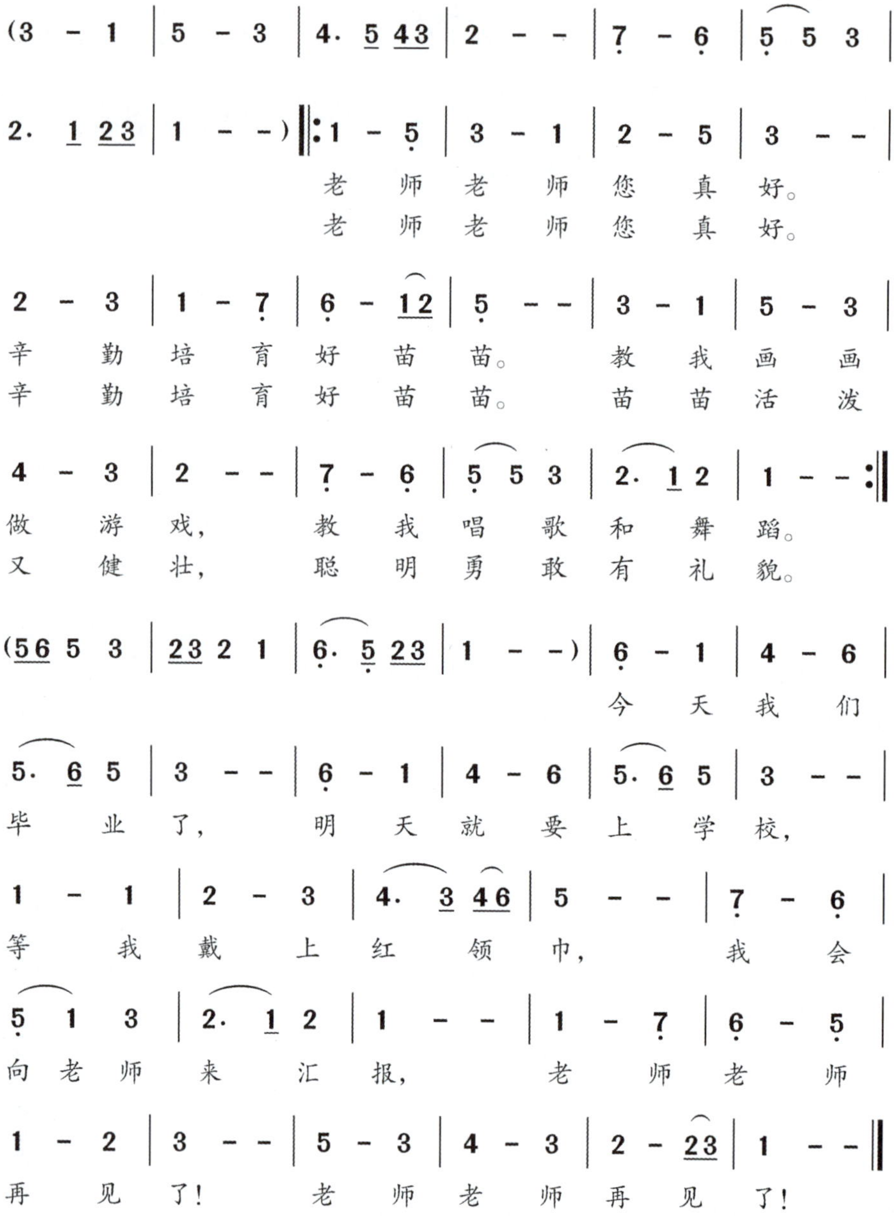

毕业诗

★ 活动目标

1. 体验成长的喜悦和离别的不舍。
2. 能够根据一年四季中经历的活动仿编诗歌。
3. 初步学习有感情地朗诵诗歌。

★ 活动准备

1. 经验准备

活动前收集诗歌朗诵的视频进行观看和了解；家长可在家中带领幼儿进行诗歌朗诵活动，激发对朗诵的兴趣。

2. 物质准备

配备材料：幼儿探究游戏活动材料“创编《毕业诗》”“送给弟弟妹妹的心意卡”；音频乐曲《栀子花开》、诗歌《毕业诗》。

自备材料：教师按照四季分类，收集园内组织过的幼儿社会实践类活动的电子照片。

★ 活动建议

一、倾听欣赏，了解诗歌内容并复述诗歌。

1. 伴随乐曲《栀子花开》的背景音乐倾听音频诗歌《毕业诗》，欣赏和感受诗歌内容。
2. 回答问题，了解诗歌内容：在诗歌中小朋友们回想起了不同季节的哪些事？离开幼儿园时带上了些什么？上小学后还会不会回来看望老师？
3. 尝试复述诗歌内容，分段进行记忆。

观察指导要点

- 观察幼儿是否可以在引导性提问中将诗歌内容大致完整地进行复述。
- 可帮助幼儿将诗歌按照内容进行分段，并用概括性词语总结每一段内容，如不舍、四季、离园、看望，帮助幼儿记忆诗歌内容。

经验提升：这首《毕业诗》描写了小朋友们要毕业时对幼儿园的不舍，回忆了一年四季在幼儿园经历的难忘活动，还说出了上小学后，会在取得成绩时回来看望老师的心愿。整首诗歌表达了即将毕业的小朋友们对老师、对小朋友、对幼儿园的依依惜别之情。

二、朗诵诗歌，感受诗歌的韵律美。

❶ 分享交流：你最喜欢毕业诗中的哪一句？在朗诵诗歌的时候应该用怎样的感情来读？

❷ 播放视频，感知欣赏，尝试说出视频中小朋友朗诵的优点。

❸ 分段朗诵诗歌内容，感受诗歌韵律美。

❹ 跟随音频乐曲《栀子花开》朗诵《毕业诗》，感受诗歌朗诵的连贯性。

观察指导要点

- 观察幼儿能否通过观看视频获得间接的朗诵经验，并运用到朗诵中去。
- 教师可以反复播放视频，请幼儿针对某个段落的朗诵进行模仿学习，激发幼儿参与朗诵的积极性。

经验提升：《毕业诗》的朗诵和我们之前学习的儿歌有所不同，因为这首诗要表达的是离别之情，所以我们在朗诵时要更加深情，把我们对幼儿园、对老师、对小朋友的感情通过诗歌中的每一句话抒发出来。

三、观察回忆，分享曾经参加的园内活动。

❶ 滚动播放小、中、大班一年四季的活动照片，共同回忆四季里共同参与的幼儿园社会实践活动，唤醒幼儿记忆。

❷ 谈话交流：你在小、中、大班曾经参与过哪些活动？你印象最深的是哪个活动？为什么会在这个季节进行这样的活动？在活动中你学到了什么？心情怎么样？想和小朋友们分享哪些感受？

观察指导要点

- 观察幼儿能否围绕主题有序、清楚、连贯地讲述幼儿园四季的活动，重点关注那些未与他人交流互动的幼儿。
- 为了让更多的幼儿参与交流，可以请幼儿自愿分成小组进行交流分享，并提示幼儿以四季的顺序描述活动。

经验提升：我们在幼儿园中一起经历了好多的活动，像春天的播种活动、夏天的戏水活动、秋天的制作树叶画活动、冬天的冻冰花活动。这些活动都是根据每个季节的特征而组织的，在活动中大家一起合作、发现，不仅了解了很多和季节相关的知识，还学会了很多本领。这些都是我们美好的回忆，我们也可以把这些回忆写成一首小诗作为纪念。

四、自主表达，尝试仿编《毕业诗》。

❶ 谈话：这首《毕业诗》中提到的一年四季的活动，有些是我们经历过的，有些不是。我们可以将亲身经历的事情也编进诗歌中，成为我们专属的、独特的《毕业诗》。

❷ 取出幼儿探究游戏活动材料“创编《毕业诗》”，将自己印象最深的事物画在相应的季节中。

❸ 分组讨论，选择创编的内容。

❹ 各组展示本组创编的《毕业诗》，提示幼儿要有感情地朗诵。

观察指导要点

- 观察幼儿能否将四季各种难忘的活动提炼成短句，来替换原诗中的句子。
- 鼓励各组幼儿通过小组讨论和交流，先将本组成员画出的事物进行简单描述，再选择合适的事物进行仿编，并适时引导幼儿用更恰当的语言来表达。

经验提升：今天我们学习了一首《毕业诗》，还创作出了专属于我们自己的《毕业诗》，我们感受到了诗歌中的离别情，也分享了小朋友们共同经历的四季故事。希望小朋友们每次想起这首诗的时候，都能够想起今天我们一起创作的快乐！

★ 活动拓展

❶ 在语言区设立“小小朗读者”活动角，投放音频乐曲《栀子花开》、儿童麦克风，供幼儿继续有感情地进行朗诵。

❷ 取出幼儿探究游戏活动材料“送给弟弟妹妹的心意卡”，把你的心里话写下来，做成心意卡，送给弟弟妹妹。

★ 家园共育

❶ 家长可通过网络收集更多的诗歌朗诵视频，陪伴孩子一同进行朗诵，了解诗歌韵律以及朗诵风格。

❷ 在家中组织家人和孩子一同朗诵诗歌，为孩子提供表现和展示的舞台。

★ 活动资源

诗 歌

毕业诗

老师，今天我们要毕业了，
但是我们真舍不得离开，
三年的快乐时光时时让我们回想。
春天，我们一起去种小花、喂小兔、放飞风筝；
夏天，我们一起看彩虹，找蝴蝶，尽情地嬉戏；
秋天，我们一起拾落叶，闻桂花与树叶共舞；
冬天，我们堆雪人，打雪仗，任雪花打湿了鞋子。
三年的点点滴滴，是我们最美好的回忆。
再见了亲爱的老师！
带着您的期盼和祝福，我们自信地走进小学，迈上了一个新的阶梯。
等我们戴上了红领巾，一定回到幼儿园看您，向您报告我们的学习成绩！

全家福

★ 活动目标

❶ 体验集体创作的乐趣，感受和谐的班级氛围。

❷ 能够找出区别于同伴的外形特征，并尝试用绘画的方式进行表征。

❸ 了解自画像的绘画过程。

★ 活动准备

❶ 经验准备

活动前通过尝试绘画人物，简单了解五官、服饰的绘画方法。

❷ 物质准备

配备材料：幼儿探究游戏活动材料“自画像扑克牌”“毕业心愿清单”。

自备材料：教师收集三年中班级的集体电子照片、“全家福”大背景纸一张；家长在活动前提供一张幼儿最喜欢的站立位的全身照片；小镜子、彩笔、剪刀、胶棒人手一份。

★ 活动建议

一、分享交流，分组讨论制作“全家福”的方法。

❶ 观察三年中的班级集体照片，看看上面都有谁，大家的表情怎么样，想想是什么时候拍摄的。

教师提问：马上就要毕业了，我们一起制作一张班级的“全家福”，留下快乐、美好的回忆吧。

❷ 交流没有相机，可以用哪种方法制作“全家福”，引发制作班级“全家福”毕业照的想法。

❸ 每组请代表分享交流结果。

观察指导要点

- 观察幼儿是否能够在小组中积极参与讨论，主动地出主意、想办法，并能够考虑到办法的实操性。
- 追随幼儿的讨论过程，用言语提示幼儿制作“全家福”要像拍照片一样，每个人都在照片中，还要像照片一样能区分出谁是谁。

经验提升：通过小组讨论和分享，我们可以尝试用画笔先把自己的形象画出来，再将“自画像”拼贴在一起，制作成我们班级的“全家福”毕业照。

二、观察分析，找出自己区别于同伴的形象特征。

❶ 将自己的全身像拿出来，观察自己的服饰特点。

❷ 分组交流讨论：自己的服饰和同伴的服饰有哪些不同之处？如何用绘画

的方式进行表现？

③ 拿出小镜子，观察自己的面部特征。

④ 分组交流自己的面部特点。

观察指导要点

- 观察幼儿能否轮流交流自己的发现，不随意打断别人。
- 在幼儿交流时可提示按照座位的排列顺序进行分享，提示幼儿仔细观察，找到自己与众不同的特征。

经验提升：我们的自画像不仅要关注自己的服饰风格有哪些不同，如是裙装还是裤装，是什么季节的衣服，还要注意到服饰的细节，如是系扣子的还是拉拉链的，是高领的还是翻领的。我们还需要观察自己面部与别人不同的特征，如是高鼻梁还是矮鼻梁，是双眼皮还是单眼皮。只有发现了自己的不同之处，才能把自己画得更像。

三、创作表现，了解自画像的绘画过程。

① 取出幼儿探究游戏活动材料“自画像扑克牌”，讨论绘画过程。

② 按照讨论的绘画过程自主创作。在扑克牌里画出自己的样子，并用彩笔均匀地涂上颜色，记上自己的花色和数字。

观察指导要点

- 观察幼儿能否根据以往的绘画经验说出自画像的绘画步骤。
- 建议自画像的绘画步骤为观察、布局、画线稿（由上往下）、涂色。
- 观察幼儿是否能用画笔将自己区别于其他人的特征表现在纸上。
- 可提示幼儿随时观察自己的照片，对比作画，还可以利用小镜子，在镜子上描画自己的五官，观察线条的走势，更加细致地绘画脸部特征。

经验提升：我们通过观察、布局、画线稿、涂色这几个步骤绘制了自画像，在绘画的过程中还能够通过对比照片、观察镜子将自己不同于别人的特征绘画出来。

四、合作分享，集体制作班级毕业照。

1. 协商如何将小朋友的画像组合在一张画面上。
2. 分组轮流将自画像粘贴在大背景纸上。
3. 教师协助幼儿标记好幼儿园、班级名称及绘画时间等信息。
4. 集体和“全家福”合影留念。

观察指导要点

- 观察幼儿能否友好地协商出组合粘贴的方案。
- 建议幼儿按照学号顺序组合，或按照当天的小组座位顺序组合，也可以和好朋友组合等。

经验提升：我们用小画笔画出了独特的“全家福”照片，虽然即将分离，但我们的友谊定格在了这幅“全家福”中。

★ 活动拓展

1. 将毕业照展示在班级外的公共区域，或发布到线上班级群中，开展“猜猜谁是我家娃”活动，请家长猜一猜、找一找自己的孩子。
2. 在美工区投放制作画框的材料，幼儿可以继续为“全家福”制作画框，使“全家福”更具艺术性，丰富制作经验。
3. 取出幼儿探究游戏活动材料“毕业心愿清单”，请幼儿说说毕业还有哪些心愿没有实现，把它记录下来。

★ 家园共育

1. 请家长在活动前与孩子协商选取最有特色的站立位自拍照，并提示幼儿观察自己的外形特征。
2. 利用离园时间可以邀请孩子的好朋友们拍照留念。
3. 协助幼儿完成“毕业心愿清单”中的心愿。

子主题 走近小学

我了解的小学生活

★ 活动目标

❶ 体验自己做计划、完成计划的自豪感。

❷ 能够尝试制订“养成好习惯”计划表。

❸ 了解幼儿园与小学的不同之处，提前做好入学准备。

★ 活动准备

❶ 经验准备

（1）幼儿了解自身的优点和不足，并能够比较正确地自评。

（2）活动前家长和幼儿一同收集小学的照片、图片。

❷ 物质准备

配备材料：幼儿探究游戏活动材料“谁对谁不对”“养成好习惯”。

自备材料：教师在活动前收集小学校园图片；彩笔人手一支。

★ 活动建议

一、观察图片，了解幼儿园与小学的不同之处。

❶ 观察小学校园照片，猜猜并交流这是什么地方、是怎么知道的。观察图片中的细节并说出小学的特征。

❷ 围绕收集的小学图片在小组内互相交流自己了解的小学是什么样的，和我们的幼儿园哪里不同。

观察指导要点

- 观察幼儿能否将已有对小学的了解用连贯的语言表达出来。
- 在幼儿交流时可以根据具体细节提供小学的图片，如说到桌椅时，可以提供桌椅的图片。通过为幼儿提供直观的观察素材，提高叙事性讲述的针对性。

经验提升：我们通过交流，发现幼儿园与小学的学习和生活有很多不同。比如桌椅摆放不同，幼儿园有午睡小学没有等。我们长大了，需要改变已有的学习和生活方式，来帮助我们获得更大的成长和进步。

二、讨论交流，了解小学生的基本要求。

1. 讨论：你认为作为一名小学生应该会做哪些事情？
2. 取出幼儿探究游戏活动材料“谁对谁不对”，判断小学生行为的对错。
3. 分享交流：要想成为一名合格的小学生，哪些事情你已经做到了？哪些事情没有做到，还需要继续努力？
4. 自愿发言，说说自己的优点和不足。

观察指导要点

- 观察幼儿能否根据自己对小学生基本要求的前期经验，主动与他人讨论，并敢于在众人面前发表自己的见解。
- 在交流讨论时，要提示幼儿围绕和对照小学生要求有目的地讨论。
- 幼儿是否能仔细观察图片，正确判断行为的对错，并清楚表达理由。

经验提升：作为一名合格的小学生，不仅上课时要认真听讲、积极举手发言、课后按时完成作业，还要团结同学、热爱集体、互相帮助、关心他人。当我们发现自身有不足时也没有关系，我们可以找准方向通过接下来的改变努力弥补不足。

三、制订计划，对比自身差距，明确努力方向。

1. 谈话：要想成为一名合格的小学生，从现在开始我们要做好哪些事情？养成哪些好习惯？
2. 取出幼儿探究游戏活动材料“养成好习惯”计划表和好习惯粘贴，说说粘贴上的好习惯是什么，选择自己要养成的好习惯粘贴在计划表上，并努力完成。

③ 小组内分享交流自己制订的计划表，大家讨论好习惯行为是否能够做到，是否合理。

④ 小组同伴共同商议计划表放置的位置，商议每天根据计划目标达成情况和具体时间来粘贴星星，商议互相督促检查的方法。

观察指导要点

- 观察幼儿能否正确评估自己具有哪些好习惯，哪些方面还需要努力。
- 观察幼儿是否能选择自己还要努力才能达成的好习惯贴纸。
- 观察小组内幼儿是否能合作进行计划表的检查。

经验提升：我们今天制订了属于自己的计划表，有了努力的方向和目标。每天离园时我们要互相交流，对照自己的目标，评价自己的完成情况。让我们一起努力，共同进步吧。

★ 活动拓展

① 在语言区投放幼儿自制的计划表，鼓励幼儿随时对照检查，相互交流。

② 在主题墙展示有关幼儿园与小学不同之处的图片或照片，帮助幼儿继续进行对比分析。

③ 有条件的幼儿园可以将小学生或小学老师请到班级，相互沟通交流，深入了解小学。

④ 在建构区投放废旧纸箱等辅助材料，供幼儿搭建“我心中的小学”。

★ 家园共育

① 家长可以带孩子到家附近的小学或即将就读的小学，观察了解小学的环境和作息安排。

② 家长在家中可以鼓励孩子用绘画的方式把每周的进步记录下来，养成努力完成计划的好习惯。

课间活动

★ 活动目标

❶ 体验十分钟的长短，懂得珍惜时间。

❷ 能够有计划地安排课间活动。

❸ 初步了解课间的活动内容。

★ 活动准备

❶ 经验准备

了解各种计时工具的使用方法，在区域活动中尝试使用。

❷ 物质准备

配备材料：幼儿探究游戏活动材料“课间活动安排”；视频《课间十分钟能做什么》；音频《下课铃声》。

自备材料：教师在活动前邀请家长收集各种计时工具，并投放到活动室相应的区域中（如沙漏、计时器、手表、闹钟）；彩笔。

★ 活动建议

一、观看视频，交流小学课间十分钟可以做的事。

❶ 自由交流。了解、分享什么是课间十分钟。

❷ 观看视频《课间十分钟能做什么》，了解课间能做的事情。说说视频中哥哥姐姐们在课间十分钟都做了哪些事，还可以做哪些事。

观察指导要点

- 观察幼儿能否在交流中充分表达自己的看法和经验。
- 追随幼儿的讨论进程适时鼓励幼儿大胆表达，并对幼儿的发言给予及时的肯定。

经验提升：在小学，每节课的时间是四十分钟，上完一节课后就会有十分钟或十五分钟的休息时间，也就是课间活动时间，学校里会播放下课的铃声广播，提醒同学们下课。视频中的哥哥姐姐说课间活动时间可以“喝水、上厕所、准备下一节课的物品、和同学一起做游戏”。通过交流，小朋友们还提出了其他可以在课间活动时间做的事，也明确了课间有些不安全的事情是不可以做的，需要长时间才能完成的事情也不适合做。那么十分钟到底有多长呢？我们需要进一步了解体验一下。

二、感知交流，了解十分钟的时间长短。

❶ 实践体验。在活动室内，小组选择一件集体做的事情，在十分钟内争取做完，体验十分钟到底有多长。

❷ 根据教师宣布活动开始与结束的时间，看看事情是否完成，说说自己对十分钟长短的感受。

观察指导要点

- 观察各组幼儿在十分钟内做事时的状态，是否有时间感、紧迫感。
- 教师可以投放计时工具，在各组内分配计时员、操作员、记录员等。
- 各组可尝试以下活动：数数、唱歌、如厕、拍球、涂色、画画、串珠等。

经验提升：通过体验我们发现，十分钟小朋友们大约可以数 600 个数，唱 7 首歌。不过，也有一些事情在十分钟里是做不完的。

三、分组讨论，尝试制订“十分钟课间计划”。

❶ 讨论：如果你是一名小学生，在小学下课的十分钟，你会怎样安排你的课间活动？先做什么？后做什么？必须做什么？

❷ 取出幼儿探究游戏活动材料“课间活动安排”并完成。

❸ 自愿分享自己的课间活动安排并尝试说明理由。

观察指导要点

- 观察幼儿能否分清课间活动所要做的事情的轻重缓急。
- 幼儿安排课间活动时，教师要观察，适当给予提示和帮助，可以引导幼儿按照先急后缓的顺序安排活动，还要考虑到能否在十分钟内完成。

经验提升：课间活动时间是自由的，但也是有限的，我们要把必须完成的事排列在前面，首先满足小便、喝水等身体需求，再准备下节课需要的学习用品，再利用剩余时间和同伴玩游戏、放松和休息。

四、模拟体验，按照课间活动安排进行体验和分享。

❶ 倾听音频《下课铃声》，根据自己的“课间活动安排”进行体验。

❷ 交流分享：自愿将刚刚的完成情况分享给大家。

观察指导要点

- 观察幼儿在模拟体验时能否按照自己的安排开始逐一完成。
- 巡回观察时提示幼儿关注时间，并在二分钟、五分钟、八分钟时进行提示，辅助幼儿更好地利用时间。

经验提升：在模拟体验中，有些小朋友发现了自己的计划有进行调整的必要，十分钟安排的活动要适量，不能安排得太满。而且做事情时要抓紧时间不能磨蹭，避免耽误时间。不过，无论什么活动都要考虑安全性。

★ 活动拓展

❶ 在科学区提供记录表及操作材料（如涂色卡、串珠、多米诺等），供幼儿熟练使用计时工具。

❷ 在语言区提供《课间十分钟》绘本故事，通过故事体会合理利用课间十分钟的重要性。

❸ 学习《课间安全儿歌》，通过理解儿歌内容，合理安排课间活动，并起到警示作用。

★ 家园共育

家长可以在家中陪伴孩子制订课间计划，并适时引导孩子更为合理地安排时间，陪伴孩子模拟体验课间十分钟。

★ 活动资源

儿　歌

课间安全儿歌

下课起立师先行，
有序出门不争抢。
上下楼梯右侧行，
讲话走路都要轻。
室外运动要适量，
上课精力才饱满。
安全规则记心上，
时时刻刻不能忘。

小小辩论会

★ 活动目标

1. 乐于表达自己的观点。
2. 能够语言流畅、重点突出地表达自己的想法。
3. 了解辩论的规则，具有批判性思维。

★ 活动准备

1. 经验准备

活动前有过围绕某个话题进行争辩的经验。

2. 物质准备

配备材料：幼儿探究游戏活动材料“辩论会提词卡”。

自备材料：辩论正方、反方标志；粘贴小红花。

★ 活动建议

一、辩论会前，引出辩论会主题。

1 提前几天与幼儿共同谈话交流。我们就要从幼儿园毕业，要上小学了，围绕“上幼儿园好还是上小学好”充分表达自己的想法。

2 自选阵营，收罗观点。观点一致的小朋友为同一阵营，说说为什么上小学或幼儿园好，理由有哪些，你有哪些观点可以反驳对方。

3 引导幼儿做好自己观点的表征记录。取出幼儿探究游戏活动材料“辩论会提词卡”，把观点记录下来。

二、讨论分享，了解辩论及辩论的规则。

讨论：辩论时大家都同时抢着发言怎么办？要怎样做才能有序地表达自己的观点？

观察指导要点

- 观察幼儿是否了解辩论以及辩论的规则，前期经验有哪些，需要了解的方面有哪些。
- 倾听幼儿的讨论，充分了解幼儿的想法与前期经验，参与幼儿的讨论，引导幼儿的思路。

经验提升：辩论就是彼此用一定的理由来说明自己的见解，揭露对方的矛盾，最后得到正确的认识或共同的意见。辩论的时候要有主持人，辩论过程中要举手发言，安静倾听对方说了什么。

三、展开辩论。

1 简单布置会场，将正、反方的标志牌摆放在两侧桌面上，利用“辩论会提词卡”准备辩论。

2 第一场辩论：陈词阶段。两组幼儿按顺序阐述自己一方的观点。

3 第二场辩论：举手发言。举手说出自己坚持论点的理由，安静倾听别人的发言。

4 第三次辩论：自由辩论。仔细听对方说的是什么，找到合适的机会说服对方，根据对方的观点进行反驳等。

观察指导要点

- 观察幼儿能否按规则有序辩论，是否能找到对方的错误观点，并有针对性地进行反驳。
- 教师根据幼儿现场的表现，从双方的观点、是否遵守规则等方面及时肯定与评价，引导幼儿理解辩论的要领。

经验提升：小朋友们都勇敢地说出了自己的观点，能让大家听清楚，能遵守辩论规则，轮流发言。陈述的观点要清楚、完整，如认为幼儿园好，因为幼儿园有很多游戏时间，让我们很快乐。还有的小朋友用了对比的方法，如幼儿园有床，我们可以躺着睡觉，很舒服，而小学没有床，只能趴在桌子上休息等。

★ 活动拓展

继续理解辩论的方法，如假设、反问、举例等。学会根据观点收集资料，再次进行辩论。

★ 家园共育

家长可以结合孩子感兴趣的话题，在家庭中开展辩论会。

上学歌

★ 活动目标

1. 体会上学是一件快乐的事。
2. 能够有感情地演唱歌曲。
3. 感受歌曲活泼、欢快的旋律，并学唱歌曲。

★ 活动准备

1. 经验准备

（1）活动前家长提供机会，带孩子观察哥哥姐姐每天上学的精神状态。

（2）尝试过用图画来表征文字描述的事物。

❷ 物质准备

（1）视频《〈上学歌〉歌表演》；音频歌曲《上学歌》；电子图片“《上学歌》简谱”。

（2）自备材料：A4 纸、彩笔人手一份。

★ 活动建议

一、谈话交流，激发幼儿学习歌曲的欲望。

谈话交流。再过几个月就要成为一名小学生了，你现在的心情怎么样？如果明天你就要背上小书包去上小学了，你又会有哪些感受？为什么？

观察指导要点

- 观察幼儿是否愿意或主动与同伴交流和分享。
- 如只有少部分幼儿愿意分享自己的感受，可以进行分组交流，为幼儿提供同伴间交流的机会。

经验提升：我们即将要上小学了，因为我们长大了，可以进入小学学习更多的知识了。这无疑是一件很值得高兴的事情，我们可以用歌声来抒发自己的快乐心情，让我们一起唱一首关于上学的歌吧。

二、欣赏感受，了解歌词内容。

❶ 倾听音频歌曲《上学歌》，说说听到这首歌时你的心里有什么感觉，尝试用一个词来形容你听后的心情，初步感受歌曲活泼欢快的情绪。

❷ 再次倾听歌曲，理解歌词内容。

倾听歌曲后，说说歌曲中都唱了什么，太阳、花儿、小鸟都做了什么事，“我”要上小学去做什么。

❸ 在跟唱、分组演唱、集体合唱等方式中，熟悉歌曲的内容与旋律，完整演唱歌曲。

观察指导要点

- 观察幼儿是否能用合适的词语形容自己对歌曲的感受。

● 在幼儿不能用恰当的词语形容感受时，可以提供一些词汇供幼儿选用。如轻快、活泼、舒缓、美妙动听、欢快、优美等。

经验提升：《上学歌》是一首曲调欢快的经典儿童歌曲。歌中唱到了太阳、花儿、小鸟，唱到了小朋友们为什么要在早晨背上小书包，也唱出了我们上学为的是“长大要为人民立功劳”，希望小朋友们好好学习，为祖国和人民作出自己应有的贡献。

三、多种表征，表现歌曲。

❶ 节奏练习：尝试用身体动作，如拍肩、跺脚、拍手等，和着音乐节奏为歌曲伴奏，感受歌曲的节奏。在每一句的第一小节拍手表示，感受歌曲的四个乐句。

❷ 尝试用画笔将歌词中唱到的事物画在A4纸的“八格”（“八格”由幼儿自己折出折痕即可，横着四格相当于四个乐句）上。

❸ 倾听音频歌曲《上学歌》，跟随自己画的“八格”纸将歌词填唱进来。

观察指导要点

● 观察幼儿能否用图画来表征歌词。

● 可以为幼儿提供歌词中事物的简笔画样例，供幼儿参考绘画。

经验提升：我们刚才根据歌词画出了太阳、花儿、小鸟、书包，还有的小朋友画出了学校、钟表、书本、大红花等。我们用一幅画就把一首歌的歌词描绘了出来，而且我们记歌词的速度也快了很多。

四、创编动作，进行集体表演唱。

❶ 观看视频《〈上学歌〉歌表演》，请幼儿欣赏。

❷ 分组创编：鼓励幼儿自己创编动作来表现“太阳”“花儿”“小鸟”等事物。

❸ 分享：各组幼儿分享本组创编的动作，选择幼儿集体认可和喜欢的动作将歌曲串联下来。

❹ 集体进行表演唱。

观察指导要点

- 观察幼儿在出现不同意见，是否愿意与同伴通过互相协商来选取动作。
- 教师巡回观察，在发现幼儿有争执的时候可提出协商建议，如请幼儿通过举手表决来确定选用谁的动作，解决幼儿间意见不合引发的矛盾。

经验提升：上学是一件多么美好和快乐的事情，我们小朋友一定要热爱学习，用自己学到的知识帮助身边的人，长大后为祖国作出自己的贡献，也希望小朋友们能像歌中唱到的那样“爱学习爱劳动，长大要为人民立功劳”。

★ 活动拓展

❶ 在语言区提供绘本《魔法亲亲》，缓解幼儿心中对上学的恐惧，并有勇气独自面对陌生的环境。

❷ 在表演区提供《上学歌》的音频或视频以及节奏乐器，供幼儿自由表演唱。

★ 家园共育

家长可带领孩子到即将上学的小学，熟悉上学路线，并鼓励幼儿尝试用自己喜欢的方式画出上学路线图。

★ 活动资源

乐 谱

上 学 歌

1=C $\frac{2}{4}$　　　　北京市小学歌唱教研组　词曲

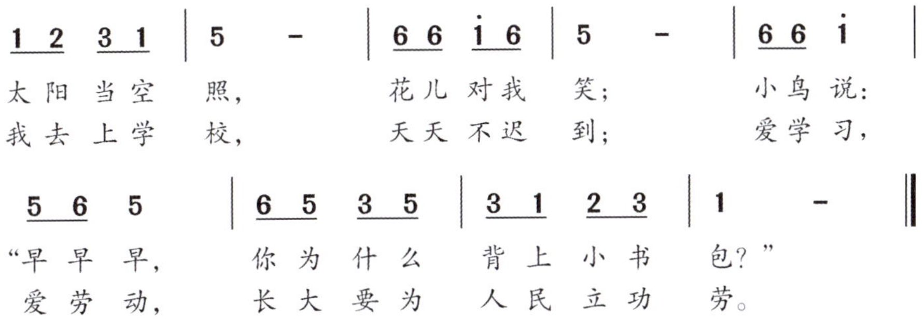

各种各样的学习用品

★ 活动目标

❶ 对小学生的学习用品感兴趣。

❷ 能根据学习用品的用途整理、摆放，有序地收纳。

❸ 认识学习用品并了解它们的用途，知道哪些用品不可以放进书包。

★ 活动准备

❶ 经验准备

活动前建议家长带幼儿到文具店等了解一下学习用品的种类、名称及用途。

❷ 物质准备

配备材料：电子图片“学习用品”。

自备材料：家长在活动前收集书包、文具盒、书本等学习用品。

★ 活动建议

一、参观交流，认识种类多样的学习用品。

❶ 自由参观教师在活动室内一角布置出的学习用品展示区。说说小学生的学习用品有哪些，这些学习用品能做什么，它们都是怎么用的？

❷ 分享交流。在小组内分享自己从家中带来的学习用品，说说它们的名称、样子、怎样使用等。

观察指导要点

- 观察幼儿在小组内能否自主交流，关注没有进入小组分享的幼儿的情绪变化，引导个别幼儿注意倾听他人发言，大胆表达自己的想法。
- 在分组交流分享时，可引导幼儿从相同用途、不同外形特征的学习用品进行分享，从分析学习用品的差异入手激发幼儿参与分享的热情。

经验提升：我们即将进入小学学习，会用到各种与学习相关的物品，这些学习用品能够帮助我们有效地学习，更快更好地完成学习任务。

二、游戏操作，熟悉学习用品的用途。

游戏 1　说学习用品

游戏玩法：观察电子图片“学习用品”，辨认并快速喊出学习用品的名称，看谁最快说对。

游戏 2　猜学习用品

游戏玩法：幼儿轮流说出一种学习用品的特征或用途，大家根据他的提示猜出是哪种学习用品，并快速说出名称，看看谁说得最快。

观察指导要点

- 观察幼儿在讨论时能否用清晰的语言描述学习用品的用途，并在游戏时快速分辨出来。

经验提升：今天我们了解到了常见学习用品的用途，比如铅笔、彩笔都是用来书写绘画的；透明胶、固体胶都是用来粘贴物品的；笔袋和文具盒都是用来装文具的；等等。虽然它们的名称不同、外观也不一样，但是都是学习用品。我们可以根据这些物品的用途进行分类收纳，让每一样物品都有固定的位置，这样不仅方便拿取，还能够起到保护学习用品的作用，同时提高我们的学习效率。

三、整理比赛，整理学习用品。

① 开展整理学习用品比赛。

比赛方法：提供两套书包、课本、文具盒等与幼儿数量相等的学习用品，放在终点处。幼儿站成两排在起点处准备。比赛开始后，两组幼儿依次轮流到终点处选择一样用品开始整理收纳。哪一队最后一名幼儿将书包内物品最先整理好，哪队获胜。

② 讨论哪组整理收纳得更整齐，集体交流评价收纳情况。

观察指导要点

- 在讨论中观察幼儿能否对另一组幼儿的整理收纳情况做客观的评价。
- 教师在讨论前可提示幼儿耐心倾听别人的评价，通过对比分析判断出整理中存在的问题，并虚心地接受别人的建议，在有不同意见的时候也应该平心静气地说出自己的见解，与同伴友好地沟通。

经验提升：通过刚才的比赛，我们发现大家整理学习用品时每个人都有自己的想法，但是我们的目的是一样的，就是将学习用品收纳整齐，将书包内的物品整理好，这也是我们要成为小学生之前必须掌握的本领。

四、交流使用学习用品时的注意事项。

讨论：哪些物品不能放到书包内？为什么？在使用学习用品时我们还要注意哪些问题？

观察指导要点

- 观察幼儿能否将用品的不安全因素用语言描述清楚。
- 教师可以使用引导性语言，如“铅笔的笔尖有些尖锐，我们应该注意些什么？格尺一般是塑料的，比较薄，我们用的时候来回弯折会出现什么情况？剪刀在递给别人的时候剪刀尖怎样放才能更加安全呢？”启发幼儿说出使用学习用品时的不安全因素和注意事项。

经验提升：今天我们了解到，学习用品能够帮助我们更好地学习，我们在收纳好它们、爱护它们的同时，也要注意使用安全。老师希望小朋友们上小学后继续保持整理学习用品、爱护学习用品的好习惯。

★ 活动拓展

1. 每天离园前带领幼儿一起整理小背包内的物品，培养幼儿的整理习惯。
2. 在美工区投放文具收纳盒，供幼儿练习分类收纳文具。

★ 家园共育

1. 每天晚上临睡前，家长可提示孩子整理自己的小背包，重点将第二天要带到幼儿园的物品检查、整理好。
2. 家长可为孩子提前布置学习桌，并在学习桌上准备好可以用来分类摆放文具的置物架，引导孩子将家中的文具按类摆放，收纳整齐。

我要上小学

★ 活动目标

1. 对小学生活充满向往。
2. 能够用绘画的方式表现自己上学的情景。
3. 了解小学的学习生活与环境。

★ 活动准备

1. 经验准备

通过前期了解小学的系列活动，激发幼儿对小学的参观欲望和探究兴趣，提前在幼儿探究游戏活动材料“参观小学记录表”第一栏记录下自己想知道的事情。

2. 物质准备

配备材料：幼儿探究游戏活动材料“参观小学记录单”“小学生活我知道”。

自备材料：班旗、腰麦、统一服装、饮水杯、手纸、小背包、幼儿自备交换的礼物、画纸、彩笔。

★ 活动建议

一、谈话交流，激发幼儿参观小学的兴趣。

1. 谈话交流。再过几个月我们就要成为一年级的小学生了，说说自己知道的小学学习生活和学习环境是什么样子的，自己最想了解小学的哪些事情。

2. 讨论：我们要参观一所附近的小学，你现在的心情是怎样的？应该做哪些准备？参观时要注意些什么？

观察指导要点

- 讨论中观察幼儿是否有参观活动的前期准备经验。
- 追随幼儿的讨论进程适时引导，如去参观小学需要带些什么物品，在参观的路上应该注意哪些安全问题，在小学的校园里如果和老师、同学走散了，或者想要上厕所怎么办。

经验提升： 马上要去小学参观了，需要注意的事还真不少。在路上我们应该整齐有序地排队，注意不掉队、不追逐打闹；有问题时要及时与老师沟通；进入小学参观时，要听从小学老师的安排；见到哥哥姐姐要有礼貌地打招呼；未经允许不能乱动别人的东西，在校园内能够保持安静和环境卫生；如果和老师、同学走散了，可以找到学校里的老师或者哥哥姐姐帮助联系等。

二、参观小学，了解小学学习生活与环境。

① 整队出发。

教师清点幼儿及家长人数后宣读活动须知及出行安全要求。

② 参加升旗仪式。

在操场上整队参加升旗仪式，感受小学升旗仪式的庄严气氛和哥哥姐姐在升旗仪式上的精彩表现。

③ 参观小学校内环境。

跟随小学老师了解学校校史及校园文化，有序参观小学教室、功能室、大礼堂等场所。

④ 进入班级参加特色活动。

与小学老师和哥哥姐姐亲切互动，观看班级特色展示活动，体验小学课堂的学习生活。

⑤ 互赠礼物。

幼儿与哥哥姐姐互相赠送礼物，互送祝福。

⑥ 观看课间十分钟活动。

⑦ 整队返回。

观察指导要点

- 观察幼儿在参观活动中是否能够关注到小学与幼儿园学习生活及环境的不同之处，能否大胆地提出对小学感兴趣的问题。
- 教师可以在每个环节活动结束前带领幼儿简短小结，将幼儿感兴趣的问题汇总到一起，请小学老师或哥哥姐姐作答。

经验提升： 通过今天的参观活动，我们亲身体会了作为一名小学生的感受，从庄严的升旗仪式到各种设施完备的功能教室，还有丰富多彩的班级特色活动和课间十分钟，我们回到幼儿园后可以把自己今天参观的感受说给大家听。

三、分享交流，梳理参观感受。

❶ 分组交流。谈谈今天参观的学校叫什么，自己想知道的事情是否找到了答案，幼儿园和小学有哪些不同，学校里有哪些地方是你最喜欢的，为什么，参观时哪件事给你的印象最深，今后你想怎样做一名优秀的小学生。

❷ 取出幼儿探究游戏活动材料“参观小学记录单”，把自己的发现记录下来。

❸ 分组交流分享自己记录单的内容。

观察指导要点

- 观察幼儿在分享时语言的流畅性，是否能够耐心倾听别人的分享。
- 观察幼儿是否能针对自己之前设定的问题找到答案并进行记录；幼儿是否能记录下自己参观小学的其他发现。

经验提升：通过今天的参观活动，我们发现了幼儿园和小学的学习生活环境是不同的，哥哥姐姐们的活动和我们在幼儿园的活动也是不同的。小学有许多年级，有图书馆、大操场，有升旗、做操等活动，课间游戏也很丰富。我们了解了小学，更加希望自己成为一名小学生去上小学了！

★ 活动拓展

❶ 在表演区布置桌椅、小黑板等小学教室的物品，准备书包、文具等用品，供幼儿进行情景再现。

❷ 在语言区投放带有小学背景的故事盒及相应的人偶、学习用品等操作材料，供幼儿进行小学学习生活的讲述。

❸ 在美工区提供纸笔，鼓励幼儿用绘画的方式表现上小学后的自己。

❹ 取出幼儿探究游戏活动材料“小学生活我知道”，说说你了解的小学生活是什么样子的，按照小学一天的生活过程，用笔画出回家的路线。

★ 家园共育

活动结束后，家长可以鼓励孩子在家中讲述参观小学的情景，还可以进行角色扮演活动，模仿哥哥姐姐在学校里的学习和生活。

健康活动

蜈蚣竞走

★ 活动目标

1. 喜欢行走游戏，体验不同方式行走的乐趣。
2. 能半蹲行走，具有调整身体重心移动的能力。
3. 学习并掌握半蹲行走的基本动作。

★ 活动准备

1. 经验准备

有合作游戏的经验。

2. 物质准备

锥桶等障碍物若干。

★ 活动建议

一、热身活动，做好运动准备。

1. 进入场地，四散站开。
2. 跟随适宜的音乐，充分活动四肢和关节。

观察指导要点

- 因半蹲行走时重心降低，将加大大腿部肌肉力量，教师应重点指导幼儿加大腿部韧带的拉伸，进行充分活动和舒展。

二、探索交流，尝试用不同方式行走。

1. 大胆想象，表述各种行走方式的动作。
2. 尝试半蹲行走，探索半蹲行走的动作要领。
3. 分享、交流自己半蹲行走的动作经验。

观察指导要点

- 观察幼儿是否能够自主尝试不同动作行走的方式；观察幼儿半蹲行走时的身体重心调整和身体协调性。
- 鼓励幼儿积极分享自己的经验和方法。

经验提升：我们尝试了各种不同的行走方式，如脚尖走、脚跟走、半蹲走、高抬腿走、蹑足半屈腿走、交叉走、腿夹物走等。

三、游戏体验，练习半蹲行走的动作。

“蜈蚣竞走”游戏玩法：

1. 幼儿自由分组，站成一排半蹲，双手扶住前面幼儿的腰部。
2. 最前面幼儿双手扶脚带动后面的人一起半蹲行走。
3. 同组幼儿步伐一致，到达终点。
4. 在行进过程中，“蜈蚣头”可带领队伍不断躲避障碍物。
5. 共同探讨不掉队和不拥挤的有效方法。

观察指导要点

- 观察幼儿的行进速度和步伐，关注队伍的队形，尽量不要出现掉队和拥挤状况。
- 观察幼儿的身体平衡能力及耐力情况，如出现不适，及时进行调整和休息。
- 鼓励幼儿在实践中总结经验。

经验提升：半蹲行走时，可以锻炼我们的腿部力量，增强自身半蹲行走移动能力，提高身体协调性。

四、跟随音乐，放松运动。

跟随舒缓的音乐，幼儿自主进行放松运动，可互相按摩手腕、膝盖，捶腿等。

★ 活动拓展

1. 多为幼儿创造和提供各种行走锻炼的机会。
2. 在户外游戏活动中，可随时调整游戏的难度，调整障碍物数量和密度等。

小青蛙跳荷叶

★ 活动目标

1. 体验多种方式跳圈的乐趣。
2. 能双脚连续向前跳，探索跳跃的不同玩法。
3. 学习双脚连续跳跃的正确方法。

★ 活动准备

1. 经验准备

有双脚跳的经验。

2. 物质准备

青蛙头饰每人一个、中号塑料圈若干。

★ 活动建议

一、热身运动，萌发游戏兴趣。

1. 进入场地，四散站开。
2. 跟随音乐，自主热身，重点活动腿部及膝盖部位。

观察指导要点

- 活动中，提醒幼儿之间相互保持一定的距离，做好充分伸展。
- 引导幼儿多做压腿、转膝等动作，使腿部得到充分舒展。

二、自由尝试，探索跳圈的多种玩法。

1. 自由探索、尝试、体验跳圈的多种玩法。
2. 探究双脚连续跳圈的方法。
3. 分享交流双脚连续跳圈的经验和方法。

观察指导要点

- 观察幼儿自主探究能力，引导幼儿探究多种玩法。
- 鼓励幼儿发现并交流双脚连续跳的方法，大胆表达自己的经验。

经验提升：双脚连续跳的要点：预备时腿稍稍弯曲，手臂垂于腿前；起跳时蹬腿，手臂向上摆，使身体向前跳出；落地时稍稍屈腿，前脚掌先着地，动作轻，手臂自然下放，不停顿地继续前跳，注意平衡和动作节奏。

三、游戏体验，尝试双脚连续跳圈。

❶ 自由组合，讨论关卡设置方案。

每组关卡设置可将塑料圈摆成直线、斜线、曲线等形式。

❷ 尝试双脚连续跳圈。

（1）幼儿互相验证关卡设置是否合理并进行调整。

（2）结合已有经验，探究迅速通过关卡的方法。

❸ 跳圈挑战赛。

（1）商讨比赛规则。

（2）开展“小青蛙跳荷叶”比赛。

观察指导要点

- 重点观察幼儿变换跳跃方式时的身体控制和平衡能力。
- 充分鼓励幼儿自主游戏，关注其是否遵守游戏规则。

经验提升：我们可以模仿青蛙来练习双脚连续跳，并且以塑料圈当作荷叶进行角色比赛，这样游戏趣味性更强。

四、跟随音乐，放松运动。

跟随舒缓的音乐，幼儿自主交替进行单脚前后摆腿等放松运动，也可进行捶腿、捏腿等放松运动。

★ 活动拓展

❶ 户外游戏前可由幼儿自主绘制游戏关卡。

❷ 根据幼儿兴趣、需求和发展水平，不断丰富、变化、调整塑料圈的形状和摆放距离，增加游戏的趣味性。

踩高跷

★ 活动目标

❶ 喜欢参与挑战性游戏，体验踩高跷游戏的快乐。
❷ 能踩高跷行走，保持身体平衡。
❸ 学习踩高跷行走并保持平衡的技能和方法。

★ 活动准备

❶ 经验准备
有在梅花桩上行走的经验。
❷ 物质准备
幼儿高跷或易拉罐自制高跷每人一对、锥桶、低矮跨栏。

★ 活动建议

一、热身运动，萌发兴趣。

❶ 跟随音乐，自由热身，充分活动身体各部位及关节。
❷ 在梅花桩上行走，做平衡动作练习。

观察指导要点

- 教师提醒幼儿保持一定的距离，避免过于拥挤。
- 观察幼儿的平衡能力和动作的协调性。

经验提升：在梅花桩上行走时，可通过手臂侧平举的动作提升身体的平衡度。

二、自由探究，寻找踩高跷的技巧。

1. 自由探究踩高跷，尝试在高跷上行走。
2. 幼儿展示分享保持平衡的关键经验和技巧。
3. 共同尝试，寻找安全经验。

观察指导要点

- 重点观察幼儿踩高跷时是否能平稳行走，观察幼儿的手脚配合程度。
- 提示幼儿手脚协调地起落，保持身体平衡。

经验提升：踩高跷行走时上身尽量保持直立，双手拉紧提绳，双脚踩高跷自然行走。

三、尝试挑战，体验踩高跷过障碍游戏。

1. 玩法：

（1）自主设置障碍。

（2）创设情境进行游戏。

（3）幼儿自由分组，踩高跷过障碍。

2. 总结玩法，分享经验。
3. 踩高跷过障碍比赛。

观察指导要点

- 观察幼儿进行集体游戏的合作性和团队意识。
- 观察幼儿遵守游戏规则情况，适时组织幼儿集体探讨，调整游戏规则。

经验提升：幼儿可根据自身能力水平不断调整重心，也可通过调整材料间隙的距离等方式来调整游戏的难易程度，还可设置跨栏等障碍，增加游戏的趣味性。

四、跟随音乐，放松运动。

跟随舒缓音乐，幼儿自主进行舒缓的放松动作，幼儿间可相互按摩、捏肩等。

五、自主整理，收拾活动材料。

★ 活动拓展

❶ 多为幼儿提供挑战性游戏，体验手脚配合完成任务的乐趣。

❷ 户外活动时，多为幼儿提供平衡类游戏材料，增强身体控制和平衡能力。

心情调试剂

★ 活动目标

❶ 愿意倾诉和表达自己的心情，懂得关心他人。

❷ 能通过绘画、观察等方式判断或表达自己及他人的情绪体验。

❸ 初步了解不同情绪对健康的影响，学会调节自己的心情。

★ 活动准备

❶ 经验准备

能正确区分自己心情好与不好。

❷ 物质准备

配备材料：课件《多变的表情》；图片“‘多变的表情’记录表”；音频《悲伤的音乐》《欢快的音乐》《幸福拍手歌》。

自备材料：视力架、笔、心情抱抱枕。

★ 活动建议

一、倾听音乐，体验和表达不同的心情。

❶ 谈话交流：分组说一说今天心情怎么样。

❷ 倾听音频《悲伤的音乐》《欢快的音乐》，自由地用动作、语言表达自己的心情或情绪。分享自己听到不同音乐后的心情是怎样的，了解不同的音乐能给人们带来不同的感受和不同的心情。

观察指导要点

- 教师需要关注每一名幼儿的情绪，了解是否能大胆描述此刻的心情。
- 在引导幼儿听音乐时，教师可借助表情和肢体动作感染幼儿。

经验提升：欢快、柔美、舒缓的音乐能让人心情愉快，激烈、悲壮、低沉的音乐会使人心情忧伤。

二、观看课件，通过表情判断不同的心情。

① 观看课件《多变的表情》，说一说都看到了哪些表情，这些人的不同表情说明它们的心情是怎样的。

② 同伴交流，分析并说明不同表情产生的原因。

观察指导要点

- 观察幼儿是否能识别不同的表情，是否能根据不同表情判断它们的心情。
- 鼓励幼儿去猜想不同表情产生的原因，可以借助自己的亲身经历，像讲故事一样进行叙述。

经验提升：每个人遇到不同事情的时候，心里都有不一样的感受，这些感情状态就是心情。我们不知道别人心里是怎么想的，但能从他们的表情猜到他们的心情，当别人心情不好时要学会关心他们，让他们变得开心。

三、绘画表现，倾诉和表达自己的心情。

① 完成“‘多变的表情’记录表”。回顾自己经历的难忘的事情，当时是什么心情，尝试用笔和纸进行绘画，表达自己难忘的事情或心情。

② 自由与同伴讲述记录表内容，说一说发生了什么事情，心情是怎样的。

观察指导要点

- 观察幼儿能否根据自己的了解表达出恰当的表情。
- 在绘画时教师不要询问或打扰，要尽量倾听每一名幼儿讲述绘画表述的内容。

经验提升： 我们在生活中会遇到各种各样的事情，产生各种各样的情绪。我们需要以积极的心态面对生活。

四、讨论交流，了解情绪对健康的影响，学会调解情绪。

交流讨论：你最喜欢哪种心情？不好的情绪会给人带来哪些危害？怎样使自己和身边的人每天都快乐？当自己心情不好时怎么办？当别人心情不好时怎么办？

观察指导要点

- 教师在幼儿讨论环节，可以以参与者的身份加入幼儿的讨论中。
- 教师要关注在讨论中不善于表述的幼儿，鼓励同伴倾听他们的发言。

经验提升： 不好的心情会使人变得暴躁，容易头疼、胸闷甚至引发疾病；不好的心情还能使身边的人也变得不快乐。遇到事情时要尽量控制自己的情绪，对待别人要宽容一些，如不随意发脾气、哭闹；不开心时，可以把自己的烦恼说给爸爸妈妈听；多听听快乐的音乐、想想美好的事情、吃点好吃的东西、买点喜欢的玩具；当别人不开心时要多关心、多劝解等。

五、传递抱枕，感染愉悦的情绪。

自由围成一个圆圈，倾听音乐《幸福拍手歌》，随着音乐节奏传递“开心抱枕”，在游戏中进行“心理暗示”，体验快乐、愉悦的心情。

观察指导要点

- 教师在引导幼儿游戏时要尽量情绪饱满，调动所有幼儿情绪。
- 引导幼儿多用微笑面对周围的一切事物。

经验提升： 心情就像生活中的调试剂，酸、甜、苦、辣全都有。快乐愉悦的心情能让人们身体健康。遇到悲伤愤怒的时候，为了避免伤害身体，我们就需要自我调节，和同伴倾诉、想点开心的事都是调节心情的办法。

★ 活动拓展

在班级增设“心情日记表”，引导幼儿利用表情卡随时将自己的心情在表格中展现出来。教师随时关注幼儿的情绪，逐渐帮助幼儿学会倾诉，调节、管理自己的情绪。

★ 家园共育

请家长每天关注孩子入园前和离园回家之后的情绪，多和孩子交流谈话，如他今天交到几个好朋友，或讲述幼儿园里有趣的事。

★ 活动资源

“多变的表情”记录表

时间：　　　　　　记录人：

1. 想一想，你在什么时候会有这些表情？把它们画下来吧。
2. 画好之后请和你的小伙伴一起分享一下吧。

 开心	
 难过	
 吃惊	
 生气	
 害怕	

老鹰捉小鸡

★ 活动目标

1. 喜欢参与集体游戏，体验躲闪游戏的乐趣。
2. 大胆探索游戏规则，能熟练运用躲闪跑玩游戏。
3. 学习探究躲闪跑时保持身体平衡的好方法。

★ 活动准备

1. 经验准备

有追逐跑的游戏经验。

2. 物质准备

安全、宽敞的游戏场地。

★ 活动建议

一、热身活动，做好运动准备。

1. 进入场地，四散站开。
2. 跟随适宜的音乐，充分活动四肢，进行腿部韧带拉伸。

观察指导要点

- 重点观察幼儿身体各关节的活动和舒展情况，加强腿部韧带的拉伸。

二、探索交流，分享躲闪跑的技巧。

1. 三人一组玩躲闪游戏，一人捉一人躲闪，中间的幼儿负责阻拦。
2. 探究躲闪跑时的快速反应以及躲避技巧。
3. 分享、交流自己躲闪的动作技巧。

观察指导要点

- 观察幼儿在躲闪跑时的身体控制能力。

● 鼓励幼儿积极尝试，并分享自己的经验和方法。

经验提升：跑步骤停时，重心会不稳，身体容易站不稳或摔倒。当跑步要停下时，最后一步大步屈膝即可快速减速，增强身体稳定性。

三、合作游戏，体验游戏的乐趣。

1. 增加躲闪人数，玩“老鹰捉小鸡”游戏。
2. 共同探讨迅速反应的好方法。
3. 共同制订游戏规则和注意事项。

观察指导要点

- 观察幼儿躲闪跑时的身体控制和平衡能力，以及幼儿追逐跑时的灵活性。
- 观察幼儿跑动时的身体情况，如出现不适，及时进行调整和休息。
- 鼓励幼儿在游戏前探讨追逐过程中如何注意安全，并注意避免发生碰撞。提醒幼儿遵守游戏规则；游戏时队伍不宜过长，避免跑动幅度过大发生危险。

四、跟随音乐，放松运动。

跟随舒缓的音乐，幼儿互相按摩手腕、膝盖，捶腿等，舒缓身心，缓解疲劳。

★ 活动拓展

1. 多为幼儿创造和提供练习躲闪跑的锻炼机会。
2. 在游戏活动中，可调整游戏的难度，适时添加表演节目环节，或稍事休息后再进行游戏。

拍球躲网

★ 活动目标

1. 体验拍球、运球的乐趣。
2. 尝试手眼协调地拍球躲闪，有控球能力。
3. 学习运用手臂、手腕、手指的配合动作进行运球。

★ 活动准备

1. 经验准备

有一定的拍球经验。

2. 物质准备

篮球若干、一块 2 米 × 2 米的软布或轻薄外套。

★ 活动建议

一、热身运动，萌发兴趣。

（1）跟随音乐自由热身，伸展身体各部位关节。

（2）自主运用篮球做热身操。

观察指导要点

- 观察幼儿与篮球互动的熟练程度。
- 鼓励幼儿大胆想象，使用篮球进行不同方式的热身。

经验提升：运用篮球热身的方式多种多样，可拍球、原地运球、胯下运球、胯下绕球、身体绕球等。

二、练习拍球、运球，对自主控球产生兴趣。

1. 尝试定点连续拍球。

（1）提升手部控制力，先练习拍球，再练习运球。

（2）练习运球转身或运球行走。

观察指导要点

- 观察幼儿拍球过程中手臂、手腕、手指动作的配合和力度的大小。
- 教师重点观察幼儿对篮球的手部控制运用能力。

经验提升：

拍球：全手掌接触球面击打。运球：手接触球面后能够自如地控制球的运动方向。

② 幼儿分享运球技巧。

（1）动作准确的幼儿介绍自己的运球方法。

（2）引导幼儿梳理运球姿势和要领。

观察指导要点

- 观察幼儿运球姿势是否正确。

经验提升：双腿打开，略宽于肩膀，腰背挺直，重心下降，屈腿不弯腰，随着身体移动控球拍球。

三、游戏体验，玩拍球躲网游戏。

① 幼儿四散拍球，教师抛出渔网（软布或轻薄外套），幼儿边拍球边迅速躲闪。

② 在熟悉游戏技巧的基础上，可分组由幼儿轮流进行抛网游戏。

观察指导要点

- 观察幼儿快速反应能力及控球技巧。
- 幼儿自主讨论行进中的安全，做好自我保护。

经验提升：当渔网抛出后，要快速做出反应，带动篮球移动身体迅速躲闪。

四、跟随音乐，放松运动。

游戏结束，跟随舒缓音乐，自主坐在篮球上进行捏肩、松腿等放松运动。

★ 活动拓展

1. 游戏可设置多张渔网同时进行。
2. 拍球后应适当休息，可以用踢球、滚球、抛接球等游戏方式进行缓解。

精准投掷

★ 活动目标

1. 愿意参与投掷游戏，体验击中目标的快乐。
2. 有目测力和投掷能力。
3. 学习投掷的正确方式。

★ 活动准备

1. 经验准备

有投掷经验。

2. 物质准备

沙包若干、大地垫、轮胎若干、锥桶。

★ 活动建议

一、热身运动，萌发兴趣。

1. 跟随音乐自由热身，伸展身体各部位关节。
2. 讨论投掷游戏需要活动哪些身体部位。

观察指导要点

- 观察幼儿在自由投掷过程中身体动作的灵活性、平衡性。
- 教师应提醒、引导幼儿进行转肘、转肩、转身、挥臂等动作的热身运动。

二、体验练习，掌握投掷技巧。

1. 尝试对准目标投掷。

将轮胎等距离摆放于距锥桶 4 米远处，幼儿站在锥桶处练习投掷，将沙包投进轮胎中间为击中目标。

❷ 幼儿分享投掷方法。

（1）请投掷动作准确的幼儿介绍自己的投掷方法。

（2）引导幼儿梳理投掷要领。

观察指导要点

- 教师重点观察幼儿的目测能力及投掷动作是否标准。
- 观察幼儿投掷姿势是否正确。
- 教师根据观察情况，及时梳理、纠正投掷动作，帮助幼儿梳理投掷要领。

经验提升： 两腿分开（前后或平行），腰和身体侧转身。投掷时要看准目标，手臂尽量向后，在耳后肩上部位，转动肘关节，迅速挥臂发力。

❸ 移动目标，精准投掷。

（1）教师滚动轮胎，幼儿可尝试将移动轮胎作为靶心进行投掷。

（2）在熟悉投掷技巧的基础上分组竞技。

（3）教师可同时滚动双侧轮胎，供幼儿进行投掷。

观察指导要点

- 适当调整高度和距离（幼儿可坐在或趴在地垫上进行投掷），增加游戏的趣味性。
- 观察幼儿在游戏中的安全意识，不要在其他幼儿投掷过程中奔跑或捡拾沙包。

经验提升： 在对准移动目标投掷时，要有提前预判性，当目标接近时迅速投掷。

三、跟随音乐，放松运动。

游戏结束，跟随舒缓音乐，幼儿自主进行捏肩、甩臂等放松动作，以缓解投掷时的肌肉紧绷感。

★ 活动拓展

平时户外活动时多进行移动目标投掷练习，增强手眼协调能力及快速反应能力。

嫉妒的时候

★ 活动目标

1. 愿意参加分享活动，养成乐观开朗的性格。
2. 能正确对待嫉妒的情绪，及时想办法舒缓嫉妒的情绪。
3. 知道嫉妒是每个人都会有的情绪，当嫉妒的情绪产生时，可以用心理暗示、同伴倾诉等方式进行缓解。

★ 活动准备

1. 经验准备

有曾经嫉妒过别人的经历。

2. 物质准备

配备材料：视频《齐宝和志宝的情绪小故事》。

自备材料：粉色笑脸卡若干。

★ 活动建议

一、谈话交流，了解什么是嫉妒。

1. 师幼围坐在一起，了解什么是嫉妒，当嫉妒一个人时心里会有怎样的感觉。
2. 谈话交流：你是否嫉妒过别人？因为什么事情产生了嫉妒情绪？

观察指导要点

- 教师在引导幼儿表述时，尽量以实际发生的事情让幼儿明白什么样的心理是“嫉妒”。
- 引导幼儿大胆表述内心的想法，敞开心扉进行交流。

经验提升：嫉妒是因别人比自己好而心怀怨恨的心理状态。当自己的好朋友得到老师表扬而我却没得到表扬时可能会嫉妒，当同伴穿的裙子比我的漂亮时可能会嫉妒，当大人夸别人比我聪明时也可能会嫉妒。

二、视频感知，了解嫉妒别人时的表现。

❶ 游戏展示，尝试两人一组表演嫉妒时都会有哪些表现。

❷ 观看视频《齐宝和志宝的情绪小故事》，透过视频了解当人嫉妒时表情、动作、行为是什么样子的。

观察指导要点

- 教师在引导幼儿游戏时要尽量情绪饱满，调动所有幼儿的情绪。
- 引导幼儿感受嫉妒时的心情，模仿面部表情，模仿嫉妒的动作。

经验提升：当我们嫉妒一个人时，会希望比你优秀的那个人过得不开心，严重的嫉妒会让你做一些不利对方的事情，例如不和他做朋友、和别人说他的坏话、挑剔、握紧拳头、紧咬牙齿、用力踩坏东西等。

三、谈话交流，了解如何舒缓嫉妒情绪。

❶ 谈话交流：嫉妒的消极情绪会对我们的生活产生哪些影响？

❷ 尝试说一说经常有嫉妒情绪对身体有哪些伤害。

观察指导要点

- 观察幼儿是否了解嫉妒的危害。
- 教师要以鼓励、等待、微笑的方式陪伴幼儿讲述。

经验提升：嫉妒的情绪人人都会有，不仅小朋友会有，大人也会有。长时间的消极情绪对生活、学习、工作、身体都会带来很多影响。长时间嫉妒会产生不良的心理反应，如忧愁、消沉、怀疑、自卑等。

四、寻找方法，正确缓解嫉妒情绪。

❶ 互动交流，尝试说一说自己产生嫉妒情绪时是怎样缓解的。

❷ 笑脸游戏“打败嫉妒小怪兽”。自取笑脸粘贴若干张，选择目前让自己嫉妒的同伴，将笑脸贴在他身上，暗示自己，嫉妒是不对的，看着笑脸继续做好朋友。

观察指导要点

- 教师在引导幼儿游戏时要尽量情绪饱满，调动所有幼儿的情绪。
- 引导幼儿游戏中要多交新朋友，尽量照顾不主动和同伴游戏的幼儿。

经验提升：当有嫉妒情绪产生时，可以用心理暗示法或向成人、同伴倾诉的方式，默默地告诉自己这是不对的，不良情绪就是一个小怪兽，我们一定能打败它。

★ 活动拓展

❶ 在美工区投放彩笔、透明塑料瓶，幼儿按自己的想象在瓶子上绘画情绪产生时心里的感受。

❷ 在生活区创设“打败嫉妒小怪兽”记录卡，当幼儿有嫉妒的情绪时，立即用心理暗示或倾诉的方式解决，为自己贴上笑脸进行记录。

★ 家园共育

当幼儿产生嫉妒情绪时，家长要作为很好的倾听者，引导幼儿正确对待嫉妒情绪。

勇敢的消防员

★ 活动目标

❶ 喜欢攀登游戏，体验攀登的乐趣。

❷ 能手、脚交替向上攀登，动作协调。

❸ 学习攀爬跨越的基本动作要领。

★ 活动准备

❶ 经验准备

有攀登的生活经验。

② 物质准备

人字梯、长凳、1 米长塑料管、火苗图片。

★ 活动建议

一、热身活动，做好运动准备。

① 进入场地，四散站开。

② 跟随音乐，充分活动颈部、上肢和下肢部位关节。

观察指导要点

- 重点观察幼儿身体各关节是否充分活动和舒展。

二、自主探索，练习攀登跨越的动作要领。

① 自由体验，尝试各种方式攀登跨越。

② 分享、交流自己的攀登跨越经验和方法。

观察指导要点

- 观察幼儿的攀登动作，如并手并脚攀爬、手脚交替攀爬等。
- 鼓励幼儿自主探索不同的攀登跨越人字梯的方式，手脚交替、动作协调地攀爬。
- 鼓励幼儿积极分享自己的跨越经验和方法。

经验提升：攀包括攀登和攀爬，攀登强调下肢力量，攀爬则强调上下肢的协同运动。

三、情境体验，感受攀登的乐趣。

① 幼儿自主创设游戏情境，将火苗卡片贴于终点。

② 自主设置救火路线、障碍物。

③ 幼儿身背塑料水管，自由分组进行游戏。

观察指导要点

- 重点观察幼儿攀登时的手脚协调能力、翻转跨越时的动作协调性、游戏时的合作意识。

- 鼓励幼儿大胆想象、设计游戏方案。
- 游戏时，幼儿可随时商讨更改路线，设置障碍，增加游戏的难度和挑战性。

经验提升：可跨越障碍（长凳），翻越山坡（人字梯）来到救火场地进行抢险。塑料水管上提前绑好绳子，便于挎背。

四、跟随音乐，放松运动。

跟随舒缓的音乐，幼儿自由放松，可互相按摩颈、肩、双臂、腿等部位，舒缓身心，缓解疲劳。

★ 活动拓展

1. 平时可多为幼儿创造攀爬、攀登等运动的机会。
2. 幼儿可自主创设游戏情境，在活动区制作游戏材料，开展丰富的游戏活动。

送粮草

★ 活动目标

1. 喜欢扮演农民伯伯，体验集体合作游戏的快乐。
2. 能相互配合，在有一定高度间隔的梅花桩上带物平稳行走。
3. 学习互相配合在梅花桩上行走并保持身体平衡的技能和方法。

★ 活动准备

1. 经验准备

有走平衡木、梅花桩等经验。

2. 物质准备

梅花桩若干、两端系上篮筐的扁担各2组、白毛巾若干、塑料粮草若干。

★ 活动建议

一、热身运动，萌发活动兴趣。

1. 跟随音乐，自由热身，充分活动身体各部位及关节。
2. 在直线上做脚跟顶脚尖行走等平衡动作练习。

观察指导要点

- 观察幼儿的平衡能力和动作的协调性。
- 教师提醒幼儿保持一定的距离，避免过于拥挤。

经验提升：在直线上行走时可通过不断变换手臂动作提升身体的平衡度，如叉腰、侧平举、前平举、上举等。

二、自由探索，尝试负重行走。

1. 自由设置障碍，尝试在梅花桩上行走。
2. 自由结对，尝试肩扛扁担过梅花桩。
3. 幼儿展示分享保持身体平衡的关键经验和技巧。
4. 共同尝试，寻找安全经验。

观察指导要点

- 重点观察幼儿在梅花桩上行走时是否平稳，观察幼儿负重走梅花桩时的身体控制和平衡能力。
- 提醒幼儿不要让前面的篮筐遮挡视线。

经验提升：扛扁担通过梅花桩，需要保持扁担两端的平衡，把控移动身体时的速度和动作幅度。当出现重心偏移时，需要调整重心，重新保持身体平衡。

三、合作游戏，体验“送粮草”的快乐。

1. “送粮草”游戏玩法：

（1）自主设置“送粮草”路线及障碍。

（2）两人一组，头戴白毛巾扮演农民伯伯，肩扛扁担走过梅花桩，绕过锥桶，将“粮草”送到目的地后返回。

（3）将扁担交由下一组“农民伯伯”装满“粮草”，继续运送。

❷ 总结玩法，分享经验。

❸ 再次游戏，体验尝试好方法，并不断调整、配合、练习。

观察指导要点

- 观察幼儿进行集体游戏的合作性及团队意识。观察幼儿是否遵守游戏规则，适时组织幼儿集体探讨并调整游戏规则。
- 教师可根据本班幼儿跨越梅花桩的情况，适当调整梅花桩之间的距离，调整游戏的难易程度，也可设置跨栏等障碍，增加游戏的趣味性。

四、跟随音乐，放松运动。

跟随舒缓音乐，自主进行舒缓的放松动作，幼儿间可相互按摩、捏肩等。

五、自主整理，收拾活动材料。

幼儿相互合作，整理活动材料，清理活动场地。

★ 活动拓展

❶ 多为幼儿提供合作游戏的机会，体验互相配合完成任务的乐趣。

❷ 户外活动时，多为幼儿提供平衡类游戏材料，供幼儿完成增强身体控制和身体平衡能力的练习。

悬垂摆绳

★ 活动目标

❶ 喜欢玩悬垂摆游戏，体验游戏的快乐。

❷ 能大胆尝试悬垂摆动作，不断增加悬垂和悬垂摆的时长。

❸ 运用上肢和腰腹部力量，学习悬垂摆的基本动作。

★ 活动准备

❶ 经验准备

有悬垂经验。

❷ 物质准备

悬垂架（或秋千架系紧粗麻绳垂下）、大地垫、小油桶或长凳。

★ 活动建议

一、热身运动，做好活动准备。

❶ 进入场地，四散站开。

❷ 跟随适宜的音乐，充分活动颈部和上肢关节。

❸ 适当进行上举、平举等上臂力量动作练习。

观察指导要点

- 重点观察幼儿身体各关节是否充分活动和舒展。

二、自主探索，尝试悬垂摆的动作要领。

❶ 自由体验，原地悬垂。

❷ 尝试身体摆动，体验悬垂摆的动作。

❸ 分享、交流自己的悬垂摆经验和方法。

观察指导要点

- 观察幼儿悬垂摆时的耐力和心理负荷程度，培养幼儿勇敢、顽强的意志品质。
- 鼓励幼儿积极分享自己的经验和方法。

经验提升：手臂向上伸出，双手抓紧麻绳，双脚屈腿离地，手臂和腿部自然夹紧，利用腰腹部力量轻轻摆动，坚持数秒。

三、设置情境，体验悬垂摆绳游戏。

❶ 幼儿自主创设游戏情境，如在绳索后方放置小油桶或长凳，幼儿抓绳站在上方，利用悬垂摆的方式悠到地垫上。

2. 自主创设行走路线、游戏规则。
3. 自由分组进行游戏。

观察指导要点

- 观察幼儿抓绳时的上肢力量，观察幼儿游戏时是否有合作意识。
- 鼓励幼儿大胆想象、设计游戏方案。
- 游戏时，幼儿可随时商讨更改路线，设置障碍，增加游戏的难度和挑战性。
- 当熟练动作要领后，可提醒幼儿去掉小油桶或长凳，通过助跑来增加惯性，提升悬垂摆的趣味性。

四、跟随音乐，放松活动。

跟随舒缓的音乐，幼儿自由放松，适当进行绕肩、轻捏双臂等动作，以舒缓上臂的紧绷感。

★ 活动拓展

1. 平时可多为幼儿创造和提供悬垂、悬垂摆的训练机会。
2. 多提供有关勇敢、坚持等的绘本，培养幼儿顽强的意志品质。

勇 气

★ 活动目标

1. 敢于接受挑战，体验付出勇气的成功与快乐。
2. 能了解勇气的多种表现方式，在生活中用怎样的方式增加自己的勇气。
3. 知道勇气和冒险的不同，尝试用表述、现场演示等方式表现自己的勇气。

★ 活动准备

1. 经验准备

知道自己在生活中缺少哪种勇气。

❷ 物质准备

（1）配备材料：课件《勇气》；图片“‘勇气’记录表”。

（2）自备材料：高梯子、长绳等。

★ 活动建议

一、课前体验，布置粘贴“勇气墙”。

❶ 幼儿提前交流什么是勇气，用自己的方式完成“‘勇气’记录表”。

❷ 将自己完成的勇气记录与体验结果带回幼儿园，在区域内进行自主粘贴。

观察指导要点

- 家长在协助幼儿完成“‘勇气’记录表”时，要观察孩子的第一反应：是否勇于尝试，是否有为难情绪。及时记录孩子的反应。
- 教师观察幼儿是否能按要求完成，并与同伴主动分享活动中的感受。

二、谈话讲述，了解勇气的多种表现方式。

❶ 幼儿围绕“‘勇气’记录表”进行谈话，结合记录中的内容尝试与同伴分享，表述自己在做哪些事情之前需要勇气。

❷ 结合课件，师幼共同小结，表现勇气的多种方式。

观察指导要点

- 观察幼儿能否将自己完成的调查表用简单的语言表达出来。
- 引导幼儿认真倾听他人的讲述，可适当进行补充。

经验提升：勇气是一种敢于面对现实，不怕困难，积极争取胜利的好品质。勇气表现在很多方面：晚上自己独立睡觉需要勇气，敢于走绳索桥需要勇气，敢于上台发言需要勇气。勇气是第一次骑车不用安全轮，勇气是犯了错误敢于承认，勇气是面对不正确的行为说“不”……

三、游戏体验，感受自己的勇气是否强大。

❶ 幼儿玩游戏“走绳索”：在两棵树之间系上两棵平行的绳子，幼儿登上

高高的梯子，脚踩下面的绳子，手掌握住上面的绳子前进。

❷ 说说自己参加游戏的感受，将同伴在活动中表现出的勇气和自己的勇气作比较，看看谁的勇气更大一些。

❸ 师幼讨论，如何提升自己的勇气，有什么好办法。

❹ 再一次尝试玩“绳索游戏”，体验自己是否比之前变得更勇敢了。

观察指导要点

- 观察幼儿在游戏开始之前的表情和状态，教师不要急于鼓励幼儿，让他有独立战胜困难的过程。
- 教师要关注不敢爬梯子或走绳索的幼儿，选取适当的机会进行鼓励。
- 教师要倾听每一名幼儿内心对勇气的理解，引导他们把自己内心的想法表达出来。

经验提升：平时我们登梯子、走绳索，内心都会有不同程度的恐惧，如果想提升我们的勇气，可以自己鼓励自己，可以寻找身边的榜样，可以找更多的机会锻炼自己，还可以多看提升勇气的图书、视频等。

四、师幼交流，如何正确区分勇气和冒险。

❶ 幼儿围绕“勇气”和“冒险”进行谈话，正确区分生活中哪些行为需要勇气，哪些行为是冒险的行为，冒险行为会对身体造成哪些伤害。

❷ 观看课件《勇气》，引导幼儿做活动后小结。

观察指导要点

- 教师要倾听幼儿谈话，可以将幼儿的谈话内容“冒险”和“勇气”用简笔画的方式分两组进行记录。
- 引导幼儿将身边的冒险行为讲给同伴听，教师可以协助表述能力弱的幼儿进行语言间的有效衔接。

经验提升：勇气和冒险都需要有一定的胆量，但是勇气是我们在有安全保障的基础上进行的游戏活动，而冒险往往没有安全保障，很危险。

★ 活动拓展

将幼儿带来的每一次活动中提升自己勇气的照片张贴在“勇气板”上。

家园共育

建议家长多给孩子提供锻炼的机会，不断提升自己的勇气。

活动资源

“勇气”记录表

时间：　　　　　　记录人：

1. 请你将下列挑战中有勇气尝试的画“√”，不敢尝试的画“×”。
2. 你还做过哪些鼓起勇气战胜自己的事情？请画在空白的格子里吧。

 独自睡觉	 主动问好	 承认错误	 上台展示自己	

老狼老狼几点了

活动目标

1. 喜欢参与集体游戏，体验躲闪游戏的乐趣。
2. 大胆探索游戏规则，能熟练运用躲闪跑来玩游戏。
3. 学习探究跑步骤停时保持身体平衡的好方法。

★ 活动准备

❶ 经验准备

有追逐跑的游戏经验。

❷ 物质准备

安全、宽敞的游戏场地，直线和方形区域框。

★ 活动建议

一、热身活动，做好运动准备。

❶ 进入场地，四散站开。

❷ 跟随适宜的音乐，充分活动四肢，进行腿部韧带拉伸。

观察指导要点

- 重点观察幼儿身体各关节的活动和舒展情况，加强腿部韧带的拉伸。

二、探究玩法，体验游戏乐趣。

❶ 一人当“老狼”，其他幼儿四散随意走动并向“老狼”询问“老狼老狼几点了”。“老狼”随意回答时间，当回答“12点”时，为“老狼”的午餐时间，“老狼”会跑出追捕其他幼儿。

❷ 探究躲闪跑时如何快速反应以及躲避技巧。

❸ 分享、交流自己疾跑骤停的动作技巧。

观察指导要点

- 观察幼儿在疾跑骤停时的身体控制能力。
- 鼓励幼儿积极分享自己的经验和方法。

经验提升：疾跑骤停时，重心会不稳，容易站不稳或摔倒。当跑步要停下时，最后一步大步屈膝即可快速减速，增强身体稳定性。

三、合作游戏，掌握疾跑骤停动作要领。

❶ 继续探究“老狼老狼几点了”的游戏玩法，在合作游戏中体验乐趣。

❷ 共同探讨游戏的新玩法。

③ 共同制订游戏规则和注意事项。

观察指导要点

- 观察幼儿疾跑骤停时的身体控制和平衡能力。
- 观察幼儿追逐跑时的灵活性。
- 观察幼儿跑动时的身体情况，如出现不适，及时进行调整和休息。
- 鼓励幼儿在游戏前探讨追逐过程中如何注意安全，并注意避免发生碰撞。

经验提升：可将直线或方框区域作为躲避“老狼”的家，当跑到此区域时“老狼”不能进行抓捕。

四、跟随音乐，放松运动。

跟随舒缓的音乐，幼儿互相按摩手腕、膝盖，捶腿等，舒缓身心，缓解疲劳。

★ 活动拓展

① 多为幼儿创造和提供练习疾跑骤停的机会。

② 在游戏活动中，可调整游戏的难度，适时添加表演节目环节，或稍事休息后再进行游戏。

好玩的长凳

★ 活动目标

① 喜欢长凳游戏，体验自主设计和挑战长凳游戏的乐趣。

② 探索长凳的多种玩法，能熟练运用跨、钻、爬、走等动作玩凳子。

③ 学会玩凳子的多种方法，掌握运用凳子进行跨、钻、爬、走等的动作要领。

★ 活动准备

① 经验准备

有跨、钻、爬、走的经验。

❷ 物质准备

木质长凳 8 张、背景音乐。

★ 活动建议

一、热身运动，激发活动兴趣。

❶ 教师和幼儿一起携木质长凳子随音乐进入活动场地。

❷ 幼儿随音乐自由热身，重点加强腰部、腿部和膝盖的拉伸运动。

观察指导要点

- 活动中幼儿是否会利用长凳进行钻、爬、跨越等动作。
- 热身运动中教师有意加强腰部、膝盖、下肢的伸展动作。

二、合作分享，探索长凳子的玩法。

❶ 自由结伴，合作探索凳子的多种玩法。

❷ 分享交流凳子的玩法和经验。

❸ 尝试、体验玩凳子的新方法。

观察指导要点

- 观察幼儿在游戏中的合作意识和合作能力。
- 鼓励幼儿自主探究、自由结伴、敢于尝试、积极分享。

经验提升：长凳子横放可进行跨越、钻等动作；长凳子纵向放可进行双膝爬、走平衡等动作。

三、设计场景，运用凳子进行游戏。

❶ 设置闯关游戏，幼儿讨论如何运用长凳设置关卡。

❷ 幼儿自由组合，运用长凳，自主搭建，设置关卡、障碍。

❸ 跟随音乐，越过障碍（长凳），分组进行闯关游戏。

观察指导要点

- 注重观察幼儿玩长凳的方法。

● 鼓励幼儿大胆运用跨、爬、钻、走等动作过关卡。根据游戏情况，指导幼儿进一步完善游戏规则并自觉遵守。

经验提升：可利用长凳设置间距障碍，锻炼连续跨越或钻的动作，也可将长凳纵向连接在一起，增加双膝爬和走平衡的游戏难度。

四、跟随音乐，放松活动。

1 跟随舒缓的音乐，自主进行舒缓的放松运动，重点放松腿部和膝盖的关节。

2 幼儿间相互揉捏或轻敲腿部肌肉。

★ 活动拓展

1 鼓励幼儿自由、自主、大胆探索长凳的多种玩法，不断尝试，敢于创新。

2 日常多为幼儿提供户外自主搭建游戏，利用多种材料组合，乐于创造，敢于挑战。

趣玩杠铃

★ 活动目标

1 喜欢玩杠铃游戏，大胆尝试，乐于合作。

2 能熟练运用跳、跨、推等动作玩杠铃。

3 学习探究杠铃的多种玩法和技能。

★ 活动准备

1 经验准备

有玩杠铃的经验。

2 物质准备

每人一个杠铃、大地垫若干。

★ 活动建议

一、热身运动，萌发兴趣。

❶ 进入场地，四散站开。
❷ 跟随音乐，与杠铃互动，自主热身。

观察指导要点

- 活动中提醒幼儿之间相互保持一定的距离，避免玩杠铃时碰到他人，提前做好安全教育。

经验提升：利用杠铃做热身操时，可单手或双手进行抓握、上举、侧举转身等动作，或将杠铃置于地面，进行前后跳跃等动作，使上肢和腿部得到充分舒展。

二、自主尝试，探究杠铃的多种玩法。

❶ 自由探索、尝试、体验杠铃的多种玩法。
❷ 两人或多人自由结伴玩杠铃。
❸ 总结玩法，分享交流，尝试新方法。

观察指导要点

- 引导幼儿和杠铃充分互动。
- 观察幼儿间的合作性。

经验提升：杠铃的创造性玩法多种多样，如单双脚跨越、双脚交替跨障碍跑、推杠铃跑等。

三、合作游戏，体验玩杠铃的快乐。

❶ 尝试、讨论合作玩杠铃的方法。
❷ 自由组合，尝试将多个杠铃组合在一起，开展合作游戏。
（1）幼儿自由结伴，确保每组 5~10 人。
（2）结合已有经验，探究不同的玩法。
（3）分享、交流、展示合作玩杠铃的方法和经验，并尝试不同玩法。
❸ 自主设计竞赛类玩杠铃的游戏。
（1）商讨游戏玩法和比赛规则。

（2）合作布置游戏场地，设置关卡，制订游戏规则。

（3）开展竞赛类玩杠铃游戏。

观察指导要点

- 重点观察幼儿的合作性，以及规则遵守情况。
- 充分鼓励幼儿自主游戏，引导幼儿合理设计游戏规则。

经验提升：

杠铃关卡可设置为：（1）杠铃纵向首尾相接置于地面，幼儿顺着杠铃四脚爬行。（2）将杠铃横向有间距排好，杠铃间距一致，供幼儿单、双脚或交替跨跳。（3）将杠铃置于地面，幼儿推杠铃前行。

四、跟随音乐，放松运动。

跟随舒缓音乐，幼儿可将杠铃置于地面，面对杠铃坐于地垫上，单脚或双脚放于杠铃之上，利用杠铃对下肢腿肚部位进行按摩，舒缓放松。

★ 活动拓展

❶ 户外活动区域继续投放多种类型的杠铃，供幼儿探索、尝试、体验更多的玩法。

❷ 根据幼儿兴趣、需求和发展水平，不断丰富、变化、调整玩杠铃的游戏区域，保持玩杠铃的兴趣。

愿望瓶

★ 活动目标

❶ 愿意参加分享活动，体会实现愿望的喜悦心情。

❷ 能有条理地将心中的愿望向别人表达，能用自己的方式将愿望按自己的想法记录、绘画在愿望瓶上。

❸ 知道什么是愿望，了解如何表达自己的愿望。

★ 活动准备

❶ 经验准备

曾经有过想要实现的愿望。

❷ 物质准备

配备材料：视频《了不起的愿望》；课件《了不起的愿望》。

自备材料：每人五个空塑料愿望瓶、画笔。

★ 活动建议

一、倾听故事，了解什么是愿望。

❶ 师幼围坐在一起，观看视频《了不起的愿望》，了解什么是愿望。

❷ 师幼交流自己曾经有过的愿望是什么，实现愿望后的心情如何，愿望不能实现有什么感受。

观察指导要点

- 教师尽量静下来倾听幼儿间的交流，不要随意打扰。
- 幼儿交流自己的愿望时，教师尽量让幼儿以实际事例说明自己曾经的愿望是什么。

经验提升：愿望是每个人都会有的，它是人们心中的一种希望，愿望是美好的，是我们心中期望实现的想法。

二、谈话交流，分析愿望的种类。

❶ 幼儿与同伴讲述自己曾经有过哪些愿望，那些愿望实现了没有。

❷ 借助课件《了不起的愿望》，师幼共同总结愿望的种类有哪些。

❸ 图片引导，了解哪些愿望是不切实际的。

观察指导要点

- 教师在引导幼儿交流时要关注平时不善于发言的幼儿。
- 教师在倾听幼儿的愿望是否实现时，可以以实现和没实现的两种愿望将幼儿分成两组，再继续开展游戏。

经验提升：所有美好的有可能实现的都是愿望，愿望涉及很多方面，如情感、物质、荣誉、健康、生活等。

三、绘画体验，了解正确表达愿望的方法。

1. 互动交流，了解幼儿以前怎样表达自己的愿望，实现愿望需要做什么。
2. 尝试体验，幼儿每人自选 5 个透明塑料瓶，将自己的愿望画在瓶子上。
3. 悬挂展示愿望瓶，同伴交流互动，将自己的愿望与同伴分享。

观察指导要点

- 教师可以提供梯子，供幼儿踩着挂瓶子，可以让幼儿自己选择室内或室外位置。
- 幼儿在绘画时，教师尽量不打扰、不询问，给予幼儿更多的自由空间。

经验提升：在表达自己的愿望时，可以采取心里默念、同伴倾诉表达、唱歌跳舞、绘画等方式，对于某些愿望，可以依靠自身努力来实现，某些愿望可以默默地祝愿。

★ 活动拓展

1. 在生活区投放“愿望展板”，当幼儿有美好的愿望时，可以自行记录自己的愿望，当愿望实现时，用小粘贴贴在之前的愿望旁边，表示愿望实现。
2. 在美工区投放卡纸、瓶子、彩泥等美工材料，幼儿可以创意制作寄托愿望的美工作品。

★ 家园共育

亲子互动时间，家长可以引导孩子将自己的近期愿望以倾诉表达的方式与家人交流。如果可以，尽量帮助孩子实现他们合理的愿望。

跷跷板

★ 活动目标

1. 乐于探索跷跷板的不同玩法，体验自制跷跷板的快乐。
2. 大胆探索户外体育材料的多种玩法，尝试在自制跷跷板上站立、行走。
3. 掌握在跷跷板上保持身体平衡的技巧和方法。

★ 活动准备

1. 经验准备

有户外搭建经验。

2. 物质准备

轮胎、木板等材料。

★ 活动建议

一、跟随音乐，自主热身。

1. 跟随欢快的音乐，幼儿快乐自主热身。
2. 重点活动：手腕、上肢、肩部、腰部、脚踝、膝盖等。

观察指导要点

- 提醒幼儿做好充分的热身运动，如绕肩、伸展手臂、绕脚踝、按压膝盖等活动，使关节、韧带都能得到充分的活动和舒展，避免运动伤害。

二、操作交流，探究自制跷跷板的方法。

1. 用自己喜欢的材料自制跷跷板。
2. 探索、验证自制跷跷板的安全性及实用性。
3. 交流玩法，分享经验，尝试合作玩跷跷板。

观察指导要点

- 重点观察幼儿自制跷跷板时的自主性、合作性和创造性，观察幼儿验证跷跷板时的安全性。
- 对于幼儿的新想法要给予及时的鼓励，赋予幼儿成就感，以推动幼儿更多、更大胆的好点子和新创意。注重鼓励幼儿自由、自主、大胆利用户外材料自制跷跷板，不断尝试，敢于创新。
- 活动中引导幼儿感受轮胎的结构特点，通过不断的变化组合，尝试制作不同的跷跷板进行游戏，充分满足幼儿不同程度的锻炼和挑战需求。
- 对于有价值的游戏过程，教师做好观察记录。

经验提升：可在长条木板下面放1~2个轮胎做支撑自制跷跷板，由幼儿自主探究如何让跷跷板两侧平衡的摆放方式。

三、自主探究，体验玩转跷跷板的快乐。

1. 自主探究如何在自制跷跷板上站立并保持平衡。
2. 探究如何让自制跷跷板翘动起来。
3. 探究如何多人玩跷跷板。
4. 自由组合玩转跷跷板。

观察指导要点

- 教师注意观察幼儿在自制跷跷板上行走、翘动时的平衡能力。
- 注意观察幼儿在玩游戏时的安全意识，引导幼儿提高安全预判性。

经验提升：

玩跷跷板的方式：（1）两名幼儿均站到木板一端，一名幼儿缓慢向另一端移动。（2）两名幼儿由跷跷板中间开始，同时向两端移动身体，使跷跷板保持平衡。（3）多人玩跷跷板可通过改变幼儿间的距离、人数等方式进行游戏。

四、跟随音乐，放松运动。

跟随舒缓音乐，幼儿自主进行轻敲手臂、腿部等动作来缓解肌肉的紧绷感。

★ 活动拓展

1. 平时可多为幼儿创造和提供自主搭建的游戏活动。
2. 户外活动时，鼓励幼儿运用多种材料进行组合游戏。

顶沙包

★ 活动目标

1. 喜欢平衡游戏，体验不同方式行走的乐趣。
2. 能头顶沙包行走，保持身体平衡。
3. 掌握头顶沙包过障碍的方法，身体动作协调。

★ 活动准备

1. 经验准备

有轮流游戏的经验。

2. 物质准备

沙包、锥桶、轮胎、平衡木、梅花桩等若干。

★ 活动建议

一、热身活动，做好运动准备。

1. 跟随适宜的音乐，充分活动四肢和关节。
2. 伴随舒缓音乐，走直线，提升平衡感。

观察指导要点

- 重点观察幼儿身体各关节是否充分活动和舒展，加强腿部韧带的拉伸。
- 观察幼儿走直线时的平衡能力。

二、自主尝试，探索头顶沙包保持身体平衡的技巧。

1. 大胆尝试头顶沙包行走。

② 尝试设置障碍，头顶沙包越过障碍。

③ 分享、交流自己顶沙包走的技巧。

观察指导要点

- 鼓励幼儿自主探究顶沙包行走的要领，观察幼儿顶沙包越过障碍时的身体平衡感。
- 鼓励幼儿积极分享自己的经验和方法。

经验提升：头顶沙包行走时，头要摆正，眼睛直视前方，腰板挺直，步伐平稳。

三、合作游戏，体验顶沙包闯关的乐趣。

① 幼儿自由分组。

② 互相讨论，设置障碍关卡。

③ 制订游戏玩法和规则，如沙包掉落时应立刻重新开始游戏等。

④ 进行顶沙包行走闯关赛。

⑤ 共同探讨快速获胜的有效方法。

观察指导要点

- 观察幼儿顶沙包行走的动作是否规范，参与集体游戏的规则意识如何。
- 鼓励幼儿在实践中总结经验，可根据幼儿头顶沙包过障碍的情况，适当调整闯关难度，如绕锥桶走、跨过轮胎、走平衡木、走梅花桩等，让幼儿感受挑战的乐趣。

四、跟随音乐，放松运动。

跟随舒缓的音乐，幼儿自主进行腿部放松运动，也可再次走圈进行放松。

★ 活动拓展

① 多为幼儿创造和提供练习各种行走锻炼的机会。

② 在游戏活动中可调整游戏的难度，如调整障碍物数量和密度、调整游戏时长等。

跳 绳

★ 活动目标

1. 喜欢探索绳子的不同玩法，大胆尝试，乐于合作。
2. 能用多种方式跳过晃动的绳子。
3. 学习双脚跳绳的正确方法。

★ 活动准备

1. 经验准备

有玩绳的经验。

2. 物质准备

每人一根绳子。

★ 活动建议

一、热身运动，萌发兴趣。

1. 进入场地，四散站开。
2. 跟随音乐，与绳子互动，自主热身。

观察指导要点

- 观察幼儿与绳子自由互动的方式有哪些。
- 活动中，提醒幼儿之间保持一定的距离，避免玩绳时碰到他人，提前做好安全教育。

经验提升：利用绳子做热身操时，可将绳子折叠，双手抓握绳子两端进行上举、侧转身等动作，或将绳子至于地面，前后、左右跳跃等动作，使上肢和腿部得到充分舒展。

二、合作尝试，探究越过绳子的方法。

1. 自由结伴，两人晃动绳子，其他幼儿尝试运用多种方法越过晃动的绳子。

② 总结玩法，分享交流，尝试新方法。

观察指导要点

- 观察幼儿间的合作性，提醒幼儿轮流摇绳、跳绳。
- 引导幼儿和绳子充分互动，对于胆小、动作不灵敏的幼儿要多鼓励，放慢摇绳的速度，帮助其越过绳子，增强自信心。

经验提升：可通过走、跑、跳、爬、钻、滚等方式尝试穿过晃动的绳子，锻炼对晃动的绳子的判断能力，提高灵敏性，为跳绳做铺垫。

三、自主练习，体验跳绳比赛的乐趣。

① 尝试自主跳绳。

② 分享交流跳绳经验。

③ 自主设计玩绳比赛。

（1）商讨跳绳比赛规则。

（2）开展竞赛类跳绳比赛。

观察指导要点

- 重点观察幼儿跳绳动作是否标准，鼓励能力强的幼儿尝试多种方式跳绳。
- 充分鼓励幼儿自主跳绳，提供充足的时间和空间进行练习。

经验提升：跳绳时双眼目视前方，腰背伸直，手臂与手肘呈90度，以手腕力量摆绳，跳跃时双脚并合，脚尖或前脚掌有节奏地踏地跳，着地时膝盖微微弯曲。

四、跟随音乐，放松运动。

播放舒缓音乐，将绳子首尾连接在一起置于地面，幼儿顺着绳子的扭曲方向脚跟顶脚尖行走，进行舒缓放松。

五、幼儿自主整理绳子。

★ 活动拓展

① 户外活动区域继续投放多种类型的绳子，供幼儿探索、尝试、体验更多的玩法。

❷ 根据幼儿兴趣、需求和发展水平，不断丰富、变化、调整玩绳游戏区域，保持玩绳的兴趣。

不怕孤独

★ 活动目标

❶ 喜欢参加集体活动，感受在集体中的幸福感。

❷ 能正确分辨自己孤独的情绪，感受孤独的情绪对身体的伤害。

❸ 知道用交朋友、倾诉等方法远离孤独的情绪。

★ 活动准备

❶ 经验准备

自己在生活中有过孤独的感受。

❷ 物质准备

配备材料：视频《我不怕孤独》；课件《我不怕孤独》。

★ 活动建议

一、倾听故事，了解什么是“孤独”。

❶ 观看视频《我不怕孤独》，了解故事的主人公小兔子都会在什么时候感到孤独。

❷ 借助课件再一次倾听故事，重点关注自己对故事中关于“孤独”比较感兴趣的内容。

观察指导要点

- 教师在播放视频时，尽量现场讲述故事，用情绪感染幼儿，便于更好地观察幼儿听绘本的状态。
- 教师要给予幼儿思考、联想、讨论、倾听的机会，便于幼儿讲述自己“孤独”时的亲身感受。

经验提升：绘本故事中小兔子有时会感觉世界好孤单，它觉得没有伙伴很孤独，独自坐在墙角很孤独，没有同伴交流也很孤独。

二、交流分享，表达“孤独”时的感受。

1. 师幼交流，结合故事说一说自己“孤独”时是一种什么样的感受。
2. 联系实际，说说平时生活中什么时候自己会感觉很“孤独”。

观察指导要点

- 观察幼儿语言是否表述清楚，教师协助幼儿进行语言衔接。
- 引导幼儿认真倾听他人的讲述，有相同感受的幼儿可以补充发言。

经验提升：当我们感到“孤独”时，会觉得周围冷冷的，没有人喜欢自己，觉得自己太笨，别人不理解自己等。在平时生活中，还有一些时候会让我们感到“孤单”，比如，害怕参加大型活动，感觉没有得到别人正确的评价，感到没有可以信任的人，没有和同伴交流的机会等。

三、经验拓展，说说远离“孤独”的方法。

1. 结合实际情况，说说自己什么时候会感到孤独。
2. 说一说自己的身边是否有感到孤独的小伙伴，你是怎么知道的。
3. 师幼共同探讨：一个人长时间“孤独”会怎样？

观察指导要点

- 教师要倾听幼儿谈话，协助幼儿将意愿表达清楚。
- 引导幼儿简单描述长期感到孤独会产生什么样的影响。

经验提升：长时间“孤独”会不爱运动，喜欢一个人静静地坐着，饮食不佳，心情不好，厌烦、排斥身边所有的事情，做事情会产生极端情绪，会对身体造成不好的影响，总爱生病。

4. 讨论交流：当自己和身边的朋友感到孤独时应该怎么办？

观察指导要点

- 引导幼儿多与同伴交流自己的感受，把内心想法说出来。
- 教师要多关注平时喜欢独处的幼儿，多倾听他们的心里话。
- 教师要多肯定、多鼓励想出解决办法的幼儿。

经验提升：在实际生活中，如果我们感到孤独，可以去找爸爸妈妈，让他们陪伴，可以找身边的小伙伴玩耍，还可以玩自己喜欢的玩具、读喜欢的绘本故事。如果遇到感到孤独的小伙伴，我们要多和他交流、和他做朋友、邀请他和我们一起做游戏，有好吃的、好玩的要和他一起分享。我们要想办法远离孤独，每天都快乐成长。

★ 活动拓展

在语言区设立“我让朋友笑起来”。每天找一个平时不太喜欢说笑的同伴，与他做一天朋友，陪他说话、游戏、进餐等，只要看到他笑就成功了。

★ 家园共育

建议家长多为孩子提供与人语言交流的机会，尽量多陪伴孩子，让孩子充分相信自己，建立自信心。

数学活动

活动资源一览表

<table>
<tr><th colspan="2" rowspan="2">活动名称</th><th colspan="2">幼儿游戏资源</th><th rowspan="2">教师教学资源</th></tr>
<tr><th>实物材料</th><th>探究游戏活动材料</th></tr>
<tr><td rowspan="10">数的认识和运算</td><td>层级分类</td><td></td><td>层级分类</td><td></td></tr>
<tr><td>估数</td><td>小绒球</td><td>我会估数</td><td></td></tr>
<tr><td>基数与序数</td><td></td><td></td><td></td></tr>
<tr><td>数字比大小</td><td></td><td>数字比大小</td><td></td></tr>
<tr><td>5以内加法</td><td></td><td>数学三明治</td><td></td></tr>
<tr><td>5以内减法</td><td></td><td>智慧停车</td><td></td></tr>
<tr><td>10以内加法</td><td></td><td>动物拉拉书</td><td>电子图片：森林运动会</td></tr>
<tr><td>10以内减法</td><td></td><td>过生日</td><td></td></tr>
<tr><td>自编加法应用题</td><td></td><td>看图编应用题</td><td>电子图片：自编加法应用题</td></tr>
<tr><td>自编减法应用题</td><td></td><td>看图编应用题</td><td>电子图片：自编减法应用题</td></tr>
<tr><td rowspan="3">量与测量</td><td>认识人民币</td><td></td><td></td><td></td></tr>
<tr><td>整点和半点</td><td>两脚钉</td><td>自制时钟</td><td></td></tr>
<tr><td>量的守恒</td><td></td><td></td><td></td></tr>
<tr><td rowspan="2">几何图形</td><td>多变的图形</td><td>七巧板</td><td>七巧板</td><td>视频：七巧板</td></tr>
<tr><td>立体图形</td><td>账绳</td><td>立体图形</td><td></td></tr>
<tr><td rowspan="3">空间关系</td><td>左和右</td><td></td><td>戴手环</td><td></td></tr>
<tr><td>换位观察</td><td></td><td>换位观察</td><td>视频：拍扁法
电子图片：换位观察</td></tr>
<tr><td>有用的平面图</td><td></td><td>平面图</td><td></td></tr>
</table>

层级分类

★ 活动目标

1. 体会分类标准的多样性。
2. 能按照物体的不同特征进行层级分类并能说出分类理由。
3. 理解类与子类的包含关系，掌握层级分类的方法。

★ 活动准备

1. 经验准备

有按物体两个特征进行分类、多角度分类的经验。

2. 物质准备

配备材料：幼儿探究游戏活动材料“层级分类”。

自备材料：每组两个置物架；收集分类货品，如蔬菜、水果、毛绒玩具、汽车玩具等。

★ 活动建议

一、对物品进行一级分类，巩固基础分类的方法。

1. 创设游戏情境：小猴的商店进了一批货品，请你帮忙将各种货品分类摆放；观察货品，说说都有什么，应该如何分类。
2. 每个小组尝试将各种货品分类投放到本组的两个置物架上。

观察指导要点

- 幼儿是如何进行货品分类的，是否能正确表述出分类的理由。
- 引导幼儿将分出的两类物品归纳命名，如玩具类和食品类。

经验提升：新进的货品很多，按照不同的用途可以分成两类：小白菜、菠菜、苹果、草莓等属于可以吃的食品类；毛绒玩具、小汽车等属于可以玩的玩具类。

二、进行二级分类，体会分类标准的多样性。

1. 观察置物架上分类后的货品，说说上面都有什么，它们有哪些不同。
2. 讨论：这些物品还可以怎样分类，使摆放的货品更容易取放？
3. 操作：尝试将置物架上的货品再次分类后摆放在不同的隔层上。

观察指导要点

- 是否能根据货品的大小、颜色、材质、功能等特征进行二级分类。
- 是否能及时发现自己或他人的错误并及时纠正。
- 引导幼儿说出分类的依据和理由。

经验提升：货品进行初步分类后还可以继续进行更加细致的分类，食品类还可以分成蔬菜类和水果类；玩具类可以分成毛绒类和金属类。

三、尝试三级分类，理解类与子类的包含关系。

1. 观察二级分类后置物架上的货品，再次进行讨论：还可以怎样进行分类？
2. 引导幼儿将同一个隔层上的物品进行分类并左右分开摆放。

观察指导要点

- 幼儿是否能够进行更加细致的分类，分类的理由是什么。
- 允许并鼓励幼儿表达自己的分类方法，可以按照大小、颜色等分类，也可以按照功能、用途等分类。

经验提升：货品按照不同的特征还可以继续分类，如蔬菜中小白菜、菠菜属于叶菜类，茄子、芸豆属于果菜类；水果中草莓、蓝莓属于浆果类，苹果、桃子属于核果类；玩具中毛绒玩具可分为动物和娃娃两种，汽车玩具可分为电动和非电动两种。

将不同物品由上到下划分为不同的层次，上下类之间都是包含关系，分类后看起来又整齐又便于寻找，这种方法叫作层级分类。

四、探索操作，巩固层级分类的学习经验。

1. 情境导入：小猴商店的服装区也有一批新货品，请你帮忙进行分类。
2. 取出幼儿探究游戏活动材料“层级分类”，然后将卡片沿线取下来，探索将这些服装进行层级分类的方法。

③ 展示自己的分类方法并说明分类理由。

观察指导要点

- 是否能根据服装的花色、长短、功能等特征进行分类。
- 是否能正确进行层级分类并说出分类的标准和理由。
- 引导幼儿观察层级网格的数量，想一想应该如何分类更合理。

经验提升：服装第一层级可以先分成上衣和裤子两类；第二层级的上衣又可以分成粉色和蓝色或长袖和短袖两类；裤子可以分为蓝色和黄色或长裤和短裤两类；第三层级上衣可以分成长袖和短袖或粉色和蓝色；裤子可以分为长裤和短裤或蓝色和黄色。

★ 活动拓展

① 在建构区中，鼓励幼儿按一定方法分类整理不同材质、形状的玩具。

② 在美工区投放多个多格盒子，不同大小、颜色的珠子、小花片等装饰材料，幼儿可以按自己的方法分类收纳这些材料。

估 数

★ 活动目标

① 乐意思考计数的多种策略，对估数感兴趣。

② 能根据参考量，使用数学用语估计 50 以内物体的数量。

③ 理解估数的意义，建立初步的数感。

★ 活动准备

① 经验准备

有群数的经验，能用目测的方法比较出物品数量的多少。

② 物质准备

配备材料：幼儿探究游戏活动材料“我会估数”；实物材料小绒球。

自备材料：树叶、落花、果实、石子等自然物。

★ 活动建议

一、体验游戏，复习群数。

① 户外游戏时每人收集 1~2 种自然物，如树叶、落花、果实、石子等带回活动室。

② 与同伴交流每种物品收集了几个，说说自己是用什么方法知道物品数量的。

观察指导要点

- 如果收集的物品数量较少，幼儿是否能用目测的方法知道物品数量。
- 幼儿能否通过2个一组、5个一组或10个一组的方法摆放，用群数的方法快速得出物品总数。
- 如果幼儿无法说出自己的计数方法，教师可以进行适当的引导。

经验提升：将物品 5 个为一组或 10 个为一组摆放，通过群数的方法得出物品总数会更简便快捷；如果剩下的数量不足 5 个，我们可以用接着数的方法，最终得出物品总数。

二、结伴游戏，探讨简单估数的方法。

① 与收集同种类物品的幼儿自愿结伴，尝试用目测的方法比较谁收集的物品多，谁收集的物品少，并估计出自己收集了几个，同伴收集了几个。

② 交流比较的结果与方法，思考根据刚才的交流我们获得了哪些信息。

观察指导要点

- 幼儿能否找到与自己收集的物品属于同种的伙伴。
- 幼儿能否通过目测的方法比较数量的多少；能否用5个一组（或10个一组）的摆放方法，估出自己物品的数量。
- 引导幼儿通过倾听、对比了解他人的估数方法，丰富自己的经验。

经验提升：估数就是根据已有参考量，快速估计出物品大概的数量，这个数量可以是准确的，也可以有一点差距，如 5 个一组摆放物品，摆了 4 排还多几个，我们就可以说我的物品有 20 多个，或者同伴的物品有 20 个，自己比同伴多几个，也可以说我的物品比 20 多一些等。

三、交流讨论，尝试运用估数的相关用语。

❶ 幼儿分成 4~5 组，在组内选择一名幼儿收集的物品作为参照量，其他幼儿与其比较，用语言描述自己物品的多少。如参照量是 20，可以说：我的物品比 20 多一点，或我的物品和 20 差不多等。

❷ 思考：如果都说“比 ×× 少”，是否能分出他们物品数量的多少？讨论如何说能够更准确地估数。

❸ 引导幼儿在比较物品时根据数量的多少说出“少一点”“少很多”“差不多”等估数时经常使用的相关用语。

观察指导要点

- 幼儿能否分清“多一点”“多很多”“少一点”“少很多”与“差不多”的区别。
- 幼儿能否根据参数较准确地估数。如我的树叶数量比20多一点，我的树叶数量和20差不多等。
- 当幼儿无法区分“多一点”“多很多”与“差不多”时，教师可以举例说明。

经验提升：估数时，我们可以使用“多一点”“多很多”“少一点”“少很多”“差不多”等用语，这样的描述能让估数更准确。

四、操作练习，掌握估数的方法。

❶ 使用实物材料小绒球练习估数：将绒球抓握在手里，确定一把绒球有多少个，然后估计一堆绒球有多少个。

❷ 取出幼儿探究游戏活动材料“我会估数”，尝试估出不同物品的数量。

❸ 同伴交流自己估出的数量，判断自己的估数是否准确。

观察指导要点

- 幼儿能否用估数的方法快速计数。

- 幼儿与同伴交流时教师要多关注、倾听，发现问题及时引导幼儿思考、纠正。

经验提升：当选项为准确数量时，我们可以通过与参照数比较的方法选出准确数量。如在 10、35、50 三个选项中，如果估出比 40 少一点，我们便可知道数量应该为 35。

★ 活动拓展

建构游戏前，可以鼓励幼儿先画出设计图纸，根据图纸尝试估出所需不同积木的数量。

★ 家园共育

在拾落叶、捡贝壳、洗水果等亲子活动中，带孩子练习估数，不断提高计数能力。

基数与序数

★ 活动目标

1. 体会序数与基数的不同意义。
2. 能区分序数和基数并正确进行表述。
3. 知道数字不仅可以表示物体的数量，还可以表示物体的次序。

★ 活动准备

1. 经验准备

正确点数物品数量，认识序数。

2. 物质准备

自备材料：数字卡片；活动前将小椅子排成一排（每 5 个在一个地面轮廓线里，表示一节车厢；每组椅子上贴有 1~5 的座位号，共 30 把椅子）；带有车厢及座位号的车票人手随机发放一张。

★ 活动建议

一、观察点数，正确使用基数计数。

❶ 创设游戏情境：我们要乘坐小火车去旅行，数一数小火车一共有几节车厢，每节车厢有几个座位，可以用数字几来表示。

❷ 出示数字卡片 6 和 5，说出 6 节车厢用数字 6 表示，5 个座位可以用数字 5 表示。提问：你是从哪里开始数车厢和座位的数量的？为什么？

观察指导要点

- 幼儿是否能关注到地面的车厢轮廓线，是否能正确点数车厢和座位的数量。
- 引导幼儿从火车头方向开始数车厢和座位的数量并做好标记。

经验提升：点数火车车厢的数量，要从火车头开始依次往后点数，最后的数字就是车厢的总数，可以用数字 6 来表示；座位的数量用相同的方法进行点数和计数。6 个车厢、5 个座位，这些用来表示物品数量的数字就是基数。

二、游戏演练，正确使用数字排序。

❶ 随机请某一个车厢里的 5 名小朋友排队候车，演示游戏玩法。

❷ 提问并讨论：谁应该第一个、第二个、第三个……上车？你的座位是几号？

❸ 按照排队的顺序有序上车，根据自己的车票找到对应车厢和座位。上车时引导幼儿说出："我在第 × 个车厢里，我是第 × 个上车，我的座位是 × 号。"

观察指导要点

- 排好队后，幼儿是否能正确说出自己上车的次序。
- 指导幼儿根据车票信息找到对应的车厢和自己的座位，并用基数和序数正确表述相关数量和次序。

经验提升：排在第一位的先上车，排在第二位的第二个上车……表示先后顺序的数字就是序数，常常用"第几"来描述。

三、游戏体验，根据情景区分基数和序数。

❶ 引导全体幼儿按照不同车厢的位置随机排队，有序上车，上车时鼓励幼

儿说出："我在第 × 个车厢里，我是第 × 个上车的，我的座位是 × 号。"

② 讨论：座位号是用来表述数量的基数还是用来表述次序的序数？

观察指导要点

- 逐一倾听幼儿使用基数和序数表述，发现错误及时更正。
- 重点讨论座位号是表示座位数量的，还是表示座位位置和顺序的，认真倾听幼儿各自的想法和观点。

经验提升：同一个数字在不同的场景中有不同的名字，有时候是基数，有时候是序数。基数指 1 个、2 个、3 个……用于表示物品的多少；序数指第一、第二、第三……用于表示物品的次序。座位号主要是描述一个座位在一个车厢整体布局中的位置和顺序，因此，座位号是序数。

四、观察讨论，发现序数具有可变性。

① 请任意一个车厢里的 5 名幼儿站到前面，说说一共有几个小朋友，5 个小朋友的 5 是基数还是序数，× × 排在第几位的"几"是基数还是序数。

② 请幼儿确定队伍中任意一个小朋友的次序，说说为什么次序不同。

观察指导要点

- 幼儿是如何确定某人在队伍中的次序的，是否有从不同方向数的意识。
- 重点讨论：小朋友的数量变了吗？什么发生了变化？

经验提升：在一个集合里，基数的数量是不变的，序数可以根据方位的改变而改变。

★ 活动拓展

结合一日生活，引导幼儿灵活使用基数和序数描述物体数量及次序。

数字比大小

★ 活动目标

❶ 感受数学符号的有用，对数学符号感兴趣。

❷ 能准确说出每种符号的名称。

❸ 认识“>”“<”“=”，初步理解算式表示的意义及数的大小关系。

★ 活动准备

❶ 经验准备

有用符号、数字进行记录的经验；能比较出10以内数的大小。

❷ 物质准备

配备材料：幼儿探究游戏活动材料“数字比大小”。

自备材料：数字卡片1~10。

★ 活动建议

一、站队游戏，巩固比较10以内数的大小。

❶ 幼儿围成一圈，教师做号令员，左右手各拿一张数字卡片，幼儿快速比较，找出大的那个数并在数字下站成一队。

❷ 幼儿理解游戏玩法后，可以轮流做号令员，反复游戏。

观察指导要点

- 幼儿是否能快速比较出数的大小，并按要求站好。
- 幼儿站队过程中是否有左右摇摆或从众的情况，如遇此情况需多关注并进行引导。

二、操作体验，认识大于号、小于号。

❶ 取出幼儿探究游戏活动材料“数字比大小”，将数字卡片及鳄鱼符号卡片取下来。

❷ 两人一组，将各自的数字卡片混合打乱后叠放在一起。

③ 轮流取卡片，将卡片放在一起进行比较，谁先把自己的鳄鱼符号摆正确，谁获胜。

④ 借助鳄鱼符号卡片引导幼儿认识符号“>”“<”。

观察指导要点

- 幼儿是否能正确辨识不同的符号，是否能准确地把鳄鱼嘴放在数字大的一面。
- 可以引导幼儿根据鳄鱼的大嘴进行联想，认识大于号、小于号。

经验提升：比较数的大小时可以使用大于号“>”和小于号“<”，“大口”对大数，“尖尖”对小数，“大口”在前是大于号，“尖尖”在前是小于号。

三、小组竞赛，巩固对数学符号的认识与理解。

① 三人一组，一人当裁判负责记录，两人对抗竞赛。

② 两套数字卡片打乱顺序叠放在一起，裁判在一摞卡片上面取出两张，平放在一起请两人进行比较，两人轮流选择符号卡（大于号或小于号）放在两数中间，并读出比较结果（如 5>3）。

③ 裁判要观察符号摆放是否正确，并记录两人获胜次数。

观察指导要点

- 幼儿是否能准确摆放大于号或小于号，并读出结果。
- 幼儿是否能发现符号摆放的正误，并及时纠正。
- 幼儿出现争议时，请裁判进行调解并说出某人获胜的原因。

经验提升：两个数字作比较，先读左面的数字，再依次向右读符号和后面的数字（如 5 大于 3，3 小于 5）。

四、交流讨论，理解等于号的实际意义。

① 交流讨论：大于号、小于号中开口表示数字大，尖角表示数字小，如果两个数字是相等的要如何表示？

② 认识等号，引导幼儿发现等号“=”的两边开口一样大，表示相等。

观察指导要点

- 幼儿是否能理解等号表示相等的意思。
- 教师在出示等号后不要急于告诉幼儿符号名称，要给幼儿一段思考的时间。

经验提升："="叫作等号。等号两边的开口一样大，表示两边的数量一样多，两边的数字是相等的。

★ 活动拓展

在益智区投放数字卡、点子卡、实物卡及大于号、小于号、等号，供幼儿玩比较大小游戏。

5以内加法

★ 活动目标

1. 体会加法运算在生活中的广泛应用。
2. 能根据情景进行 5 以内的加法运算。
3. 认识加号，理解加号和加法的实际意义。

★ 活动准备

1. 经验准备

有 5 以内物品分合的相关经验，认识等号。

2. 物质准备

配备材料：幼儿探究游戏活动材料"数学三明治"。

自备材料：创设超市情境，提供各种玩具或文具；每人一份购物清单（见活动资源）；4 以内的点子卡每人 1 张。

★ 活动建议

一、游戏体验，复习 5 以内数的组合。

玩“找朋友”游戏，一人做号令员，其他幼儿自选一张点子卡，在号令员身边围成一圈。

玩法：号令员用手势作出 2~5 中的任意一个数，幼儿根据出示的数两人一组结伴组合；游戏可以多次进行，号令员可以随时更换。

规则：幼儿间互相检查两人点子数合起来是否与号令员的手势吻合，错误者暂停一次游戏。

观察指导要点

- 幼儿是否能在每次游戏中准确找到伙伴，点子数合起来正好是号令员出示的数量。
- 关注语言表达能力稍弱的幼儿，为其提供讲述的机会。

二、记录分享，理解加法的实际意义。

❶ 幼儿分两次到超市里去选择物品，第一次选择后在记录单第一个格子里记录数量，第二次选择后在第二个格子里记录数量，统计一共有几个物品，把总数记录在最后的格子里。

❷ 与同伴分享自己的记录单，交流自己的发现。

观察指导要点

- 幼儿是否能按要求进行购买和记录。
- 幼儿是用点数的方法还是用加法算式计算出总数。

经验提升：加法表示两个以上数量合起来变成一个数；加法算式有两个及两个以上的数、加号和等号。

三、交流讨论，认识加号，理解加号的意义。

❶ 创设购物情境，利用实物口述应用题。例如：小兔子先买了 2 盒彩笔，又买了 1 盒彩笔，小兔子一共买了几盒彩笔？

❷ 列出算式，认识加号“+”，讨论符号所代表的意义。

观察指导要点

- 幼儿是否认识加号“+”，能否说出符号名称和意义。
- 是否能理解加号“+”的意义是把数量合在一起，变成一个总数。
- 对于理解能力较弱的幼儿，可以反复创设情境，帮助其理解。

经验提升：“+”叫作加号，读作“加”，表示把左右两个数合在了一起。加法算式表示左边的两个数加起来是右边这个数，读作几加几等于几（如 2+1=3）。

四、操作游戏，巩固练习 5 以内加法。

❶ 取出幼儿探究游戏活动材料“数学三明治”，将卡片逐一取下来，把同类卡片放在一起。

❷ 取菜叶和火腿片各 1 个，将菜叶和火腿片上的数字相加计算出结果，找到对应总数的两个面包片，夹在面包片中间即可。

❸ 讨论：在我们的生活中还有哪些地方会用到加法呢？

观察指导要点

- 幼儿是否理解并按照要求进行游戏操作；观察哪些幼儿是先找面包片进行逆运算的。
- 鼓励幼儿之间进行核检，当运算出现错误时观察是否能通过与同伴的交流自主发现并及时改正。
- 引导幼儿玩卖三明治的游戏，说说自己的三明治多少钱，为什么是这个价格。

经验提升：生活中经常会用到加法进行运算，比如购物花了多少钱，一共看了几本书，等等。

★ 活动拓展

继续创设超市情境，幼儿自主购买并进行购买记录。

活动资源

购物清单

第1次数量	第2次数量	总数量

5以内减法

活动目标

1. 感受减法在生活中的应用，体会数学的有用和有趣。
2. 能根据情境进行 5 以内减法运算。
3. 认识减号，理解减号与减法的实际意义。

活动准备

1. 经验准备

有 5 以内物品分合及 5 以内加法运算的相关经验。

2. 物质准备

配备材料：幼儿探究游戏活动材料“智慧停车”。

自备材料：5 以内数量的各种玩具等。

活动建议

一、体验游戏，复习 5 以内数的分解。

1. 收集数量为 5 以内的自然物或拿取活动区玩具，两人一组自由结伴。

❷ 分别把自己手中的物品分给好朋友。

❸ 同伴分享自己是如何将物品分给好朋友的，如自己有几个，分给同伴几个，还剩几个。

观察指导要点

- 关注幼儿语言表达是否完整，引导幼儿用数学语言描述分物品的过程。
- 幼儿能否准确描述总数、分出的数量与剩下的数量。

二、交流讨论，认识减号，理解减的意义。

❶ 思考并讨论：把物品分给同伴是否可以用加法？应该用哪种方法？

❷ 教师用实物演示，例如：小松鼠有 5 片叶子，送给小兔子 2 片，小松鼠还剩下几片叶子？要怎样列算式？

❸ 列出减法算式，认识减号“–”，讨论减号的实际意义。

观察指导要点

- 幼儿是否有减法相关经验，通过交流是否能说出减号的名字与减的意义。
- 对于理解能力较弱的幼儿，教师可以单独反复创设情境，帮助其理解。

经验提升：“–”叫作减号，它的作用与加号相反，“加”表示物品会越来越多，“减”表示物品会越来越少。当把物品分给别人时自己的物品数量变少了，就要使用减法运算。读减法算式的方法与加法相同，先读前面的数字，再依次读减号、第二个数字、等号和最后一个数字。

三、游戏体验，进一步理解减法的实际意义。

❶ 取出幼儿探究游戏活动材料“智慧停车”，计算停车位里的减法算式，得出正确结果。

❷ 将粘贴页中的汽车取下来，按照汽车上的数字（得数）把车停在正确的车位上。

观察指导要点

- 观察幼儿的计算结果是否正确；对计算比较慢或有困难的幼儿可以提供

一些便于操作的实物，借助实物进行运算。

- 鼓励幼儿根据汽车的颜色，快速核对操作粘贴的结果是否正确。

经验提升：在减法算式中第一个数是总数，也是最大的数，减掉的数与所剩下的数都是总数的一部分。

四、联系生活，感知减法在生活中的运用。

讨论：我们的生活中还有哪些地方会用到减法？

观察指导要点

- 幼儿是否能运用生活经验思考并讲述生活中的减法事例。
- 提醒幼儿说出与他人不同的生活实例。

经验提升：在我们的生活中经常会运用到减法，比如送给他人或吃掉一些物品后还剩下多少、自己的物品比同伴多多少或少多少等。

★ 活动拓展

1. 在日常吃葡萄等水果时说一说自己有多少水果，吃掉了多少，还剩多少。
2. 在数学区提供减法接龙卡，玩接龙游戏，进行巩固练习。

10以内加法

★ 活动目标

1. 对数的运算感兴趣，丰富加法运算的经验。
2. 能借助加法解决生活中的实际问题。
3. 学习 10 以内加法运算，进一步理解加法的实际意义。

★ 活动准备

❶ 经验准备

有 10 以内数的分合、5 以内加法的相关经验；知道爸爸妈妈的电话号码。

❷ 物质准备

配备材料：幼儿探究游戏活动材料“动物拉拉书”；电子图片“森林运动会”。

自备材料：笔。

★ 活动建议

一、碰球游戏，复习 10 以内数的分解组合。

❶ 教师做口令员和幼儿玩“碰球”游戏，例如：“碰 10 球，我的 1 球碰几球？”全体幼儿回答：“嘿嘿，我的 9 球碰 1 球。”重点碰 6~10 数量的球。

❷ 游戏反复进行，中途可让幼儿做口令员。

观察指导要点

- 发出口令的幼儿是否能快速判断其他幼儿回答得是否正确，并进行纠正。
- 幼儿是否能快速、准确地说出应碰的球数。
- 教师可以根据班级幼儿的情况更换口令员，口令员不能是单一的群体，如能力强的或不愿说话的要轮流担任。

二、实践体验，进一步理解加法的实际意义。

❶ 出示电子图片“森林运动会”，创设游戏情境：森林里要开运动会，小动物们都来参赛。

❷ 观察电子图片中的各种小动物，尝试用加法计算各种动物的数量。如有 3 只小青蛙在水中游泳，4 只在岸上休息，一共有 7 只小青蛙，加法算式为 3+4=7。

观察指导要点

- 幼儿是否能够根据图中提供的各种信息列出相应的加法算式并进行计算。
- 引导幼儿按照一定的顺序观察图片并口述相应的加法算式，进一步理解加法的实际意义。

经验提升：加法就是将两个或者两个以上的数、量合起来，变成一个数、量的计算；进行加法运算时，加号将各项连接起来。简单来说就是把两个数合并成一个数的运算。

三、计算游戏，巩固 10 以内加法运算。

❶ 取出幼儿探究游戏活动材料“动物拉拉书”，根据 10 以内数的分解组合，完成加法运算。

❷ 将图案沿线剪下来，按虚线进行正反折，做成“拉拉书”。两人一组，一人拉、叠小书并任意出示一个算式，另一人迅速说出答案，正确得 1 分，最后计算总分，分数多者为胜。

观察指导要点

- 幼儿是否能根据5以内加法运算的经验，正确完成10以内加法运算。
- 幼儿是否能独立完成“拉拉书”的制作并积极寻找伙伴进行游戏。
- 根据幼儿游戏的状态适当缩短或延长游戏时间，创新游戏玩法。

经验提升：借助 5 以内加法的经验，我们可以根据 10 以内数的分解、组合完成 10 以内的加法运算。

四、操作演练，解决生活中的实际问题。

❶ 计算本组小朋友的数量：本组男孩几人？女孩几人？一共有几个小朋友？

❷ 计算桌子上玩具的数量：筐里有 3 块积木，筐外有 7 块积木，一共有几块积木？

❸ 计算手指的数量：左手有 5 根手指，右手有 5 根手指，一共有几根手指？等等。

观察指导要点

- 幼儿是否能用加法解决生活中的数学问题，计算结果是否正确。
- 鼓励幼儿在生活中发现其他的加法问题，并积极列式、计算。

★ 活动拓展

结合一日生活，随时练习 10 以内加法运算。

10以内减法

★ 活动目标

❶ 体验减法在生活中的应用，对数的运算感兴趣。

❷ 能借助减法解决生活中的实际问题。

❸ 学习 10 以内减法，进一步理解减法的意义。

★ 活动准备

❶ 经验准备

有 10 以内加法和 5 以内减法的相关经验。

❷ 物质准备

配备材料：幼儿探究游戏活动材料“过生日”。

自备材料：雪花片、小瓶盖、小毛球等小玩具或小物品；创设超市情境，商品价格为 1~9 元不等，面值 5 元、10 元游戏纸币若干；购物清单（见活动资源）等。

★ 活动建议

一、猜数游戏，复习 5 以内减法。

❶ 玩“猜数”游戏：教师手里拿着 5 个雪花片，提问：“老师手里有几个雪花片？”将双手藏在背后，把雪花片分别放在两只手中，伸出左手提问：“老师左手有几个雪花片？右手有几个雪花片？”说说是怎么猜到的，并列出算式。

❷ 两人一组玩猜数游戏。

观察指导要点

- 幼儿是否能准确猜出右手的雪花片，能否列出算式。
- 幼儿是否能和同伴合作玩游戏，是否能检查出同伴的错误并帮助其纠正。
- 对无法准确列出算式的幼儿可以请伙伴进行演示，帮助幼儿理解游戏方法。

二、角色游戏，巩固减法的意义及在生活中的应用。

1. 自由讨论分配角色：收银员、导购员和购买者，购买者自取游戏币，准备购物。
2. 幼儿第一次购物，到收银员处结算，将购买的结果记录在购物清单上。
3. 分享交流第一次购物的结果，互相检查购物清单的记录，发现错误及时改正。
4. 根据剩下的钱数进行第二次和第三次购物，进行记录和检查。
5. 交换角色进行游戏。

观察指导要点

- 幼儿是否能自主进行角色协商和互换，角色分配过程中出现的问题是如何解决的。
- 幼儿是否能正确算出应该找回的金额并进行购物记录。
- 对10以内减法运算有困难的幼儿可以进行单独指导。

经验提升：生活中很多地方都需要用到减法，比如购物找钱等。

三、操作记录，巩固 10 以内减法。

1. 取出幼儿探究游戏活动材料“过生日”，先计算格子里的减法算式，把正确得数写出来。
2. 在粘贴页中取下标有得数的彩色拼图粘贴，贴在对应的格子里，说出给谁过生日。

观察指导要点

- 幼儿的减法算式计算结果是否正确；粘贴后的拼图图案是否正确。
- 鼓励幼儿根据拼图画面判断计算结果是否正确。

经验提升：借助 5 以内减法的经验，我们可以根据 10 以内数的分解，完成 10 以内的减法算式；拼图完成后是一只小猴。

★ 活动拓展

在分玩具、水果等日常游戏中，可让幼儿尝试用加减法运算解决。

★ 家园共育

结合生活情境，适时引导孩子进行 10 以内加减法运算。

★ 活动资源

购物清单

	付款金额	商品金额	剩余金额
第1次			
第2次			
第3次			

自编加法应用题

★ 活动目标

1. 对自编加法应用题感兴趣，体验创编应用题的乐趣。
2. 能借助情境图片自编 10 以内加法应用题。
3. 初步了解应用题的基本结构，学习根据情境提出条件和问题并进行解答。

★ 活动准备

1. 经验准备

掌握 10 以内加法运算。

2. 物质准备

配备材料：幼儿探究游戏活动材料“看图编应用题”；电子图片“自编加法应用题”。

自备材料：10 以内加法算式卡若干；贴有 10 以内加法运算结果的椅子；笔。

★ 活动建议

一、情境游戏，复习 10 以内加法运算。

1. 每名幼儿自选一张 10 以内加法算式卡，快速计算并得出正确结果。
2. 根据运算结果找到对应的座位号坐好。

观察指导要点

- 幼儿是否能根据纸卡上的加法算式快速计算出结果，迅速找到对应的座位号。
- 如果幼儿计算有困难，可以进行单独指导或鼓励同伴互助。
- 提醒计算结果相同的幼儿灵活更换座位。

二、描述应用题，感知应用题所表达的数量关系。

1. 出示电子图片“自编加法应用题”，引导幼儿描述图片的情节、数量和答案。

（1）出示图 1，提问：“第一个盒子里有几颗糖果？（4 颗）”出示图 2，提问：“第二个盒子里有几颗糖果？（6 颗）一共有几颗糖果？”

2. 尝试理解应用题所表达的数量关系。提问：“你是怎么知道一共有 10 颗糖果的？用什么方法计算？算式怎么列？算式中的 4、6、10 分别表示什么意思？”

3. 在黑板上列出该加法算式。

观察指导要点

- 幼儿是否能根据画面感知基本事件和数量关系。
- 幼儿是否能根据画面情节列出算式，理解部分数和总数的关系。
- 对于理解能力稍弱的幼儿可以多次举例，引导幼儿理解应用题所表达的数量关系。

经验提升：4 表示第一个盒子里有 4 颗糖果，6 表示第二个盒子里有 6 颗糖果，10 表示合起来一共有 10 颗糖果，加法算式为 4+6=10。

三、模仿应用题，感知应用题的基本结构。

❶ 模仿应用题的情节、数量，并尝试提出问题。

观察图 3，提问："有多少糖果？（10 颗）这些糖果有什么不一样？（大小：2 大 8 小；颜色：3 黄 7 粉；品种：5 根棒棒糖，5 颗普通糖果等）"

❷ 幼儿尝试根据糖果的不同特征，自编加法应用题。

（1）按大小分别放置糖果，请幼儿描述应用题，列出算式。

（2）按颜色分别放置糖果，请幼儿描述应用题，列出算式。

（3）按品种分别放置糖果，两人一组描述应用题，互相说出算式。

观察指导要点

- 幼儿是否能够看图正确说出应用题的情节和数量。
- 幼儿是否会运用"一共"提出问题。提问题是自编应用题的难点，教师要多次示范，不断强化幼儿的问题意识。
- 幼儿是否能根据创编的应用题列出算式并解答。

经验提升：创编加法应用题时先描述一个情境，其中包括两个数量，再提出一个关于两个数量合起来是多少的问题。在加法应用题中最常见的问题是：一共有多少？

四、自编应用题，丰富自编应用题的经验。

❶ 取出幼儿探究游戏活动材料"看图编应用题"，将卡片逐一取下来贴在背景图上合适的位置。例如：取出 10 只小鸟图片，摆放在树上 4 只，摆放在天空中 5 只，看图自编一道 10 以内的加法应用题：大树上有 4 只小鸟，天空中有 6 只小鸟，一共有多少只小鸟？

❷ 根据提供的画面和各种图片，自编几道加法应用题并列出算式和计算结果。

观察指导要点

- 幼儿自编应用题时，选择的材料是否为同类物品，如果不是要及时纠正。
- 幼儿是否能根据图片内容或者算式按照应用题的基本结构进行创编。
- 幼儿是否会提出问题而不是直接说出结果。

经验提升：按照应用题的基本结构自编应用题，创编加法应用题时要注意情节的合理性。

活动拓展

1. 抓住日常生活中的机会，如收拾物品、分发餐具等，尝试创编加法应用题。
2. 在活动区中投放适合创编加法应用题的情境图片，鼓励幼儿玩编题游戏。

自编减法应用题

活动目标

1. 对自编减法应用题感兴趣，乐意解答问题。
2. 能借助情境图片自编 10 以内减法应用题。
3. 巩固应用题的基本结构，熟练根据情境提出条件和问题并进行解答。

活动准备

1. 经验准备

掌握 10 以内减法运算。

2. 物质准备

配备材料：幼儿探究游戏活动材料“看图编应用题”；电子图片“自编减法应用题”。

自备材料：10 以内减法算式若干。

活动建议

一、运算游戏，复习 10 以内减法运算。

1. 每名幼儿自选一张 10 以内减法算式，快速计算出结果并写出得数。
2. 寻找和自己运算结果一样的同伴坐在一起，互相核对和检验。

观察指导要点

- 幼儿是否能根据纸卡上的减法算式正确速算出结果。
- 幼儿是否能找到和自己运算结果相同的伙伴，当出现运算错误时是否能主动更改。
- 观察哪些幼儿10以内减法运算速度较慢或有困难，及时给予指导。

二、描述应用题，理解应用题所表达的数量关系。

❶ 出示电子图片“自编减法应用题”，引导幼儿描述图片的情节、数量和答案。

（1）图 1：花丛中有 9 只蝴蝶。图 2：飞走了 4 只蝴蝶。图 3：剩下 5 只蝴蝶。提问：“花丛里发生了什么事情？谁能来说一说？”

（2）再次出示图 1 并提问：“花丛里原有几只蝴蝶？飞走了几只蝴蝶？还剩下几只蝴蝶？”

❷ 引导幼儿理解应用题所表达的数量关系：“你是怎么知道剩下 5 只蝴蝶的？用什么方法计算？怎么列算式？算式中的 9、4、5 表示什么意思？”

❸ 在黑板上列出该减法算式。

观察指导要点

- 幼儿是否能说出图片中的基本情节和蝴蝶的数量。
- 幼儿是否能将图3蝴蝶的数量与前两张图片中蝴蝶的数量建立联系（即总数和部分数的关系）。
- 对于理解困难的幼儿可以反复举例帮助幼儿加深理解。

经验提升：9 只蝴蝶是花园里蝴蝶的总数，飞走的 4 只蝴蝶是部分数，还剩下的 5 只蝴蝶是另一部分数。

三、仿编应用题，熟悉自编应用题的基本结构。

出示电子图片，说出下面应用题的情节和数量，学会提出问题并列出算式进行解答。

（1）图 4：停车场里有 8 辆车。图 5：开走了 5 辆。请幼儿描述应用题并列出算式。

（2）图 6：桌上有 9 个苹果。图 7：小朋友吃掉了 2 个。请幼儿描述应用题并列出算式。

观察指导要点

- 幼儿是否能够看图正确说出应用题的情节和数量。
- 幼儿是否会运用“剩下”提出问题，教师可多次演示，不断强化幼儿问题意识。
- 幼儿是否能根据创编的应用题列出算式并解答。

经验提升：创编减法应用题要先描述一个情境，其中要给出总数和一个部分数量，最后提出想知道另一部分数量的问题。在减法应用题中最常见的问题是：还剩多少？

四、自编应用题，进一步理解减法的实际意义。

取出幼儿探究游戏活动材料“看图编应用题”，尝试操作图片创编减法应用题，并把自编的减法应用题讲给老师或同伴听。例如：“大树上有 10 只小鸟，飞走了 6 只小鸟，大树上还剩几只小鸟？”

观察指导要点

- 使用卡片，借助情境自编应用题时，幼儿是否能先点数总数再列出减法算式。
- 幼儿是否能根据图片内容或者算式按照应用题的基本结构进行创编。
- 引导幼儿提出问题而不是直接说出结果，对于直接说出结果的幼儿要引导其先提出问题，再根据问题列式计算。

经验提升：按照应用题的基本结构创编减法应用题时，提出的问题中要使用“还剩”而不是“一共”。

★ 活动拓展

1. 在日常生活中利用餐点、消耗材料等机会，引导幼儿创编减法应用题。
2. 在活动区中投放适合创编减法应用题的情境图片，鼓励幼儿进行创编。

认识人民币

★ 活动目标

1. 体会人民币在生活中的应用，对钱币的简单换算感兴趣。
2. 尝试进行简单的人民币换算。
3. 认识不同币值的人民币，知道人民币有纸币和硬币两种。

★ 活动准备

1. 经验准备

对人民币有一定的认知经验。

2. 物质准备

自备材料：不同面值的人民币；创设超市情境，每种商品上贴上价格标签粘贴。

★ 活动建议

一、观察交流，认识不同面值的人民币。

1. 幼儿 4~5 人一组，每组一套实物人民币，自由观察交流。
2. 各组分别汇报和分享关于人民币的经验，其他组员可以补充说明。

观察指导要点

- 在交流过程中，幼儿对人民币有哪些已有经验，能否说出人民币不同的面值。
- 幼儿是否能通过与同伴的交流获得关于人民币的有用信息。
- 幼儿是否能对不同面值的人民币进行简单的换算。
- 引导幼儿通过倾听获得有关人民币的更多经验。

经验提升：人民币有纸币也有硬币，它们的颜色不同、大小也不同。人民币上印有不同的数字，我们可以通过数字知道人民币的金额。

二、分类游戏，巩固对人民币的认知。

1. 使用实物人民币，说说自己手中的人民币分别是多少钱。
2. 将小组成员的所有人民币进行分类整理，并说出每种面值的总金额。

观察指导要点

- 幼儿是否能通过数字和钱币大小判断出钱币金额，并准确说出人民币的金额。
- 幼儿是否能按照不同面值进行分类；是否能够同单位间进行金额累加，如5个10元是50元等。
- 关注幼儿的分类情况，出现问题及时引导组内成员进行调整。

经验提升：同一面值的人民币中，最大的单位是元，小一点儿的是角，最小的是分。2 元、5 元、10 元、50 元、100 元没有硬币；100 元是红色的，50 元是绿色的，20 元是棕色的，10 元是蓝黑色的，5 元是紫色的，1 元是橄榄绿色的。

三、游戏体验，理解人民币的换算关系。

1. 幼儿在 1、2、5、10 元中自选一张人民币，听到几元的口令就要几个人抱在一起，如 5 元可以 5 个拿 1 元的人抱在一起，或者 2 个 2 元和 1 个 1 元的抱在一起，拿 5 元的可以抱住自己等。
2. 抱团成功后，举起手中钱币，同伴间互相检查，发现错误及时调整。
3. 游戏反复进行，口令员可以轮换。

观察指导要点

- 幼儿是否能准确找到合适的抱团伙伴，游戏中的准确率如何。
- 幼儿是否能发现抱团错误的组别，并清楚地说出错误的原因。
- 幼儿手中的人民币可以随时调整，避免整个游戏只拿一种面额。

经验提升：人民币之间可以进行换算，换算的方法多样，比如 5 元可以换成 5 个 1 元，也可以换成 1 个 2 元和 3 个 1 元，还可以换成 2 个 2 元和 1 个 1 元；10 元可以换成 10 个 1 元或 5 个 2 元或 2 个 5 元。

四、角色游戏，感受人民币换算的应用。

❶ 自由讨论分配角色：收银员（负责收款）、导购员（负责理货并为不会付款的幼儿解答付款问题）、购买者等。

❷ 将实物人民币票样中的1元、2元、5元放到收银员处，购买者每次购物带一张10元金额的人民币。

❸ 在班级超市中自由购物，到收银员处结算，感受人民币换算在生活中的意义。

观察指导要点

- 幼儿是否能通过协商解决角色分配的问题。
- 幼儿是否能根据手中人民币金额进行购物；购物过程中是否有换算错误，能否及时发现并改正。
- 收银员是否能正确回答关于付款、换算方面的问题。
- 教师可以以游戏角色加入游戏，及时发现不同角色的付款问题，并进行引导。

经验提升：生活中购买任何物品都需要人民币，在购买物品时我们可以运用学过的运算知识，来完成购买任务。

★ 活动拓展

在角色区中投放一些人民币票样，幼儿可以在区域活动时间继续游戏。

★ 家园共育

家长可给孩子提供不同面值的真实人民币，并定期进行实地购物，帮助幼儿进一步认知和使用人民币，初步感知不同面值之间的简单换算关系。

整点和半点

★ 活动目标

❶ 感受时间与日常生活的关系，建立时间概念。

❷ 能够区分时针、分针。

❸ 了解钟面结构，认识整点、半点。

★ 活动准备

❶ 经验准备

知道幼儿园入园、午睡、吃水果、离园等基本生活作息时间。

❷ 物质准备

配备材料：幼儿探究游戏活动材料“自制时钟”；实物材料两脚钉。

自备材料：每人一面可以拨针的小时钟。

★ 活动建议

一、观察交流，了解时钟的钟面结构。

❶ 幼儿自由观察自己与同伴的时钟。

❷ 交流自己在时钟上看到了什么，它们的名字叫什么，都有哪些作用。

观察指导要点

- 幼儿是否能仔细观察不同的时钟，并说出时钟上的细节。
- 幼儿是否能说出时针、分针、时间等信息，对时钟的已有经验是什么。
- 重点引导幼儿通过倾听、观察了解钟面结构。

经验提升：时钟有一个钟面，钟面上有长短不同的两个或三个指针，最粗、最短的叫作时针，比时针细又长的叫分针，最细最长的是秒针。钟面一圈有12个大格，上面有数字1~12，每个大格中间有5个小格。

二、游戏体验，认识整点。

❶ 将时钟拨到任意一个整点的位置，说出钟面的时间。

❷ 讨论某个整点时，时针和分针分别在哪个位置，引导幼儿发现几点时针就指向数字几，分针指向12。拨到其他整点幼儿再次观察。

❸ 游戏“老狼老狼几点了”：教师扮老狼，幼儿在身后问：“老狼老狼几点了？”教师回答：“1点了。”幼儿用时钟拨出对应时间，互相检查时针拨得对不对，当拨到12点时幼儿要四散逃离“老狼”的追捕。

❹ 在多次游戏后，也可以由幼儿扮老狼组织游戏。

观察指导要点

- 幼儿是否能在游戏中准确拨出整点。
- 幼儿是否能较清楚地总结出整点时分针指向12，时针指向几就是几点。
- 组织游戏时提醒幼儿尽量拨出不同的时间，避免经常出现同一时间。

经验提升：整点时，分针指向 12，时针指向几就是几点。

三、认识半点，感知时针、分针的运转方向与关系。

❶ 交流自己的作息时间，并将自己的时钟拨到起床的时间 7 点。

❷ 请幼儿将分针从 12 顺时针拨到 6 的位置，交流指针的变化，猜一猜现在的时间。

❸ 讨论某个半点时，时针和分针分别在哪个位置。拨到其他半点幼儿再次观察。

❹ 两人一组分别拨一拨时间，说一说这个时间自己在做什么。如 7 点半吃早餐、9 点半户外游戏、2 点半间点等。

观察指导要点

- 幼儿是否能观察到从7点到7点半指针的变化。
- 当时针指向两个数字中间时，幼儿是否能说出准确的时间，如在7和8中间时是7点半。
- 重点引导幼儿关注半点时时针的位置，可以利用“7点半是7点过半”等类似口诀加深记忆。

经验提升：当分针转动时，时针也随着转动；分针转一圈，时针走一格。当半点时，分针指向 6，时针指向两个数字中间，时针刚刚走过几就是几点半。

四、动手操作，巩固整点和半点。

❶ 取出幼儿探究游戏活动材料“自制时钟”，借助实物材料两脚钉按照提示尝试动手制作一个小时钟。

❷ 按照教师或同伴的指令拨出相应的时间。

观察指导要点

- 幼儿是否能独立完成小制作活动；重点指导两脚钉的安装。
- 哪些幼儿能拨出正确的时间并说出来；对有困难的幼儿应及时指导和帮助。
- 重点关注和指导半点时分针所在的位置。

经验提升：整点时，分针指向 12，时针指向几就是几点；半点时，分针指向 6，时针指向两个数字中间，时针刚刚走过几就是几点半。

★ 活动拓展

❶ 户外活动时可继续玩游戏“老狼老狼几点了”，巩固幼儿对整点、半点的认识。

❷ 在区域中投放各种时钟，如计时器、电子闹钟等，丰富幼儿对时间表示方式的认知，正确认读时间并树立管理时间的观念。

★ 家园共育

家中悬挂一面时钟，结合生活实际引导孩子加深对整点和半点的认知。

量的守恒

★ 活动目标

❶ 体会量的守恒现象，对量的守恒感到好奇。

❷ 能不受物体位置、形状等条件的影响做出正确判断。

❸ 初步感知量的不变性，理解量的守恒。

★ 活动准备

❶ 经验准备

有使用量杯的相关经验。

❷ 物质准备

自备材料：大小不同的塑料量杯每组一套；人手一个矿泉水瓶；脸盆、透明水杯、饮料桶各一个，抹布若干。

★ 活动建议

一、结伴游戏，感受数量守恒。

❶ 自由分组，每组人数相同，每组拉成一圈，边走边讨论做什么造型。

❷ 音乐停，各组摆出造型并说出几人摆出什么造型（如 5 人摆出一朵花），游戏可以反复进行。

❸ 交流自己组分别摆出了哪些造型，人数是否有所改变。

观察指导要点

- 幼儿是否能在音乐结束后快速说出自己组的人数及摆出的造型。
- 引导幼儿总结出无论造型如何改变，本组人数始终没变。

经验提升：每个小组的人数不会受所站位置、所做造型的影响，无论如何变化人数都不会改变，也就是数量守恒。

二、猜想验证，体会容器大小与水量的关系。

❶ 提前将等量的自来水分别倒入脸盆、透明水杯、大饮料桶中，请幼儿观察，说说哪个容器中的水最多，为什么。

❷ 验证：将三种容器中的水倒入三个相同大小的矿泉水瓶中进行对比和验证。

观察指导要点

- 幼儿是如何判断水量多少的，是否受到容器大小的干扰。
- 幼儿是否能够很好地理解验证结果，即用相同的容器才能正确地比较水量的多少。
- 可以请个别幼儿倒水验证。借助合适的漏斗可以更好地完成倒水游戏。

经验提升：水量的多少与容器的大小有关，容器越大（小），装的水越多（少）。比较不同容器里的水量时，需要借助相同的容器进行测量。验证结果显示，三个容器里的水是一样多的，但装在大的脸盆里显得最少，装在小的水杯里显得最多。

三、观察操作，感受体积守恒。

❶ 每组投放一套量杯（大小、粗细各不同），每人选择任意一个量杯，并将矿泉水瓶接满自来水。

❷ 将瓶中的水倒入自己的量杯中，感受小组内不同量杯中水位的不同。

❸ 鼓励幼儿之间分享交流自己的发现。

观察指导要点

- 幼儿是否能发现当相同量的水倒入不同量杯中时，水位是不同的。
- 鼓励幼儿积极讨论水位不同的原因。

经验提升：量杯容器的大小、粗细不同，水位也是不同的。

四、讨论验证，进一步理解体积守恒。

❶ 猜测、讨论：哪个量杯中的水多？哪个水少？

❷ 将量杯中的水重新倒回水瓶中，比较瓶子水位的高低，进行验证。

观察指导要点

- 幼儿之前是否观察到水瓶中的水位是相同的，是否能借助之前的经验进行正确判断。
- 哪些幼儿能发现杯子上的刻度，并根据刻度判断三杯水一样多。
- 通过实验引导幼儿调整自己错误的猜测和判断。

经验提升：相同量的水装在大小、粗细各不同的容器里，虽然水位看起来不一样，但水量的多少是不会改变的。

★ 活动拓展

将不同量杯投放到活动区，鼓励幼儿在区域活动时继续探索体积守恒。

★ 家园共育

结合生活中各种量的守恒现象，帮助孩子进一步获得相关的数学经验，如用不同大小的容器收纳食物等。

多变的图形

★ 活动目标

1. 对图形拼摆与组合游戏感兴趣。
2. 能进行较为复杂的图形分解与组合。
3. 认识七巧板，理解七巧板图形间的组合与替代关系。

★ 活动准备

1. 经验准备

认识常见平面图形，有图形拼摆的相关经验。

2. 物质准备

配备材料：实物材料七巧板；幼儿探究游戏活动材料“七巧板”；视频《七巧板》。

★ 活动建议

一、观察交流，认识七巧板中的图形及数量。

1. 使用实物材料七巧板，自由摆弄。
2. 说一说七巧板中有哪些图形，每种图形有几块。
3. 观看视频《七巧板》。

观察指导要点

- 幼儿是否能准确说出七巧板中每种图形的名称与数量。
- 幼儿是否能主动尝试复原七巧板或摆出各种图案。
- 如果幼儿无法记住七巧板的图形及每种图形的数量，可以将七巧板的画面定格在屏幕上。

经验提升：七巧板是中国一种传统的智力玩具，由七块图形板组成，分别是 1 块正方形、1 块平行四边形、5 块三角形（2 大、2 小、1 中）。

二、自主操作，感知图形间的组合与替代关系。

1. 尝试用七巧板摆出不同造型。
2. 交流自己用七巧板可以摆出哪些图形或图案，自己在拼摆过程中有哪些发现。

观察指导要点

- 幼儿能否准确描述出自己用了哪些图形，摆出了什么图形或图案。
- 幼儿在拼摆过程中是否能自主发现图形间相互组合与替代的关系。
- 幼儿能否将自己的发现用数学语言清晰表达，如我用了两个小三角形拼出一个中号的三角形等。
- 对用数学语言进行表达的幼儿予以表扬，鼓励其他幼儿也使用数学语言进行描述。

经验提升：两个图形通过旋转、平移等不同的拼摆方式可以组成多种图形。例如：2 个小三角形可能组成 1 个正方形，也可能组成 1 个大一点的三角形；2 个小三角形组合成的正方形与七巧板中的正方形一样大，组合成的三角形与七巧板中的中三角形一样大。

三、竞技比赛，理解图形间的组合替代关系。

1. 自由结伴分成 4~6 组，教师说出一种图形，幼儿尝试用手中的七巧板进行拼摆组合。
2. 先完成的幼儿可以为自己组争得一分，方法最多的小组也可以为自己组争得一分。
3. 游戏可以反复进行，也可以由每组代表轮流说一个图形，各小组进行拼摆比赛。
4. 每种图形摆完后可以将不同的方法分享给同伴，最终分数最高一组获胜。

观察指导要点

- 幼儿是否能按要求完成拼摆任务。
- 幼儿是独立完成拼摆还是通过观察、模仿他人完成拼摆任务的。
- 关注急躁幼儿的情绪，引导其静心思考，不受他人干扰完成拼摆。

经验提升：同一种图形可以由不同的图形组成，如2个三角形可以组合成1个正方形，2个小三角形和1个中三角形也可以组合摆出1个正方形，2个大三角形、2个小三角形、1个正方形和1个平行四边形还可以组合成1个正方形。

四、操作游戏，练习较为复杂的图形分解与组合。

取出幼儿探究游戏活动材料“七巧板”，观察分析图示上的图案轮廓，尝试用给出的七巧板拼出飞机和火箭的图案。

观察指导要点

- 幼儿是否能运用旋转、翻转、平移等方法独立完成图案拼摆。
- 哪些幼儿拼摆速度比较快。
- 引导幼儿沿着图形的边缘进行拼摆。

★ 活动拓展

在益智区投放实物材料七巧板及拼摆图案，供幼儿继续探索游戏。

★ 家园共育

可以在家庭中投放木质七巧板，和孩子一起玩七巧板创意拼摆游戏。

★ 活动资源

七 巧 板

七巧板是一种拼板玩具。用正方形薄板分截为7块，拼排成多种多样的事物图形，例如：三角形、平行四边形、不规则多边形，各种人物、动物、桥、房、塔等。七巧板广泛流传于世界各国，在国外被称为“唐图”，意即中国的图板。

立体图形

★ 活动目标

1. 对立体图形感兴趣，体会立体图形和平面图形之间的关系。
2. 能区分、辨识常见的立体图形。
3. 认识正方体、长方体、球和圆柱，了解其外形特征。

★ 活动准备

1. 经验准备

认识常见平面图形，在生活中用不同的立体积木玩过搭建游戏。

2. 物质准备

配备材料：幼儿探究游戏活动材料“立体图形”；实物材料账绳。

自备材料：长方形和正方形纸盒、球状物品（乒乓球、皮球等）、圆柱物品（牛奶罐、奶粉罐、圆柱积木）等；纸、笔每人一份；两个大筐。

★ 活动建议

一、自由感知，认识立体图形。

1. 幼儿选择自备的任意材料进行观察和游戏，并积极与同伴交流和分享。
2. 说一说自己选择的物品有哪些特点，如有几个面、每个面是否一样，自己是否知道该立体图形的名称。

观察指导要点

- 幼儿是否认识自己选择的物体形体名称，对立体图形有哪些认识和了解。
- 幼儿是否能说出自己选择物体的每个面的名称。
- 在与同伴的交流中，是否能获得有关立体图形的相关经验。
- 引导幼儿在交流中注意倾听他人的不同想法来获取更多关于立体图形的知识。

经验提升：这些材料都是立体图形，包括长方体、正方体、圆柱、球等。它们的各部分不都在同一个平面内。

二、给纸盒做标记，区分长方体和正方体。

1. 每人自选一个纸盒，将盒子的每个面按照数序依次写上数字。
2. 说说自己的纸盒有几个面，每个面是什么图形，纸盒是正方体还是长方体。

观察指导要点

- 幼儿是否能总结出纸盒有6个面并能正确指认正方形和长方形。
- 幼儿是否能准确说出盒子的名称。
- 幼儿是否能通过交流发现长方体与正方体的区别。
- 拿不同立方体的幼儿可以进行比较，通过比较发现长方体与正方体的不同。

经验提升：正方体和长方体都有 6 个面，正方体的 6 个面都是正方形，长方体的 6 个面一般都是长方形，特殊情况时有两个相对的面是正方形。

三、分类游戏，区分圆柱与球。

1. 幼儿将球与圆柱体材料进行分类并装在两个筐中。
2. 交流自己分类整理的原因，说说它们的异同。

观察指导要点

- 幼儿是否能准确地区分球和圆柱。
- 幼儿是否能说出圆柱和球的基本特征。
- 关注幼儿的分类是否正确，如果有错误及时纠正。

经验提升：球从任何方向看都是圆圆的，可以向不同方向滚动；圆柱体只能向两个相反的方向滚动，两头有两个一样大的圆，中间由长方形绕它的一边旋转一周而形成。

四、操作练习，巩固对立体图形的认知。

1. 取出幼儿探究游戏活动材料“立体图形”，观察图中的平面图形是什么样子的，变成立体图形后会是什么。

② 取下卡片，根据图例和提供的文字、序号，用实物材料账绳穿过小孔洞，轻轻拉拽后将平面图形变成立体图形。

观察指导要点

- 幼儿是否能说出平面组合图形中每个图形的形状。
- 幼儿是否能通过观察判断出展开图所对应的立体图形，是如何判断的。
- 重点指导穿绳的先后顺序和穿绳的正反方向，必要时进行演示。

★ 活动拓展

提供立体图形的展开图，幼儿尝试制作各种纸盒。

★ 家园共育

找一找日常活动中有哪些正方体、长方体、球与圆柱体的物品。

左和右

★ 活动目标

① 对辨别方位感兴趣，乐意观察和比较。

② 能以自身和客体为中心辨认左右。

③ 理解左右的位置关系及其相对性。

★ 活动准备

① 经验准备

知道自己的常用手是左手还是右手。

② 物质准备

配备材料：幼儿探究游戏活动材料“戴手环”。

自备材料：粘贴、娃娃玩偶、笔。

★ 活动建议

一、口令游戏，以自身为中心辨识左右。

1. 将粘贴贴在自己的左手上，确定自己的左边。
2. 教师发出口令，如举左手、举右手、伸左脚、向左转、向右走一步等，幼儿按口令快速反应并做动作。
3. 口令开始时可以慢一点儿，随着游戏水平逐渐加快。

观察指导要点

- 幼儿是否能仔细倾听口令，分清自己的左右并及时做出动作。
- 幼儿是否能根据手环分辨出自己动作的对错，发现错误时能及时调整。
- 当幼儿不能发现错误时要及时指出，引导幼儿进行调整。

经验提升： 游戏时幼儿可以根据粘贴判断自己或他人的动作是否正确。有粘贴的左手一侧是左面，没有粘贴的右手一侧是右侧，向左转时要转向左手方向，向右走时要向没有粘贴的右手方向走。

二、应变游戏，提高辨识左右的综合能力。

1. 教师做号令员并面向全体幼儿，边做动作边说指令，如举左手、向左转等。
2. 幼儿排除教师动作的干扰，按照发出的口令要求做动作。
3. 讨论：谁的动作做得对？谁做得不对？

观察指导要点

- 幼儿是机械模仿教师的动作，还是以自身为中心区分左右做动作。
- 幼儿是否能判断动作的正误，并说出自己的理由。
- 幼儿是否能发现教师的朝向与自己的朝向是相反的，如果不能要及时引导。

经验提升： 教师的朝向与小朋友的朝向是相反的，就像照镜子一样。从你们方向看，我的右手是你们的左手，我的左手是你们的右手；从我的方向看，你们的左脚对着我的右脚，你们的右脚对着我的左脚。所以，左和右的位置是相对的，要看以谁为中心。

三、实践体验，以客体为中心区分左右。

❶ 两人自由结伴并面对面坐好，互相说一说自己的左边是什么、右边是什么，发现自身的左右方位与对方客体是相反的。

❷ 将玩偶娃娃摆在前面的桌子上，说说娃娃的左手在哪里、右腿在哪里，娃娃的左边是什么、右边是什么等。

观察指导要点

- 幼儿是否能发现对面同伴左右两边的事物和自己左右两边的事物是相反的。
- 幼儿是否能以客体为中心正确判断左右方位。
- 关注幼儿游戏情况，鼓励同伴及时发现对方的错误并进行调整。

经验提升：当事物和我们面对面时，它的左右方向和我们是相反的，即它的左边就是我们的右边，它的右边就是我们的左边。

四、动手操作，巩固辨别左右的方法。

❶ 取出幼儿探究游戏活动材料“戴手环”，观察图片中的小朋友举起的是哪只手。

❷ 沿轮廓线剪下纸环围合粘贴，然后戴在对应的手腕上。

观察指导要点

- 幼儿是否能通过模仿和对比自己的手势确定左右手。
- 引导幼儿观察、比较左右手的纸环颜色是否一样，及时纠错。

经验提升：判断图中的左右手，可以用自己的手模仿动作，看一看哪只手能模仿出来，就可以判断出图中的左右手；当人物和我们面对面时，他的左边就是我们的右边。

★ 活动拓展

❶ 在益智区投放左右手的手势、手影图片，幼儿可以在模仿手势、做出手影的过程中巩固练习区分左右。

❷ 在阅读区投放认路的图片、地图，幼儿可以通过描述人物的行走路线，如向左转、向前走、再向右转到达 ×× 地点，巩固练习区分左右。

换位观察

★ 活动目标

❶ 对从不同视角观察物体感兴趣，并愿意积极探索。
❷ 能从不同角度辨认、表征物体并作出正确的判断。
❸ 发现同一物体在不同视角下的特征，感知物体的不同视图。

★ 活动准备

❶ 经验准备

对方位有一定的认知，能区分物体的前后左右。

❷ 物质准备

配备材料：幼儿探究游戏活动材料“换位观察”；电子图片“换位观察”；视频《拍扁法》。

自备材料：四个一样的娃娃或玩具。

★ 活动建议

一、观察游戏，从不同视角观察物体。

❶ 幼儿分成 4 组，每组中间摆放一个娃娃，幼儿可以在不同方位观察娃娃，并与同伴交流自己看到的是娃娃的哪一面。

❷ 教师从不同角度对娃娃进行拍摄，出示拍摄的照片，请幼儿指认是从哪个角度拍摄的。

观察指导要点

- 幼儿是否能在交流时清楚、准确地说出自己所在方位与看到娃娃的样态。
- 幼儿在看到拍摄的照片后是否能准确说出照片拍摄的位置。
- 引导幼儿分别站在不同位置观察娃娃，最终确定拍摄娃娃的位置。

经验提升：从不同的角度看同一个物体，角度不同看到的画面是不同的；前和后、左和右看到的画面常常是相对的。

二、观察记录，表征物体不同角度的视图。

❶ 收集与幼儿探究游戏活动材料“换位观察”中一致的积木，并摆放成图中的样子。请幼儿观察思考从前面、侧面、上面不同角度，观察彩色积木塔楼会是什么样子的，然后在操作单上的空白格子里涂上对应的颜色。

❷ 与同伴交流自己的操作结果。

❸ 观看视频《拍扁法》，理解视图。

观察指导要点

- 幼儿是否能准确涂上对应的颜色。
- 幼儿是否能通过与同伴的交流发现自己的错误，并进行调整。
- 观看视频后幼儿是否能理解视图。
- 涂色时可以不全部涂实，而采用在格内画满斜线的方法节省涂色时间。

经验提升：观察物品时，我们可以尝试从观察的方向将物体“拍扁”，将立体图形拍扁后得到的平面图形就是物体的一个视图。

三、抢答游戏，巩固练习不同角度的物体视图。

❶ 出示电子图片“换位观察”，说说图中不同角度的水壶分别是哪个小朋友看到的，为什么。

❷ 使用实物进行观察和验证，巩固练习不同角度的物体视图。

观察指导要点

- 幼儿是自己思考后得出的结论还是看同伴得出的结论。
- 了解一些幼儿判断失误的原因，找出易错点，及时调整教育思路。

★ 活动拓展

在活动区内提供不同玩具多方位的拍摄照片，幼儿可以寻找玩具并通过多方位观察找出照片拍摄的方位。

★ 家园共育

在生活中尝试从不同角度看事物，感受事物不一样的视觉感受。

有用的平面图

★ 活动目标

1. 乐意参与实践游戏，愿意交流、分享对平面图的感受与经验。
2. 能根据平面图寻找事物；尝试绘制简单的平面图。
3. 了解平面图绘制的基本要求，知道平面图上的景物比实际景物小。

★ 活动准备

1. 经验准备

活动前带领幼儿在园内或周边社区观察与体验不同建筑物所在方位，并引导幼儿用一定的符号来表示一定的事物。

2. 物质准备

配备材料：幼儿探究游戏活动材料“平面图”。

自备材料：收集房屋销售的平面图；幼儿室外平面图。

★ 活动建议

一、观察讨论，初步认识平面图。

1. 人手一份平面图，如房屋平面图，说说平面图上都有什么，各代表什么。
2. 幼儿之间自由讲述、交流自己的发现及对平面图的理解。
3. 讨论：平面图在生活中有什么用处？

观察指导要点

- 通过倾听和观察，了解幼儿对平面图的已有经验有哪些。
- 幼儿是否能说出平面图所表达的大致内容。
- 关注幼儿的倾听习惯，引导幼儿通过倾听获取更多的经验。

经验提升：平面图是在平面上显示的图形，是把地面景物垂直投影到地面上，按照规定的符号和比例缩小而绘制的相似图形。

二、实地体验，感受图纸与实景的关系。

❶ 在幼儿园操场观察周围的景物，如楼体、大型玩具、游戏区、花草树木等。

❷ 讨论：楼房、树木、玩具等可以用什么简单符号来替代？

❸ 有条件的幼儿园可以和幼儿一起俯瞰操场，进一步感受平面图与地面景物的关系。

❹ 出示绘制好的幼儿园室外平面图，图景结合帮助幼儿理解实物与平面图的关系。

观察指导要点

- 幼儿是否对周围景物有一定的观察和表达的兴趣。
- 幼儿是否能创造性地说出各种事物的表征符号。
- 在观看平面图时，幼儿是否能与实景建立联系并正确表述事物之间的位置关系。
- 对理解能力较弱的幼儿可以引导其边看实物，边对应平面图，帮助幼儿理解实物与平面图的关系。

经验提升：平面图的景物比实际景物小；平面图上有表示各种景物的符号；平面图上的四周代表东西南北四个方向；平面图是从高处向下看的效果，看到平面图就能知道实际景物的布局。

三、看图寻物，发展空间知觉及表征能力。

❶ 人手一张幼儿园室外平面图缩小版图片，观察后说说图中的玩具在哪里。（提前将各种玩具按照标记位置藏好）

❷ 观察平面图上线条标出的寻找不同玩具时必经的道路或标志物等。

❸ 将幼儿带到路线的起点，按照图中的指示寻找指定的玩具。

观察指导要点

- 幼儿是否能根据平面图判断并描述玩具所在的正确位置。
- 幼儿是否能按照平面图中的指定路线途径、标志物等找到玩具。
- 哪些幼儿能快速找到？哪些幼儿有困难？适时进行引导。

经验提升：看图寻物要从起点出发，注意观察路线的方向与周围明显的标志物（如可以在一些地方放置椅子、地垫等标志物），再确定藏玩具的地点。

四、绘制图纸，表征图纸与实景的关系。

1. 取出幼儿探究游戏活动材料“平面图”，尝试绘制房间的平面图。
2. 借助投影仪，共同分享幼儿绘制的平面图。

观察指导要点

- 幼儿是否能把图片上的事物转化为简单符号进行绘制。
- 幼儿绘制的平面图存在哪些问题，幼儿能否发现问题，对于存在的问题教师要及时指导。

经验提升：绘制平面图时，先确定好方向；然后将房间中的事物用简单的、小的图画或符号表现出来，注意物品之间的位置关系。

★ 活动拓展

1. 亲子共同绘制自己家所有房间的平面图，制成“我的家”平面图集，与同伴欣赏、交流。
2. 建议家长带孩子到商场、公园、动物园等地，尝试看平面图找景点；利用业余时间带孩子看图游览或购物等。

附录：幼儿自主游戏活动案例

搭建森林木屋

★ 游戏背景

假期结束，孩子们再次回到了幼儿园，他们都在讲述着假期的见闻。浩森小朋友在分享环节向大家介绍了他和家人去呼伦贝尔白桦林景区发现的森林小木屋。基于孩子们在园本课程中的前期探索，他们对森林和小屋都特别感兴趣，回家和爸爸妈妈共同收集查找了很多关于森林小屋的图片和资料。为了帮助孩子们深入探索学习，我们随着他们的兴趣和思路开始了本月的课程之旅……

★ 游戏观察

【场景一】设计“我心中的木屋”

基于浩森小朋友发现的森林小木屋，孩子们对木屋产生了浓厚的兴趣，并和爸爸妈妈共同收集关于木屋的材料和小朋友们分享。他们发现木屋和我们居住的楼房不同，它有尖尖的房顶，有的木屋还会建在大树的上面……

图1-1、图1-2、图1-3　幼儿与爸爸妈妈共同收集的木屋图片

于是孩子们开始设计“森林木屋”，它们有大大的房间、有三层高、门前有石板路、没有楼梯、盖在树上、门前还有漂亮的玫瑰花。

图1-4　第一次讨论后幼儿设计的“森林木屋”

【场景二】尝试用三层床搭建木屋

有了这些设想后，小弭提出了一个大胆的想法：“老师，我想用班级三层床来做木屋的框架，木屋还要有一个大大的客厅，客厅里面有一张床，有电视和沙发，还要有一个烟感警报器。”孩子们对小弭的提议表示赞同。教师也对小弭的要求表示赞同并提供了帮助，把三层床框架给孩子们推到了活动区中央。小弭和他的小伙伴们也迅速忙碌起来，在班级内收集材料，开始了第一次的搭建。

图2-1、图2-2、图2-3　孩子们第一次尝试用三层床、梯子等材料来搭建“森林木屋”

搭建结束，孩子们在欣赏他们的作品时，沁童小朋友发现：“我们搭建的木屋没有尖尖的房顶。”栋栋小朋友说：“客厅太小了，我进去之后都不能站起来走路。”小弭说：“餐厅放在了屋顶，需要爬上爬下太不安全了，烟感器也没有安装。”教师说：“那为什么木屋会这么挤？还有什么办法能扩大木屋的面积呢？”孩子们七嘴八舌地商量起来。小弭忽然说：“有办法了！我们去三楼那个大大的多功能教室，再收集更多的材料，一定能建一座大大的木屋！”征得园长妈妈的同意后，孩子们将搭建地点调整到三楼多功能教室，并再次设计了木屋搭建图，通过孩子们的投票选举选出了最终的搭建图纸。

图2-4 第二次设计图纸，通过投票的方式选出最终要设计的“森林木屋”设计图

图2-5 “森林木屋”设计图：有尖房顶、院子、木栅栏、露天烧烤、门前的玫瑰花、烟感报警器

【场景三】自由结伴按图搭建

孩子们拿着图纸自由结成小组，并推选出图纸设计人米多来担任本次组长。米多请组员们举手选择自己接下来的搭建任务。小弭和硕成选择搭建院子的围栏，莹希和米多来搭建房顶，龙妹、栋栋一起搭建房屋……

莹希在搭建房顶的时候发现，尖尖的房顶很难固定。开始她站在床架的下面，刚把房顶固定上去，还没放稳就会掉落下来。这样反复试了五次，她决定爬上梯子，站到房顶，让下面的米多将材料传递上来。并且莹希还特别认真地将两块地垫一个一个仔细扣好，这样既坚固又美观的房顶就搭建成功了。

图3-1　幼儿使用两块地垫搭建尖房顶

图3-2　幼儿搭建的尖房顶森林木屋

小弭和硕成搭建围栏的时候，他们选择了低结构的纸杯。小弭刚搭建好一排纸杯，就被路过的小朋友一下子碰倒了。小弭当时很沮丧，他找到了老师：“老师你看，我辛辛苦苦摆好的围栏都让硕成弄倒了。”老师并没有马上去批评硕成，而是告诉小弭：“那你能不能想个办法让你的围栏变得更坚固呢？你想想幼儿园花园里的小围栏是怎么连接在一起的呢？”“铁丝，有铁丝，我有办法了！”说完就跑开了。他去材料柜取来了双面胶和彩泥，一点儿一点儿将所有的纸杯都连接在了一起。搭建完这些，他还没有忘记他的烟感报警器，想用同样的方法（双面胶）将报警器安装在房子里，但贴了几次都因为报警器太沉没有固定住。这一次，他没有寻求任何人的帮助，而是再一次站在了材料柜前，拿起了一块大大的彩泥，将彩泥包裹在报警器的底部，最终固定在了房子上。

图3-3　用铁丝、双面胶等将纸杯相连做栅栏

图3-4　用双面胶、彩泥把烟感报警器固定住

★ 游戏解读

大班幼儿已经具有一定的独立建构能力，掌握了一定的搭建技巧，并会使用辅助材料，事先能进行一定的设想和规划，并能够通过分工合作完成一件较为复杂的搭建作品。在游戏过程中，幼儿能够遵守游戏规则，并能够利用所提供的多种材料进行创意搭建。通过游戏，幼儿能与同伴团结合作，并会在遇到问题时积极想办法解决，愿意介绍自己的作品。幼儿对建构材料的各种外形特征有了进一步的认识，能根据材料的特征选择合适的材料进行搭建，并能将低结构材料创新出新玩法。幼儿爱护建构材料、珍惜建构成果的意识有所提高，并学会了有条理地归类收拾玩具，珍惜大家团结协作的作品，亲身感受游戏的快乐。在搭建过程中，幼儿学习运用和巩固数、量、型、比例、对称等相关概念，从而发展空间知觉，通过体验失败寻求新的游戏方法，发展了坚持不懈的学习品质；通过同伴合作、分工进行搭建，发展了团队意识和社会交往能力，进一步激发了幼儿对自主游戏的参与兴趣。

★ 游戏反思

在游戏活动中，教师尊重幼儿，并以幼儿为主体，适当地给予有效的支持。幼儿能做到相互分工合作，积极探索寻求材料，有效地进行结合，并根据设计的图纸进行搭建，成品效果与图纸基本相吻合。但反思教师行为，一开始并没有提供充足的搭建材料，不能满足个别幼儿搭建的需求；在整个活动中，对幼儿鼓励的语言不多，只关注幼儿在活动中的搭建过程和结果及所遇到的困难；在搭建结束后，组织幼儿的分享和交流不够充分，今后在活动中要多加改进。

★ 游戏支持

幼儿在游戏时，教师充当的角色是观察者、支持者、合作者。要让幼儿成为游戏的主体，在不发生危险状况的情形下，坚持不干预幼儿当前所进行的活动，并做好观察记录。根据幼儿的实际情况，教师给予适宜的帮助和支持，着重观察幼儿如何运用材料进行组合搭建，对个别的幼儿进行持续性的观察。

构建扑克王国

游戏背景

扑克牌在我们班的区域活动中很受欢迎。幼儿发明了很多种玩法，有比较大小，有接龙游戏，有记忆挑战赛，等等。随着对玩法的不断探索与体验，平铺扑克牌的这些玩法已经无法满足幼儿的兴趣和需要，有的小朋友跃跃欲试，开始探索扑克牌的新玩法！关于扑克牌，除了让它躺着玩，还有更多的玩法吗？孩子们到底能运用已有的经验，利用这些扑克牌创造出什么新的玩法呢？本着学习过程应是幼儿主动探索过程的原则，我鼓励幼儿充分运用各种感官，亲自动手，亲身体验，在探索的过程中去发现问题、解决问题，体验探索成功的快乐。

游戏观察

【场景一】让扑克牌“站”起来

六六说：“咱们能不能换种玩扑克牌的方法？”他的这个提议获得了大家的一致认可，他们纷纷动起来想让扑克牌“站起来”。六六把扑克牌夹在桌子中间的缝里，可是一碰桌子，扑克牌就掉到了地上。萱萱把两张扑克牌靠在了一起，只见她大气都不敢喘，可是扑克牌还是倒了。宝宝有点灰心地说：“这个扑克牌根本不可能站起来！”只见他将扑克牌用力一折，扔到旁边，扑克牌瞬间“站”起来了！这个惊喜的发现，让大家兴奋不已。经过几次尝试，孩子们掌握了让扑克牌“站”起来的各种技巧。他们发现将扑克牌横着对折就可以稳稳地站起来。他们又将扑克对角折，发现扑克牌无法立起来。于是他们又尝试将扑克牌竖着对折，这时扑克牌就像一根柱子一样立在了桌面上。这一系列的尝试与发现让他们充满了成就感，还为这些扑克牌起了有趣的名字，横折的扑克牌取名为“横砖”，竖折的扑克牌取名为“立砖”。他们利用这些自己发明创造的“建筑材料”，开始进行搭建。

图1-1 观察扑克

图1-2 尝试折扑克

图1-3 尝试让扑克站立

【场景二】让扑克牌“站”得更高、更稳

朵朵和悦悦尝试将折好的单张扑克牌一张张搭起来，可是没搭多高扑克牌就倒了。小蔡提议把折好的扑克牌靠在一起，再依次向上搭建。可是当他们准备向上搭建的时候，下面的扑克牌底座却倒了。突然，小蔡大叫了一声：“我知道如何才能让扑克牌站得更高了！”原来她发现了一个大秘密，她从倒下的扑克牌中发现，三张扑克牌靠在一起都没有倒下，原来形成三角形的扑克牌会更加稳定。于是孩子们开始用胶布将三张扑克牌粘在一起，变成一个三角形，孩子们给它取名为“三角砖”，有了这些“三角砖”的加入，真的让扑克牌“站”得更高了。这时他们想要搭建高高的楼房，尝试了各种方法，有的进行错落搭高，有的进行对齐搭高，有的借助“平砖”“横砖”“竖砖”进行分层垒高。可有的小朋友经常搭着搭着就倒了。这时可可将自己的经验和小朋友们进行了分享。她说：“放砖的时候别喘气，轻轻地放上去，再把手慢慢地放下来。”通过可可的经验分享，小朋友们发现因为扑克牌的重量很轻，在进行垒高搭建时，动作要轻，否则会导致整个作品倒塌。有了这些“小秘诀”，孩子们在垒高搭建时更加得心应手了。

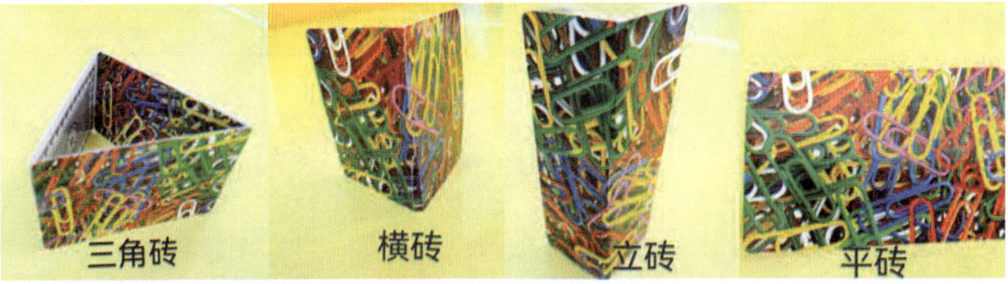

图2-1 幼儿自主探索创造的搭建材料

图2-2 错落垒高

图2-3 对齐垒高

图2-4 分层垒高

【场景三】联合构建“立体扑克王国”

通过对游戏材料的灵活运用，幼儿已经能够搭建出形态各异的建筑物，但规模较小，以单面垒高建筑较多，结构立体、造型独特的还较少。于是大家通过讨论、不断试错，最终研究出：建筑物的底座很重要，底座一定要设计好。借助这一灵感，一座座造型各异、设计独特的建筑物出现了！为了增强幼儿之间的合作性，在进一步的游戏中，我提议来搭建一个扑克王国。孩子们特别兴奋，大家选择好区域开始了搭建。他们分工明确，有的负责运砖，有的负责搭建。他们还尝试绘制设计图，根据图纸有计划、有目的地搭建出自己设想的建筑物。就这样，一座座建筑物搭建成功了。可是孩子们发现每一个建筑物都是单独矗立在那里，并不像一个真正的扑克王国。这时我投放了北陵公园的图片供孩子们观察，他们发现北陵公园的围墙可以把这些建筑物都围在一起，形成一个整体，于是他们便热火朝天地利用“横砖”进行并排搭建，形成建筑物之间的围墙。接下来他们要进行隆恩门的搭建。隆恩门下有三个洞门，上面有门楼，于是他们用“横砖”“平砖”搭建隆恩门的底层，上层用“三角砖”搭建顶端。从隆恩门到公园里面，他们借助木质长条积木搭建了一条小路。为了行人方便进出，他们还用“立砖”搭建了一个长方形的停车场。在小路的尽头，他们用“三角砖”打底，借助“平砖”和“立砖”，进行逐层垒高，搭建了下宽上窄的立体建筑，这就是昭陵。就这样，

图3-1 分工运牌

图3-2 根据设计图搭建

图3-3 合作立体起底

在大家共同的努力下，北陵公园的一角终于呈现在他们的面前，从他们的表情中都能够感受到满满的成就感！

图3-4　联合搭建

图3-5　联合搭建

图3-6　联合搭建成功

【场景四】讲述“我的搭建故事”

搭建活动结束后，我们一同来绘画“我的搭建故事”。优优画的是一名男孩和两名女孩，他们中间立着一座用扑克牌搭建的塔，他们纷纷举起双手，嘴角上扬，露出很开心的表情。接下来到了讲述环节，程程指着自己的游戏故事说：“我和萌萌那么努力搭建的扑克城堡，被六六不小心碰倒了，我很伤心。”六六马上站起来说：“程程、萌萌对不起！”孩子们陆续讲述着自己绘画的游戏故事，将自己在游戏中发生的开心的事、难忘的事、遗憾的事与同伴进行分享。

图4-1、图4-2、图4-3　幼儿的游戏故事

图4-4　绘画游戏故事

图4-5　讲述游戏故事

图4-6　游戏故事集锦

★ 游戏解读

❶ 幼儿通过探索，创造出许多扑克牌的玩法。在对扑克牌的外形及材质有一定了解的基础上，他们进一步来探索如何让扑克牌“站”起来。幼儿尝试了各种不同的方法，如桌子夹、相互依靠等，最终发现将扑克牌折起来，它就能“站”起来了。这个发现大大激发了幼儿的兴趣，于是接下来他们进行了一系列大胆尝试，横着折、竖着折，获得了成就感。

❷ 能否将扑克牌搭建得更高、更稳，是幼儿对自己提出的挑战。面对挑战，幼儿通过不断的尝试，发现三张扑克牌搭在一起形成的三角形最稳固，进而获得了对图形结构稳定性的认知。在进一步的搭建过程中，会经常出现倒塌现象，他们通过一遍遍的试错，想出各种办法来解决这个难题，比如轻轻拿、轻轻放，加大底座的面积，对每一层进行加固等。整个过程中，幼儿都在尝试发现问题、解决问题，深入参与到活动中去，获得了较为深刻的体验。而他们每一次成功或失败的经历，都会积累下宝贵的经验，为下一次顺利搭建奠定基础。

❸ 幼儿在已经具备了一定的搭建技能的基础上，进行创意搭建。幼儿尝试进行有目的、有计划的搭建活动，但随之而来的搭建困境就是如何让作品更加立体。在解决这一难题的过程中，幼儿充分利用日常生活中对常见建筑物外形结构的观察，以及以往建构游戏的经验，采用平铺、架空、垒高等搭建技巧，与同伴进行分工合作，搭建出了北陵公园的一角。他们的想象力、创造力以及动手能力都得到了很好的发展。

❹ 愿意绘画自己的游戏故事并大胆讲述。幼儿将自己搭建扑克王国的经历用绘画的形式表现出来，并和其他小朋友进行分享。讲述的过程，对自己的游戏是一个很好的回顾过程，对于其他聆听的小朋友而言，更是一个吸取搭建经验的过程。如优优说他们用心搭建的作品被人碰倒了，大家以后都会特别小心，生怕破坏了同伴作品，这让幼儿学会了尊重同伴的搭建成果。

★ 游戏反思

❶ 游戏活动中，当幼儿独自搭建作品时，为了促使幼儿与同伴进行联合游戏，教师提出问题“扑克王国是什么样子的”，进而吸引了幼儿的兴趣，并投放北陵公园的图片给予启发，引导幼儿共同合作，来搭建扑克王国。

❷ 当幼儿屡次搭建失败，遇到搭建瓶颈时，教师及时给予合理的引导和启发，和幼儿共同面对问题，发现问题根源，进而解决问题。

❸ 在游戏中，教师要有足够的耐心，帮助幼儿积累搭建经验，引导幼儿不能急于追求结果，多关注游戏过程中的细节。

★ 游戏支持

❶ 给予宽敞的搭建场地。在扑克牌搭建过程中，作品需要较强的稳定性，否则会增加搭建失败的概率，所以宽敞而平坦的搭建场地更有利于幼儿进行创意搭建。

❷ 提供充足的扑克牌搭建材料及其他类型辅助游戏材料。由于单张扑克牌比较单薄且属于纸质材料，因此为了增加这些搭建材料的持久性以及稳固性，每次都需要将两张扑克牌重叠粘贴好，增强硬度。因此要收集大量的原材料，方便幼儿自主搭建游戏的开展。游戏中能根据幼儿需要适当投放辅助材料，增加游戏的趣味性，如在搭建停车场的游戏中投放小汽车，使游戏情景更加逼真，更富有趣味性。

❸ 借助图片、视频以及课件等形式，帮助幼儿了解典型建筑物的独特性，发挥无穷的创造性，丰富幼儿的搭建经验，提升幼儿的搭建水平。

❹ 创设游戏故事墙和作品展。将幼儿的游戏故事装订成册，展示在游戏故事墙上，幼儿随时可以将自己的游戏进行记录，也能够与同伴分享自己的游戏故事。教师将幼儿的搭建作品拍成照片展示出来，大家相互欣赏，增强幼儿参与游戏的成就感。

❺ 给予情感支持，萌发幼儿的爱国之情。游戏中，及时给予幼儿情感上的支持与回应，对于幼儿在搭建过程中取得的进步及时进行肯定，对幼儿在搭建过程中遇到的挫折进行有效的鼓励与引导，增强幼儿的信心。同时带领幼儿通过各种途径来欣赏祖国的大好河山，如北京的长城、天安门，武汉的黄鹤楼、杭州的雷峰塔等，在拓宽幼儿搭建经验的同时萌发对祖国大好河山的热爱之情。

我的火箭要发射

★ 游戏背景

2021 年 12 月 9 日 15 时 40 分，中国第一次天宫课堂正式开课，神舟十三号乘组航天员在中国空间站进行太空授课，幼儿园组织孩子们观看。当航天员阿姨的头发飘起来时，他们都大声惊叹：“哇，阿姨的头发都飘起来了！”紧接着，当航天员阿姨演示在太空中如何喝水时，小朋友们都露出了吃惊的表情，原来水珠可以飘起来，张一张嘴巴就可以把它吃进去。随着小实验的增多，孩子们的兴趣也越来越浓厚，他们开始了“十万个为什么”大讲堂。西西问：“老师，为什么航天员可以飞起来，而我们不可以呢？”默默问：“老师，我们喝水时也可以像他们一样吗？”妞妞问：“老师，航天员叔叔是怎么上太空的？我们也可以去太空玩吗？”琪琪小朋友说：“我知道，宇航员叔叔是乘坐火箭去太空的。”孩子们纷纷说：“我也好想乘坐一次火箭呀！我们可不可以拥有自己的火箭呢？”孩子们对太空世界，尤其是对火箭的好奇之门已经打开。

图为幼儿集体观看宇航员的太空授课情景

★ 游戏观察

【场景一】我心中的太空世界

当孩子们对太空知识有了深度认知后，他们以多种形式描绘着心中的太空世界，设计着自己的火箭。有的孩子用彩泥捏出火箭；有的用彩泥捏不同的星球和外星人，制作后一起贴在浩瀚的宇宙中；还有的幼儿用马克笔画出了他们心中的火箭和宇航员。在制作木星时，凯凯大声说道：“木星是最大的行星，我要把它捏得大一些。”在制作火箭彩泥时，果然说道：“火箭的尾巴上面要冒着红色的火，我要给它捏上去。”在画火箭时，稳稳说：“我要给火箭加上窗户，这样宇航员叔叔阿姨就可以看到外面的宇宙了。”在画宇航员时，康康说：“我要是成为宇航员，我就要坐在火箭上，让火箭带我飞。”

图1-1、图1-2　幼儿用绘画方式表现自己心中的太空世界

图1-3　幼儿用彩泥等材料制作火箭

图1-4　幼儿用多种材料布置太空世界

【场景二】我们一起来搭建

对太空世界的深入了解激发了孩子们对火箭的浓厚兴趣。第二天壮壮跑到我面前说："老师，我在家会用魔尺拼火箭了。"随后就有好多小男生都举手，说自己也在家学会用魔尺拼火箭了。我们立即开展了"火箭拼接大比拼"游戏，看一看谁可以在有限的时间内将自己的火箭拼得又快又好。

图2-1、图2-2　幼儿玩起了"魔尺拼火箭"游戏

魔尺比赛结束后，孩子们又尝试用炭烧积木进行搭建，在建构区拼搭火箭发射场景。第一次搭建时，由于人数多，搭建出来的火箭发射场不成型。第二次我们又去幼儿园内空间大的区域再次拼搭，这一次孩子们就学会了有层次的垒高，明白了要把基座搭得牢固，上面的积木才不会塌。

第三次在班级区域，孩子们对火箭的模型已经有了初步构思。睿睿先搭建了一个小的模型，跑到我面前说："老师老师，你看看，我这个行吗？"我说："行啊，搭建得非常好，如果你能将你的小火箭搭建得再大一点儿就更好了。"不一会儿，孩子们搭建出了六个模型，分别是三个火箭、一个发射塔和两个火箭运输车。

搭建成功的睿睿拿着一个圆柱形积木说："我是宇航员，我要先去操场做训练，做完了要上发射塔，穿上宇航员的衣服，进入我的太空飞船。"其他小朋友也开始拿出积木充当宇航员，并互相对话。旁边的秋秋说："老师，你给我们拍照，我们数 3、2、1，火箭发射。"我便拿出相机开始给他们拍起照来。

图2-3 幼儿第一次搭建发射场

图2-4 幼儿第二次搭建发射场

图2-5 幼儿第三次搭建的火箭

【场景三】制作中国火箭

在搭建火箭和发射场等设施的基础上，有些孩子们想到要制作火箭，这样会保持得时间比较长，有了这个想法后，孩子们马上动起手来。他们找到大纸盒，开始讨论制作的方法。开心说："我想在这一面的中间掏一个洞，当火箭的窗户。"凡凡说："我们应该先给火箭涂个色，我觉得白色和红色更好看。"果果说："我想给火箭贴上国旗或者插一面国旗，说明是中国的火箭。"幼儿自发分组进行设计制作。最终在小朋友的集体合作和老师们的帮助下，火箭终于做好了。

图3-1 幼儿设想如何制作火箭 图3-2、图3-3 第一组幼儿共同给火箭涂颜色

图3-4 第二组幼儿给火箭设计窗户

图3-5 师幼研讨设计方案

图3-6、图3-7、图3-8 幼儿为火箭设计外观

图3-9、图3-10　火箭做好了，幼儿在自制的火箭里拍照留念

活动结束后，孩子们又开始对自己的火箭表示不满。开心说：“老师，火箭里面太黑了，有没有办法可以使火箭变得明亮起来呢？”夕越说：“要不，我们在火箭里面放个小夜灯吧。”果果说：“小夜灯太大了，要插电怎么办？”果然说：“我想起来了，你们有没有吃过的蛋糕上面有线灯的，那个就可以。”君研说：“我想起来了，我家里有，我明天就把它带来。”

第二天幼儿带来了小灯，并安装上去，这下小火箭里亮了起来，孩子们都很开心。

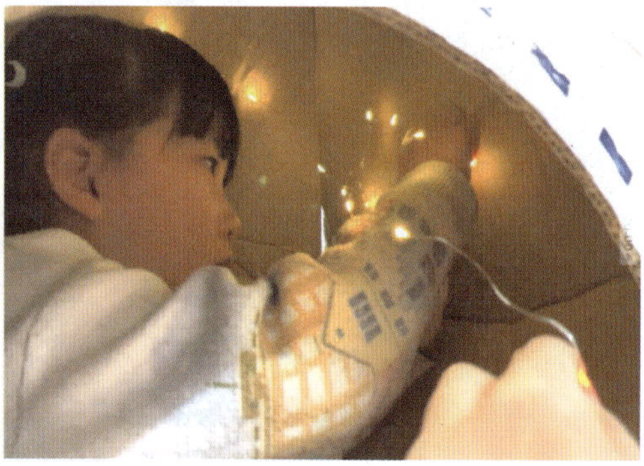

图3-11、图3-12　幼儿在火箭里安装小灯

★ 游戏解读

❶ 游戏中，可以看出幼儿对太空知识有一定的了解，如太阳系的八大行星

分别是水星、金星、地球、火星、木星、土星、天王星、海王星。他们在制作时进行了自主分工，八个幼儿一人制作一个星球。大班幼儿现阶段以合作游戏为主，在整个游戏过程中，幼儿都自由组合，共同完成作品。

❷ 游戏源于幼儿已有的生活经验，在建构过程中，幼儿的潜力被激发，他们选择利用生活中的废旧材料进行创意表现，发现生活中处处可以找到用来创造美、表现美的东西。他们大胆尝试制作火箭，发挥想象力设计自己班级的火箭，当第二次搭建火箭发现材料中没有三角形积木时，幼儿经过了多次尝试，发现用四个正方形搭建在一起就可以变成火箭的头。他们不断发挥集体的智慧，创造力、想象力及发散性思维得到了发展。在制作成功后，他们自由进入自制火箭里游戏，很开心，获得了极大的成就感。

★ 游戏反思

❶ 合作与交往：在建构游戏中，幼儿要不断调整搭建方式，这就需要同伴之间互帮互助，互相学习；幼儿在玩游戏时大多数采用合作游戏，这有助于满足幼儿社会交往的需要，获得社会支持和安全感，从而促进了幼儿社会交往能力的提升。

❷ 倾听与表达：幼儿在介绍自己的设计方案，表达自己的不同见解，解决矛盾冲突、分享自己的作品以及倾听同伴的发言时，倾听与表达能力得到了很大的发展。

❸ 挑战与创新：在用魔尺拼火箭游戏中，幼儿能大胆站在集体面前进行比赛，极大地锻炼了自己，挑战了自己。同时，幼儿自己动手动脑设计火箭，发展了想象力和创造力。

★ 游戏支持

游戏活动前，通过组织集体观看宇航员太空授课，让幼儿对航天知识有了初步的了解，尤其是对宇航员乘坐的火箭产生了浓厚的兴趣，为以后的绘画、设计、制作火箭，搭建太空世界打下了基础。教师能顺应幼儿的兴趣和需求，带领幼儿一起动手动脑设计、制作火箭，发展了幼儿协商、合作、沟通的能力，同时也发展了幼儿的动手操作能力。游戏时，教师提供了美工、建构等游戏材料，让幼儿自主选择，表现太空世界、火箭和宇航员，有力地支持了幼儿的探索活动，让幼儿的游戏充满神奇感，充分体验了团结的力量以及成功后的喜悦之情，萌发了作为一名中国人的自豪感。

百变脸谱

★ 游戏背景

一航在班里跟他的好朋友浩晨一起聊天。一航说：“我这周去饭店吃饭了！那里的饭可好吃了！还有变脸看呢！”浩晨说：“嗯？变脸是什么呢？”一航接着说：“就是脸本来是红的，一会儿变成绿的，一会儿又是蓝的！”浩辰好像不明白，“小老师”便在脸上比画着做示范。路过的韩谟谦看到说：“哈哈！你在用空气洗脸。”一航的声音大了一些，回答说：“不是！我是在变脸！”他说完后，周围的小朋友都好奇地围了过来。一山问：“变脸就是在脸上拍来拍去吗？”津豪说：“我知道！就是用一块布，甩过来一下脸就变一下！”

面对小朋友一连串的提问，为了满足他们的好奇心，教师带领班级小朋友观看了变脸视频，他们发现，变脸是川剧表演的特技之一，演员们一甩袖子、一扭头就能变成下一张脸谱。小朋友们兴趣很高，看视频的时候一直拍手叫好。这时又有小朋友产生了疑问——这么漂亮的脸谱是怎么变出来的呢？面对眼睛里闪着光的孩子们，我的情绪也被调动了起来。于是，我便请小朋友先回家作调查，有趣的变脸游戏开始了。

★ 游戏观察

【场景一】我的脸谱变变变

幼儿带来了自己的调查结果，决定用绘画的方式进行记录，再和所有小朋友分享展示。

第一小组分享了变脸的过程：绿色的脸一转身就变成橙色的脸。

第二小组分享了变脸的方式：一甩扇子，脸就会变成其他的样子。

第三小组分享了另一种变脸方式：一甩衣服脸就会变成其他的样子，边上还有细细的线连着。海起小朋友说：“这样一拽绳子，脸就会变成别的颜色。”

第四小组也分享了自己的变脸方式，其中可欣小朋友画了自己创新的变脸方式：口罩变脸。刘兆一小朋友说：“可欣，你这个方法看起来很棒，不知道能不能变出来呢！我也想设计一个！”同组的韩谟谦说：“你这个方法是做不出来的，只有资料上的才能做出来！”

小组分享结束后，大家纷纷想做一个自己的脸谱，玩变脸游戏。

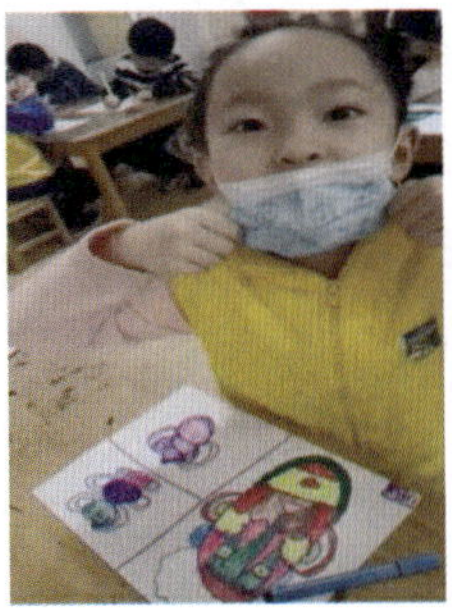

图1-1、图1-2、图1-3、图1-4　幼儿根据调查情况绘画设计脸谱

【场景二】我制作的脸谱

最近几天，班里的“脸谱热潮”让孩子们兴趣高昂。王一航认识了许多脸谱，在区域里跟小朋友分享。可欣看到了开心地说：“我们来做一个脸谱吧，做的多了就能表演变脸了！”小朋友们一拍即合决定做脸谱。“老师！我想去做脸谱！”“老师，我也想去！”“我要做很多脸谱玩变脸！”

区域游戏时间到了，小朋友们来到美工区，选取了自己的脸谱制作材料，盘子、毛根、彩纸……各种各样的材料被孩子们拿上来了，他们还展开了讨论，分析自己的脸谱可以用什么样的材料制作。在寻找材料的时候，志邦对自己的材料产生了疑问：“我的设计图好像实现不了……”听到这个消息之后，可欣当起了材料分析员，给志邦提了一个小建议：“把纸脸谱和毛根结合在一起，在头上绑个带子，然后把脸谱再粘上去。”

小朋友们做起了自己的脸谱，玩得不亦乐乎。可欣走到了我的身边：“王老师，教室里有没有口罩啊？我想借几个用来做脸谱。”看到她期待的眼神，我也被她的情绪所感染。“谢谢老师！”可欣拿到口罩仿佛拿到了宝贝，开心地跑到自己的座位上制作起来。幼儿在活动之后分享了自己的作品，并把它们小心翼翼地放到盒子里，说下次游戏时还要继续做。

图2　幼儿正在互相讨论交流脸谱的做法

【场景三】神奇的变脸游戏

区域活动时间到了，可欣和兆一来到了美工区里，拿出了自己做的脸谱。“我的脸谱做完了！你看厉不厉害！”可欣说着把自己的口罩脸谱挂到了脸上。由于口罩的绳子很多，她挂了好长时间才把3根绳子挂到耳朵上。“我给你表演一下变脸！”她用手往下一拽，口罩在脸上纹丝不动，可欣又动了一下耳朵，把绳子拽下来，然后再拽另外耳朵上的绳子。

“你这样太慢了！看我的！”兆一拿起了自己的奥特曼面具，扣到脸上，一会儿又换了一个。“你是怎么做出来的？”可欣好奇地问。“很简单，你看，把毛根接在上面，打两个孔穿起来，到时候戴到脸上就行了。”可欣点了点头，继续去改造自己的脸谱了，兆一则开心地拿着脸谱到处展示。小朋友们围了上来，你一言我一语，既好奇兆一的脸谱，又怀着期待，想看兆一的表演。这时候兆一在桌子旁表演起来了，一换一戴，吸引了好多小朋友。

“哇！你的脸谱是奥特曼的！可欣的是彩色的！”一航说。“我也想看！让我来看看。”“别挤了！我也想看看。”大家最后决定做一个大舞台一起看。小满说：“我觉得这里放上小花装饰比较漂亮。”“那我们小男生也要弄些装饰，看这个架子酷不酷，可以在上面挂一些红布，像舞台顶上的那种！”“哎呀！你们表演的时候也要考虑大家坐在哪里啊！椅子也要放过去！”小朋友们互相讨论用积木设计一个小舞台，让兆一站在桌子前面表演，兆一看了看说：“啊？这也太小了吧，不行不行，我们用大积木再做一个。”

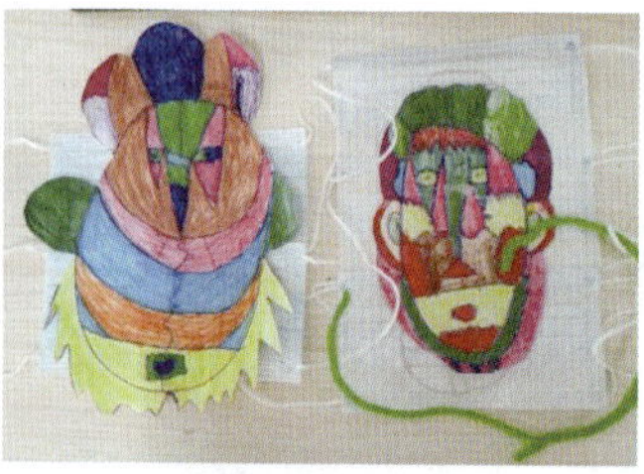

图3-1 幼儿设计的口罩脸谱

图3-2 幼儿设计的奥特曼脸谱

图3-3 幼儿用乐高积木设计小舞台

过了一会儿，小朋友们用炭烧积木搭起了一个舞台，这时兆一神气地一转头，把奥特曼面具一下戴到了脸上，摆出了奥特曼的经典姿势，引得台下小观众连连叫好。“哇！兆一的面具做得太像了！”“我也想上去表演。”“别急，我还有！”说完，兆一一转头，背过身去把挂在椅子上的面具跟自己脸上的面具一换，又变成了另一个角色。“太厉害了！兆一真棒！让我们为他鼓鼓掌吧！”这时坐在下面的小满假装手里拿着话筒，当起了小主持人。

热烈的掌声过后，口罩面具神气洋洋地登场了，一航看到激动地说："这个面具我好像见过！在儿歌里！蓝脸的窦尔敦！里面还有好多！"一航唱着《说唱脸谱》，慢慢地小朋友都被他吸引过去了。"这首歌真好听！"小朋友们快乐地笑了起来。小满这时跑到我的旁边，询问可不可以用这首歌当背景音乐，我微笑着同意了，给小朋友们放起了歌。歌声刚响起来，可欣就戴着面具上场了，这次她还带了一个小道具——从美工区带来的红色披风。只见可欣围着大舞台转了一圈，接着把披风抓起来挡在脸前，手一拽，脸谱就换了一种颜色，引得大家连连叫好。在歌曲"哇呀呀呀"唱起来的时候，小朋友们的掌声像潮水一样涌来，最后可欣又抖了抖披风说："谢谢大家！表演结束啦！"小朋友们从观众席上跳了起来，有的鼓掌，有的激动地唱着歌，一航则激动得冲上台来紧紧地抱住可欣。"太棒了，太棒了！简直和电视里的一模一样！"其他的小朋友看到之后也想来试一试，他们戴着自己制作的脸谱，跟着音乐节奏玩起了游戏。大家你一言我一语，热闹的场景仿佛真的到了大戏台一样。

★ 游戏解读

本次游戏活动来源于幼儿的日常生活，幼儿在游戏中投入了极大的热情，通过收集、分享变脸相关经验，幼儿获得了很多有用的信息。比如，变脸时一转身就能变成别的颜色，可以用扇子，还可以拽绳子。幼儿对变脸的兴趣逐步提升，他们从设计脸谱延伸到想要做一个脸谱，自己玩变脸游戏。幼儿把生活经验运用到了脸谱制作中，想出了口罩变脸法，体现了无限的创意。游戏中，幼儿制作出了自己的脸谱，通过表演游戏的方式，加深了自己对脸谱的认知和理解。在制作脸谱和设计舞台的过程中，虽然遇到了一些小困难，但是幼儿动手动脑，成功解决了问题，顺利完成了游戏，实现了很多购买的玩具给不了的情感体验。

★ 游戏反思

本次游戏活动是幼儿自发生成的活动，在活动中，他们能够大胆表达自己的想法，有的说是用扇子变脸，有的说是用袖子……幼儿的游戏状态自然而然，生动有趣。有的小朋友好奇脸谱上的颜色，有的小朋友好奇脸谱是怎么变成别的颜色的，有的幼儿当起了小老师，为大家分享自己的变脸方法。幼儿带着问题回家查阅资料，并踊跃跟同伴分享。他们设计制作了属于自己的脸谱，在不断的尝试和选择材料中，在积极的动手操作中，精细动作得到了发展，想象力、创造力得到了提升。更重要的是他们能与同伴分享作品，分享游戏中的快乐，共同成长。但是由于舞台空间略小，游戏时间不足，第一次舞台表演时，有些小朋友没有表演机会，在接下来的游戏中，我会为孩子们提供更多材料，供他们搭建更大的舞台空间，提供更多的表演时间，满足所有幼儿的表演需求。

★ 游戏支持

❶ 本次游戏中，教师给予幼儿自主探索的机会，鼓励幼儿一起研究变脸的奇妙之处。同时借助家庭教育，让幼儿积极收集有关资料，丰富了幼儿的生活与知识经验，为游戏的展开奠定了良好的基础。

❷ 游戏中，教师始终做游戏的观察者、支持者、引导者，积极为幼儿创设空间，提供游戏时间，投放大量低结构的操作材料支持，为幼儿设计制作脸谱、玩脸谱游戏提供了便利条件，同时，能够积极关注幼儿在游戏中出现的困难，适时介入和引导，支持幼儿的游戏不断深入。

趣味棍球赛

★ 游戏背景

户外活动时间到了，孩子们自发拿起球棍，玩起了击球比赛游戏。既然是比赛，怎么才算赢呢？姜权峰说："我看过电视里的打球游戏，球打进球门，就是赢了。"听了他的话，大家都表示同意。有人说："那就先搭两个球门吧。"一会儿工夫，球门就搭好了。经过使用后，大家纷纷表示，这样开放式的球场，更多的时间都用在了找球、捡球上，根本没有时间比赛。于是孩子们决定搭建属于自己的球场。

★ 游戏观察

【场景一】搭建球场

球场搭建开始了，王新贺与三五个小朋友跑到单元钻笼旁，开始搬运拖拽。一共 25 个钻笼，如何围搭成一个球场呢？是方形，还是圆形？我带着好奇准备继续观察。只见王新贺最先把两个钻笼对齐摆放，并指挥着其他的小伙伴以此为基准，直线顺延一字排开。大家一个接着一个延长至8个单元钻笼。一会儿工夫，数量为“8+8+6”模式的三面球场搭完了。张君雅看着仅剩的3个钻笼材料大喊起来：“哎呀，不好了，材料不够了。”大家顺着张君雅的声音开始用眼睛扫描用完和剩下的材料。最后，在王新贺的建议下，大家将已经搭好的每一边都减少1个用来填充缺少的部分，一阵调整后，一个“7+7+5+5”余1的对称长方形球场搭好了。

图1　尝试利用单元钻笼合作搭建方形球场

【场景二】球场初试

球场终于搭好了，大家纷纷涌进球场。5个小球、4名热情加油呐喊的观众和16名手持各式工具的小朋友在有限的球场内同时疯狂跑动，陷入一片混乱。站在一旁观看的我，提高了警惕，思量再三而后决定再继续观察一会儿。这时候，田浩天大声庆祝道：“耶，我进球了！”我见状立刻凑上前高声重复着他的话：“田浩天小朋友进球了！你好棒，大家看到了吗？”王葭墨说：“老师，好几个球，哪个是他的球，我都看不清。”刘梓妤说：“我们的人有点儿多，球场太小，他们总挤。”大家开始你一言我一语地讨论起来。这时，一直坐在球场边缘的李宗泽哈哈哈大笑道：“哎呀，你们还没有搭球门，怎么算进球呢！”就这样，大家又一次在王新贺的号召下，在左右两侧对称的位置挪走了一块空缺的材料，形成了大小对称的球门。可是，一眨眼的工夫，李予宸看了看撤下来的材料，又顺势把这余出来的3块材料歪歪扭扭地挪到了其他位置，还自言自语道：“这回球场就又变大了吧。”于是，原本对称的球场和球门，变成了一侧球门大，一侧球门小的不对称的球门。

上午的户外游戏结束了，大家回到教室展开了第一次分享讨论。讨论的问题都集中在搭建球场、击球工具、球员分工等方面。最后大家针对如上问题达成了共识，并且小朋友们决定回家请爸爸妈妈帮忙一起参与到制作球棍的活动中。

图2-1　幼儿涌进了球场开始游戏

图2-2　球场有了两个不对称的球门

【场景三】公平不公平

第二天，幼儿将与爸爸妈妈合作自制的球棍带到幼儿园，在投入使用之前，教师与幼儿共同讨论使用安全，进行了初步筛选，自主将认为不安全的球棍挑选剔除，剔除一些锋利和不结实的材料，将少部分合格的自制球棍投放到了幼儿园的材料器具区。现在的材料区一半是幼儿园原有的球棍，一半是大家自制的球棍。户外游戏时间又到了，大家自主选择工具。游戏一开始，就有小朋友提出要比一比是男孩进球多还是女孩进球多。就这样，小队员们也自动分成了男孩队和女孩队。

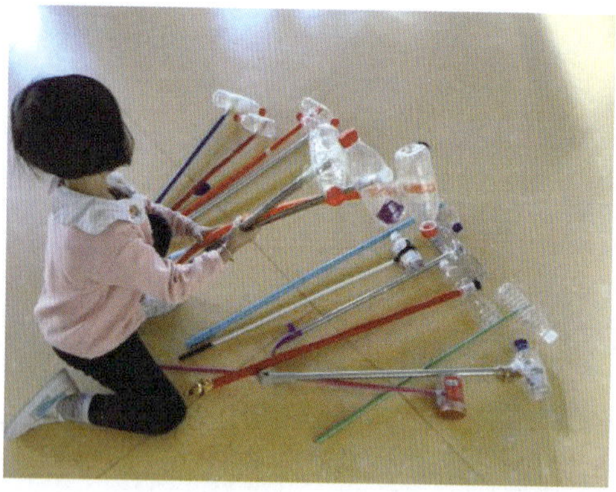

图3-1　幼儿在挑选存在安全隐患的球棍

图3-2　幼儿自主分成了男孩队、女孩队

一阵游戏过后，因为球门大小并不对称，男孩和女孩发生了争吵。赵思涵和刘译宁说："根本就不公平，我们女孩的球门大，你们男孩的球门小，你们进球当然容易，算什么本事！"女孩们见男孩没人理睬，赵思涵和刘译宁就都站在了守门员的位置，当起了守门员。有了两个女孩当守门员，男孩进球难度大大提升了。最后，在杨金瑜的建议下，用绿色垫子作为球门的边线，大家都认为这样比较公平，这次矛盾得以化解。

图3-3 因为球门大小不对称发生了争执

图3-4 幼儿借助同样大小的垫子作为辅助门

图3-5 调整球门后，大家又开始激烈的棍球对抗赛

球场调整完之后，男孩和女孩的比赛更激烈了。女孩快速跑、躲闪跑、追逐跑、挥棒击球。男孩正手、转身、变向、传接、抢断，如鱼得水，游刃有余。一会儿工夫男孩又进球了，观众席上的李宗泽说："男孩现在3分，女孩1分，男孩还是厉害。"一旁观看的女孩巴兴然跑过来说："还是不公平，男孩基本都是用自制球棍，自制的球棍长，所以厉害。女孩拿的都是幼儿园准备的球棍。"

游戏结束了，大家回到教室，绘画了今天的游戏故事，记录了自己遇到的问题，展开了第二次分享讨论。他们主要围绕"如何让比赛更公平"这个问题展开讨论，最后达成了共识：比赛人员要相同，工具要一样，力气大和速度快的小朋友要分开，比赛还要设有裁判，负责裁决。

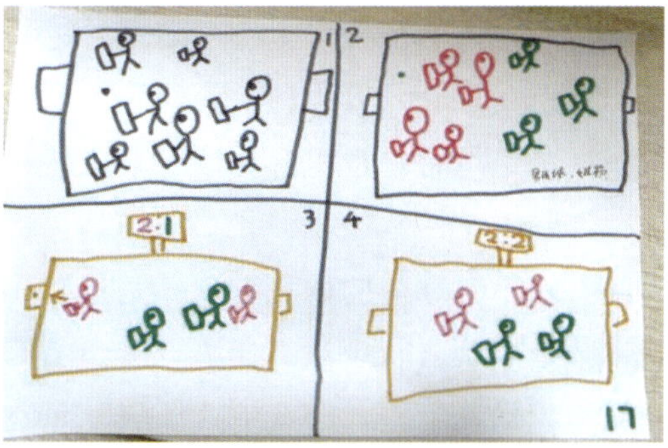

图3-6 幼儿的游戏故事1：我的棍球赛

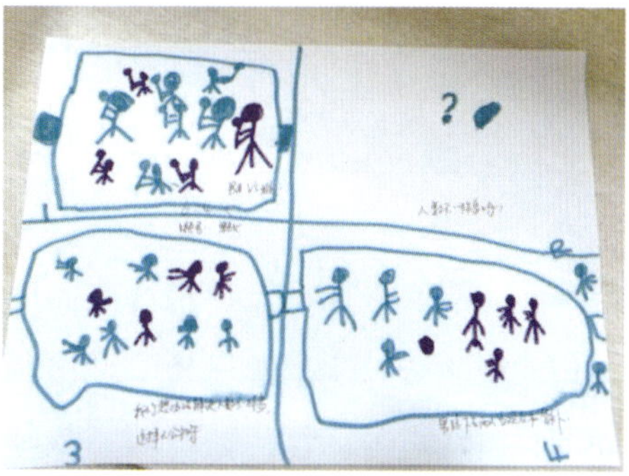

图3-7 幼儿游戏故事2：公平的球赛

游戏解读

棍球游戏是在自然而然地伴随走、快速跑、躲闪跑、追逐跑、挥棒击球等多种形式组合的活动中达到锻炼身体目的的游戏活动。幼儿在全神贯注地投入游戏时，能够养成积极的个性、良好的心态，培养合作、规则和竞争意识。对抗比赛中，对幼儿的观察力、执行力、抗挫能力是一种提升，同时训练了幼儿手、眼、脚的灵活性，锻炼了臂力、上下肢和腿部力量，使幼儿在体能、技能和智能等方面协调发展。本班幼儿已具备一定探究能力，能自主发现问题，如发现“球到处乱跑，浪费了游戏的时间”“搭建球场剩余的材料不够用”“球场没有球门”“球门不一样大，不公平”等问题，进而想到相应的解决问题的办法。当搭建球场的单元钻笼材料不够时，幼儿能够大胆表达自己的想法，与同伴自主讨论，提出用“多补少”的方法来进行延长、围合，组成正好是“5+5+7+7”的棍球游戏场地。当女孩们发现游戏不公平时，能够通过推理判断，发现球门的大小与进球的难易程度有关，勇敢向男孩队提出异议，并用共同协商的方式解决。幼儿这种独立解决问题的意识和迁移游戏经验的能力充分显示了他们是游戏的发现者、研究者、创造者。

游戏反思

趣味棍球游戏是幼儿自发生成的活动，教师通过材料支持、语言引导、后续跟进等方式一步步深化幼儿的游戏内容，让幼儿经历了搭建球场、自主发现问题和制订比赛规则的过程。游戏中教师最大程度地放手、最低程度地介入，使得真实的儿童和真正的游戏能够客观充分地展现在教师面前。活动中教师准确地掌握了三次介入的时机，提供了隐性的支持。例如，教师以支持者的角色介入，巧妙引导幼儿自主协商解决“是否进球”的问题，不断完善规则，从而让幼儿获得满足和快乐。由于刚刚开始的自主游戏还缺少规则的支持，幼儿在游戏中出现了困惑，游戏进程受阻。教师发现这一现象后，虽然给予了高度的关注，但并没有立即介入，而是很好地把握了教育时机，静观其变，留给孩子自主解决问题的时间和空间，直到找到合适的时机，以支持者的身份巧妙介入其中，引导幼儿讨论。幼儿在有了切身体验之后，讨论出来的游戏规则更可行，也更容易被大家认同和接受。

游戏中，有些幼儿对棍球游戏规则了解不够，对球员的职责分工，尤其是裁判对球员犯规行为的界定也有些模糊，以致频繁出现告状现象，让游戏出现了不和谐的声音。今后深入游戏时，教师要及时组织幼儿针对“游戏中的规则”开展讨论，让他们自主协商制订合理的规则，如怎样算犯规，犯规一次怎么办，二次犯规怎么办，并引导幼儿设计犯规标识，以便及时提醒幼儿。

★ 游戏支持

❶ 教师通过材料支持、放手让幼儿自主探索以及适时地介入指导，使得幼儿进入了真游戏，得到了快乐的游戏体验。

❷ 充分利用园所资源，邀请专业体能教师参与指导，帮助幼儿习得软式棍球的动作要领和注意事项，提高幼儿动作的规范性。

❸ 充分利用家长资源，邀请爸爸妈妈一起参与到棍球游戏中，增进幼儿与父母的情感交流。

冬奥之城

★ 游戏背景

纸杯是非常容易收集的低结构材料，在建构游戏中深受幼儿的喜爱，它的形状为圆台体，重量很轻，搭建过程中具有一定的挑战性。投放之初，幼儿只能用纸杯搭建平面的造型，垒高时经常会失败。经过多次尝试后他们发现，纸杯底面挨在一起、不留缝隙，会让垒高的纸杯更加稳固。这一发现增加了幼儿进行纸杯建构的信心，他们开始用纸杯搭建各种造型的城堡和建筑物，每天不断地挑战搭建的新高度，创造力和建构能力有了很大的提升。

2022 年，世界瞩目的冬奥会在首都北京举行，幼儿每天都会谈论关于冬奥的话题，他们了解了与冬奥相关的知识与运动项目，感受着冰雪运动的魅力，同时也被运动健儿们勇敢、拼搏的精神鼓舞着。在自主建构游戏中，梦梦用纸杯搭建了奥运五环和滑冰场，引发了幼儿用纸杯来建构冬奥之城的想法，他们开始设计搭建内容，分工合作进行搭建，用自己独特的方式参与着冬奥会。

★ 游戏观察

【场景一】平面建构“冰墩墩”

甜甜、小曦和小欧想要搭建冰墩墩，她们选择了合适的位置后，一起讨论着冰墩墩轮廓的搭建方法，还时不时用手勾画着。因为冰墩墩的造型比较复杂，最终她们选择了平面搭建。协商好之后，她们就一起行动起来，取来了不同颜色的纸杯拼搭冰墩墩的身体，用深色的纸杯来拼搭耳朵和四肢，用浅色的纸杯来拼搭头和身体的轮廓。不一会儿，冰墩墩的雏形就搭建好了，她们开心地让其他小朋友来欣赏，芊芊和九九看到后非常喜欢，也加入她们之中。幼儿分组合作拼摆，冰墩墩的颜色和造型各不相同。

图1-1 幼儿互相讨论搭建方法

图1-2 幼儿分组合作搭建“冰墩墩”

图1-3 围合建构“冰墩墩”

图1-4 对称建构“冰墩墩”

【场景二】立体建构冬奥之城

梦梦、哈哈和伙伴们想要一起搭建滑雪场，搭建之初很容易，不一会儿就搭成了一座小山。可是纸杯越往上搭越开始不稳，“哗啦”一下倒了一部分。他们没有气馁，继续重新搭建，尽管他们动作轻轻的，很小心，生怕会再碰倒，可是刚搭了三层又失败了。苗苗的小眉头皱起来了，问道：“怎么又倒了呢？”只见梦梦蹲在地上仔细观察了一会儿，然后说：“再来一次！”说完大家就一起行动起来，小心地放了一个又一个纸杯，反复查看纸杯的底面是否完全挨在一起，可是很不幸，由于纸杯倾斜了，最后还是倒了。哈哈彻底生气了，叫嚷道："怎么回事！怎么总是倒呢？"

图2-1　搭建中使用的纸杯高度不同

图2-2　"滑雪场"倒塌了

看到我在旁边，哈哈很无奈地说："老师，又倒了！"我笑笑说："你有没有发现是哪里出了问题？"哈哈指了指纸杯说："这层纸杯一搭就有点歪！"我说："对啊，你也发现了，但你想过为什么会歪吗？"哈哈看一看说："这边的纸杯好像比那边的纸杯大了一点儿！"我说："那你应该怎么办呢？"哈哈激动地说："应该用尺寸一样的纸杯！"说完便叫来其他伙伴一起重新搭建起来。

图2-3　坚持搭建不放弃

图2-4　合作垒高建构"滑雪场"

在大家的分工合作下，冬奥会的场景搭建得越来越多，幼儿在用自己的方式参与着冬奥会，为冬奥会加油助力。

图2-5 借助椅子垒高

图2-6 创意垒高建构“滑雪大跳台”

图2-7 架空与垒高建构“水立方”

图2-8 合作建构“多功能比赛场地”

★ 游戏解读

大班是幼儿身心发展的重要时期，幼儿不仅游戏兴趣显著增强，而且自主游戏的水平也有很大提高。在游戏中，幼儿以纸杯为材料，围绕“冬奥会”的主题自主进行创意搭建。因为纸杯重量较轻，建构时容易倒塌，所以整个搭建过程非常富有挑战性。幼儿先从基本的叠高开始，在不断失败中，他们发现了将纸杯搭得又高又稳的方法。通过小组讨论，大胆尝试并成功利用架空、逐层递减等建构方式，合作搭建出不同的创意造型，这些造型经过围合与连接，形成了独特又统一的冬奥会场景。在搭建过程中，幼儿会协商解决遇到的困难，如“滑雪大跳台”，在搭建到第十五层时，身高矮的幼儿已经不能再继续搭建了，通过讨论，一名幼儿取来了小椅子，站在椅子上继续进行建构，直到第二十层最后一个纸杯稳稳地搭建好，她脸上充满了成功的喜悦。幼儿在自由的活动氛围中，不仅激发了对纸杯建构游戏的兴趣，也大大提高了参与活动的自主性。在不断的失败与坚持中，幼儿不怕困难、勇于挑战、细心观察、积极思考的良好品质得到了发展，获得了快乐与成就感。

★ 游戏反思

在游戏中，教师能够准确把握介入时机，做到有效引导，促进幼儿自主探究。如当纸杯第一次倒塌时，教师没有立刻告诉幼儿应该怎样做，而是静静观察，给了幼儿自己发现问题的空间。当幼儿第三次搭建失败向教师求助时，教师以问答的方式，引导幼儿不断观察、思考，发现了纸杯倒塌的原因。整个过程中，幼儿始终是一个主动的学习者。在游戏总结环节，引导幼儿通过游戏经验分享，让个体经验转化为集体经验，极大地丰富了幼儿的认知。

由于纸杯的特殊性，游戏中经常会发生倒塌的状况，大多数幼儿能够坚持重新搭建，有的幼儿却会选择放弃，教师应关注容易选择放弃的幼儿，引导他们学会面对失败，勇敢接受挑战。

★ 游戏支持

❶ 结合幼儿的年龄特点及兴趣点，提供更多冬奥场馆建筑物的图片，让幼儿在观察与思考中迸发建构创意。

❷ 为幼儿提供更多种类的低结构材料，让他们有更多的游戏体验和更大的创造空间，在游戏中自主探索不同材料的建构方法。

❸ 对于因搭建失败而放弃尝试的幼儿，教师通过言语鼓励与陪伴搭建的方式，减少幼儿的挫败感，还可通过观察其他幼儿失败后继续搭建的游戏场景，帮助幼儿勇敢面对失败，建立重新出发的信心。

❹ 鼓励幼儿打破区域界限进行自主游戏。由于纸杯建构的作品比较抽象，教师可以引导幼儿进入美工区，自主绘画来制作冬奥场景标识，不断丰富自己的建构作品。

坚持，就是任何事乘以365

辽海出版社

1 月

JANUARY

月计划

备忘录

周 计 划

Mon.	Tue.
Wed.	Thur.
Fri.	Sat.
Sun.	Memo

重要事项

-
-
-

时间表 SCHEDULE

日计划表 TO DO LIST

备注 MEMO / /

时间表 SCHEDULE

日计划表 TO DO LIST

备注 MEMO / /

时间表 SCHEDULE

日计划表 TO DO LIST

备注 MEMO / /

时间表 SCHEDULE

日计划表 TO DO LIST

备注 MEMO / /

时间表 SCHEDULE

日计划表 TO DO LIST

备注 MEMO / /

时间表 SCHEDULE

日计划表 TO DO LIST

备注 MEMO / /

周 计 划

Mon.	Tue.
Wed.	Thur.
Fri.	Sat.
Sun.	Memo

重要事项

时间表 SCHEDULE

日计划表 TO DO LIST

备注 MEMO / /

时间表 SCHEDULE

日计划表 TO DO LIST

备注 MEMO / /

时间表 SCHEDULE	日计划表 TO DO LIST	备注 MEMO / /

时间表 SCHEDULE	日计划表 TO DO LIST	备注 MEMO / /

时间表 SCHEDULE | 日计划表 TO DO LIST | 备注 MEMO / /

时间表 SCHEDULE | 日计划表 TO DO LIST | 备注 MEMO / /

周 计 划

Mon.	Tue.
Wed.	Thur.
Fri.	Sat.
Sun.	Memo

重要事项

-
-
-

时间表 SCHEDULE

日计划表 TO DO LIST

备注 MEMO / /

时间表 SCHEDULE

日计划表 TO DO LIST

备注 MEMO / /

时间表 SCHEDULE

日计划表 TO DO LIST

备注 MEMO / /

时间表 SCHEDULE

日计划表 TO DO LIST

备注 MEMO / /

时间表 SCHEDULE

日计划表 TO DO LIST

备注 MEMO / /

时间表 SCHEDULE

日计划表 TO DO LIST

备注 MEMO / /

周 计 划

Mon.	Tue.
Wed.	Thur.
Fri.	Sat.
Sun.	Memo

重要事项

-
-
-

时间表 SCHEDULE

日计划表 TO DO LIST

备注 MEMO / /

时间表 SCHEDULE

日计划表 TO DO LIST

备注 MEMO / /

时间表 SCHEDULE	日计划表 TO DO LIST	备注 MEMO / /

时间表 SCHEDULE	日计划表 TO DO LIST	备注 MEMO / /

时间表 SCHEDULE

日计划表 TO DO LIST

备注 MEMO / /

时间表 SCHEDULE

日计划表 TO DO LIST

备注 MEMO / /

周　计　划

Mon.	Tue.
Wed.	Thur.
Fri.	Sat.
Sun.	Memo

重要事项

-
-
-

时间表 SCHEDULE

日计划表 TO DO LIST

备注 MEMO / /

时间表 SCHEDULE

日计划表 TO DO LIST

备注 MEMO / /

时间表 SCHEDULE

日计划表 TO DO LIST

备注 MEMO / /

时间表 SCHEDULE

日计划表 TO DO LIST

备注 MEMO / /

时间表 SCHEDULE | 日计划表 TO DO LIST | 备注 MEMO / /

时间表 SCHEDULE | 日计划表 TO DO LIST | 备注 MEMO / /

月　总　结

本月收获

2 月

FEBRUARY

月计划

备忘录

周 计 划

Mon	Tue
Wed.	Thur
Fri.	Sat
Sun	Memo

重要事项

-
-
-

时间表 SCHEDULE

日计划表 TO DO LIST

备注 MEMO / /

时间表 SCHEDULE

日计划表 TO DO LIST

备注 MEMO / /

时间表 SCHEDULE	日计划表 TO DO LIST	备注 MEMO / /

时间表 SCHEDULE	日计划表 TO DO LIST	备注 MEMO / /

时间表 SCHEDULE | 日计划表 TO DO LIST | 备注 MEMO / /

时间表 SCHEDULE | 日计划表 TO DO LIST | 备注 MEMO / /

周 计 划

Mon.	Tue.
Wed.	Thur.
Fri.	Sat.
Sun.	Memo

重要事项

时间表 SCHEDULE

日计划表 TO DO LIST

备注 MEMO / /

时间表 SCHEDULE

日计划表 TO DO LIST

备注 MEMO / /

时间表 SCHEDULE	日计划表 TO DO LIST	备注 MEMO / /

时间表 SCHEDULE	日计划表 TO DO LIST	备注 MEMO / /

时间表 SCHEDULE

日计划表 TO DO LIST

备注 MEMO / /

时间表 SCHEDULE

日计划表 TO DO LIST

备注 MEMO / /

周 计 划

Mon.	Tue.
Wed.	Thur.
Fri.	Sat.
Sun.	Memo

重要事项

时间表 SCHEDULE

日计划表 TO DO LIST

备注 MEMO / /

时间表 SCHEDULE

日计划表 TO DO LIST

备注 MEMO / /

时间表 SCHEDULE

日计划表 TO DO LIST

备注 MEMO / /

时间表 SCHEDULE

日计划表 TO DO LIST

备注 MEMO / /

时间表 SCHEDULE	日计划表 TO DO LIST	备注 MEMO / /

时间表 SCHEDULE	日计划表 TO DO LIST	备注 MEMO / /

周 计 划

Mon.	Tue.
Wed.	Thur.
Fri.	Sat.
Sun.	Memo

重要事项

-
-
-

时间表 SCHEDULE	日计划表 TO DO LIST	备注 MEMO / /

时间表 SCHEDULE	日计划表 TO DO LIST	备注 MEMO / /

时间表 SCHEDULE

日计划表 TO DO LIST

备注 MEMO / /

时间表 SCHEDULE

日计划表 TO DO LIST

备注 MEMO / /

时间表 SCHEDULE	日计划表 TO DO LIST	备注 MEMO / /

时间表 SCHEDULE	日计划表 TO DO LIST	备注 MEMO / /

周 计 划

Mon.	Tue.
Wed.	Thur.
Fri.	Sat.
Sun.	Memo

重要事项

-
-
-

时间表 SCHEDULE | 日计划表 TO DO LIST | 备注 MEMO / /

时间表 SCHEDULE | 日计划表 TO DO LIST | 备注 MEMO / /

时间表 SCHEDULE

日计划表 TO DO LIST

备注 MEMO / /

时间表 SCHEDULE

日计划表 TO DO LIST

备注 MEMO / /

时间表 SCHEDULE

日计划表 TO DO LIST

备注 MEMO / /

时间表 SCHEDULE

日计划表 TO DO LIST

备注 MEMO / /

月　总　结

本月收获

3月 MARCH

月计划

备忘录

周 计 划

Mon.	Tue.
Wed.	Thur.
Fri.	Sat.
Sun.	Memo

重要事项

-
-
-

时间表 SCHEDULE

日计划表 TO DO LIST

备注 MEMO / /

时间表 SCHEDULE

日计划表 TO DO LIST

备注 MEMO / /

时间表 SCHEDULE

日计划表 TO DO LIST

备注 MEMO / /

时间表 SCHEDULE

日计划表 TO DO LIST

备注 MEMO / /

时间表 SCHEDULE

日计划表 TO DO LIST

备注 MEMO / /

时间表 SCHEDULE

日计划表 TO DO LIST

备注 MEMO / /

周 计 划

Mon.	Tue.
Wed.	Thur.
Fri.	Sat.
Sun.	Memo

重要事项

-
-
-

时间表 SCHEDULE

日计划表 TO DO LIST

备注 MEMO / /

时间表 SCHEDULE

日计划表 TO DO LIST

备注 MEMO / /

时间表 SCHEDULE

日计划表 TO DO LIST

备注 MEMO / /

时间表 SCHEDULE

日计划表 TO DO LIST

备注 MEMO / /

时间表 SCHEDULE	日计划表 TO DO LIST	备注 MEMO / /
	○ ○ ○ ○ ○ ○ ○ ○ ○ ○ ○	

时间表 SCHEDULE	日计划表 TO DO LIST	备注 MEMO / /
	○ ○ ○ ○ ○ ○ ○ ○ ○ ○ ○	

周 计 划

Mon.	Tue.
Wed.	Thur.
Fri.	Sat.
Sun.	Memo

重要事项

-
-
-

时间表 SCHEDULE	日计划表 TO DO LIST	备注 MEMO / /

时间表 SCHEDULE	日计划表 TO DO LIST	备注 MEMO / /

时间表 SCHEDULE | 日计划表 TO DO LIST | 备注 MEMO / /

时间表 SCHEDULE | 日计划表 TO DO LIST | 备注 MEMO / /

时间表 SCHEDULE

日计划表 TO DO LIST

备注 MEMO / /

时间表 SCHEDULE

日计划表 TO DO LIST

备注 MEMO / /

周 计 划

Mon.	Tue.
Wed.	Thur.
Fri.	Sat.
Sun.	Memo

重要事项

-
-
-

时间表 SCHEDULE

日计划表 TO DO LIST

备注 MEMO / /

时间表 SCHEDULE

日计划表 TO DO LIST

备注 MEMO / /

时间表 SCHEDULE

日计划表 TO DO LIST

备注 MEMO / /

时间表 SCHEDULE

日计划表 TO DO LIST

备注 MEMO / /

时间表 SCHEDULE | 日计划表 TO DO LIST | 备注 MEMO / /

时间表 SCHEDULE | 日计划表 TO DO LIST | 备注 MEMO / /

周　计　划

Mon.	Tue.
Wed.	Thur.
Fri.	Sat.
Sun.	Memo

重要事项

-
-
-

时间表 SCHEDULE

日计划表 TO DO LIST

备注 MEMO / /

时间表 SCHEDULE

日计划表 TO DO LIST

备注 MEMO / /

时间表 SCHEDULE | 日计划表 TO DO LIST | 备注 MEMO / /

时间表 SCHEDULE | 日计划表 TO DO LIST | 备注 MEMO / /

时间表 SCHEDULE

日计划表 TO DO LIST

备注 MEMO / /

时间表 SCHEDULE

日计划表 TO DO LIST

备注 MEMO / /

月 总 结

本月收获

4月 APRIL

月计划

备忘录

周 计 划

Mon.	Tue.
Wed.	Thur.
Fri.	Sat.
Sun.	Memo

重要事项

-
-
-

时间表 SCHEDULE

日计划表 TO DO LIST

备注 MEMO / /

时间表 SCHEDULE

日计划表 TO DO LIST

备注 MEMO / /

时间表 SCHEDULE

日计划表 TO DO LIST

备注 MEMO / /

时间表 SCHEDULE

日计划表 TO DO LIST

备注 MEMO / /

时间表 SCHEDULE	日计划表 TO DO LIST	备注 MEMO / /

时间表 SCHEDULE	日计划表 TO DO LIST	备注 MEMO / /

周 计 划

Mon.	Tue.
Wed.	Thur.
Fri.	Sat.
Sun.	Memo

重要事项

-
-
-

时间表 SCHEDULE

日计划表 TO DO LIST

备注 MEMO / /

时间表 SCHEDULE

日计划表 TO DO LIST

备注 MEMO / /

时间表 SCHEDULE

日计划表 TO DO LIST

备注 MEMO / /

时间表 SCHEDULE

日计划表 TO DO LIST

备注 MEMO / /

时间表 SCHEDULE

日计划表 TO DO LIST

备注 MEMO / /

时间表 SCHEDULE

日计划表 TO DO LIST

备注 MEMO / /

周 计 划

Mon.	Tue.
Wed.	Thur.
Fri.	Sat.
Sun.	Memo

重要事项

-
-
-

时间表 SCHEDULE	日计划表 TO DO LIST	备注 MEMO / /

时间表 SCHEDULE	日计划表 TO DO LIST	备注 MEMO / /

时间表 SCHEDULE	日计划表 TO DO LIST	备注 MEMO / /

时间表 SCHEDULE	日计划表 TO DO LIST	备注 MEMO / /

时间表 SCHEDULE

日计划表 TO DO LIST

备注 MEMO / /

时间表 SCHEDULE

日计划表 TO DO LIST

备注 MEMO / /

周 计 划

Mon.	Tue.
Wed.	Thur.
Fri.	Sat.
Sun.	Memo

重要事项

-
-
-

时间表 SCHEDULE

日计划表 TO DO LIST

备注 MEMO / /

时间表 SCHEDULE

日计划表 TO DO LIST

备注 MEMO / /

时间表 SCHEDULE

日计划表 TO DO LIST

备注 MEMO / /

时间表 SCHEDULE

日计划表 TO DO LIST

备注 MEMO / /

时间表 SCHEDULE	日计划表 TO DO LIST	备注 MEMO / /

时间表 SCHEDULE	日计划表 TO DO LIST	备注 MEMO / /

周 计 划

Mon.	Tue.
Wed.	Thur.
Fri.	Sat.
Sun.	Memo

重要事项

-
-
-

时间表 SCHEDULE

日计划表 TO DO LIST

备注 MEMO / /

时间表 SCHEDULE

日计划表 TO DO LIST

备注 MEMO / /

时间表 SCHEDULE

日计划表 TO DO LIST

备注 MEMO / /

时间表 SCHEDULE

日计划表 TO DO LIST

备注 MEMO / /

时间表 SCHEDULE

日计划表 TO DO LIST

备注 MEMO / /

时间表 SCHEDULE

日计划表 TO DO LIST

备注 MEMO / /

月 总 结

本月收获

5月

MAY

月计划

备忘录

周 计 划

Mon.	Tue.
Wed.	Thur.
Fri.	Sat.
Sun.	Memo

重要事项

-
-
-

时间表 SCHEDULE

日计划表 TO DO LIST

备注 MEMO / /

时间表 SCHEDULE

日计划表 TO DO LIST

备注 MEMO / /

时间表 SCHEDULE

日计划表 TO DO LIST

备注 MEMO / /

时间表 SCHEDULE

日计划表 TO DO LIST

备注 MEMO / /

时间表 SCHEDULE	日计划表 TO DO LIST	备注 MEMO / /

时间表 SCHEDULE	日计划表 TO DO LIST	备注 MEMO / /

周 计 划

Mon.	Tue.
Wed.	Thur.
Fri.	Sat.
Sun.	Memo

重要事项

-
-
-

时间表 SCHEDULE

日计划表 TO DO LIST

备注 MEMO / /

时间表 SCHEDULE

日计划表 TO DO LIST

备注 MEMO / /

时间表 SCHEDULE

日计划表 TO DO LIST

备注 MEMO / /

时间表 SCHEDULE

日计划表 TO DO LIST

备注 MEMO / /

时间表 SCHEDULE

日计划表 TO DO LIST

备注 MEMO / /

时间表 SCHEDULE

日计划表 TO DO LIST

备注 MEMO / /

周　计　划

Mon.	Tue.
Wed.	Thur.
Fri.	Sat.
Sun.	Memo

重要事项

-
-
-

时间表 SCHEDULE

日计划表 TO DO LIST

备注 MEMO / /

时间表 SCHEDULE

日计划表 TO DO LIST

备注 MEMO / /

时间表 SCHEDULE

日计划表 TO DO LIST

备注 MEMO / /

时间表 SCHEDULE

日计划表 TO DO LIST

备注 MEMO / /

时间表 SCHEDULE	日计划表 TO DO LIST	备注 MEMO / /
	○ ○ ○ ○ ○ ○ ○ ○ ○ ○ ○	

时间表 SCHEDULE	日计划表 TO DO LIST	备注 MEMO / /
	○ ○ ○ ○ ○ ○ ○ ○ ○ ○ ○	

周 计 划

Mon.	Tue.
Wed.	Thur.
Fri.	Sat.
Sun.	Memo

重要事项

时间表 SCHEDULE

日计划表 TO DO LIST

备注 MEMO / /

时间表 SCHEDULE

日计划表 TO DO LIST

备注 MEMO / /

时间表 SCHEDULE	日计划表 TO DO LIST	备注 MEMO / /

时间表 SCHEDULE	日计划表 TO DO LIST	备注 MEMO / /

时间表 SCHEDULE

日计划表 TO DO LIST

备注 MEMO / /

时间表 SCHEDULE

日计划表 TO DO LIST

备注 MEMO / /

周 计 划

Mon.	Tue.
Wed.	Thur.
Fri.	Sat.
Sun.	Memo

重要事项

-
-
-

时间表 SCHEDULE

日计划表 TO DO LIST

备注 MEMO / /

时间表 SCHEDULE

日计划表 TO DO LIST

备注 MEMO / /

时间表 SCHEDULE

日计划表 TO DO LIST

备注 MEMO / /

时间表 SCHEDULE

日计划表 TO DO LIST

备注 MEMO / /

时间表 SCHEDULE | 日计划表 TO DO LIST | 备注 MEMO / /

时间表 SCHEDULE | 日计划表 TO DO LIST | 备注 MEMO / /

月 总 结

本月收获

6月

JUNE

月计划

备忘录

周　计　划

Mon.	Tue.
Wed.	Thur.
Fri.	Sat.
Sun.	Memo

重要事项

时间表 SCHEDULE	日计划表 TO DO LIST	备注 MEMO / /

时间表 SCHEDULE	日计划表 TO DO LIST	备注 MEMO / /

时间表 SCHEDULE	日计划表 TO DO LIST	备注 MEMO / /

时间表 SCHEDULE	日计划表 TO DO LIST	备注 MEMO / /

时间表 SCHEDULE

日计划表 TO DO LIST

备注 MEMO / /

时间表 SCHEDULE

日计划表 TO DO LIST

备注 MEMO / /

周 计 划

Mon.	Tue.
Wed.	Thur.
Fri.	Sat.
Sun.	Memo

重要事项

-
-
-

时间表 SCHEDULE	日计划表 TO DO LIST	备注 MEMO / /

时间表 SCHEDULE	日计划表 TO DO LIST	备注 MEMO / /

时间表 SCHEDULE

日计划表 TO DO LIST

备注 MEMO / /

时间表 SCHEDULE

日计划表 TO DO LIST

备注 MEMO / /

时间表 SCHEDULE

日计划表 TO DO LIST

备注 MEMO / /

时间表 SCHEDULE

日计划表 TO DO LIST

备注 MEMO / /

周 计 划

Mon.	Tue.
Wed.	Thur.
Fri.	Sat.
Sun.	Memo

重要事项

时间表 SCHEDULE

日计划表 TO DO LIST

备注 MEMO / /

时间表 SCHEDULE

日计划表 TO DO LIST

备注 MEMO / /

时间表 SCHEDULE | 日计划表 TO DO LIST | 备注 MEMO / /

时间表 SCHEDULE | 日计划表 TO DO LIST | 备注 MEMO / /

时间表 SCHEDULE

日计划表 TO DO LIST

备注 MEMO / /

时间表 SCHEDULE

日计划表 TO DO LIST

备注 MEMO / /

周　计　划

Mon.	Tue.
Wed.	Thur.
Fri.	Sat.
Sun.	Memo

重要事项

-
-
-

时间表 SCHEDULE

日计划表 TO DO LIST

备注 MEMO / /

时间表 SCHEDULE

日计划表 TO DO LIST

备注 MEMO / /

时间表 SCHEDULE

日计划表 TO DO LIST

备注 MEMO / /

时间表 SCHEDULE

日计划表 TO DO LIST

备注 MEMO / /

时间表 SCHEDULE

日计划表 TO DO LIST

备注 MEMO / /

时间表 SCHEDULE

日计划表 TO DO LIST

备注 MEMO / /

周 计 划

Mon.	Tue.
Wed.	Thur.
Fri.	Sat.
Sun.	Memo

重要事项

-
-
-

时间表 SCHEDULE | 日计划表 TO DO LIST | 备注 MEMO / /

时间表 SCHEDULE | 日计划表 TO DO LIST | 备注 MEMO / /

时间表 SCHEDULE

日计划表 TO DO LIST

备注 MEMO / /

时间表 SCHEDULE

日计划表 TO DO LIST

备注 MEMO / /

时间表 SCHEDULE

日计划表 TO DO LIST

备注 MEMO / /

时间表 SCHEDULE

日计划表 TO DO LIST

备注 MEMO / /

月 总 结

本月收获

7 月

JULY

月计划

备忘录

周 计 划

Mon.	Tue.
Wed.	Thur.
Fri.	Sat.
Sun.	Memo

重要事项

-
-
-

时间表 SCHEDULE

日计划表 TO DO LIST

备注 MEMO / /

时间表 SCHEDULE

日计划表 TO DO LIST

备注 MEMO / /

时间表 SCHEDULE	日计划表 TO DO LIST	备注 MEMO / /

时间表 SCHEDULE	日计划表 TO DO LIST	备注 MEMO / /

时间表 SCHEDULE

日计划表 TO DO LIST

备注 MEMO / /

时间表 SCHEDULE

日计划表 TO DO LIST

备注 MEMO / /

周 计 划

Mon.	Tue.
Wed.	Thur.
Fri.	Sat.
Sun.	Memo

重要事项

-
-
-

时间表 SCHEDULE

日计划表 TO DO LIST

备注 MEMO / /

时间表 SCHEDULE

日计划表 TO DO LIST

备注 MEMO / /

时间表 SCHEDULE

日计划表 TO DO LIST

备注 MEMO / /

时间表 SCHEDULE

日计划表 TO DO LIST

备注 MEMO / /

时间表 SCHEDULE

日计划表 TO DO LIST

备注 MEMO / /

时间表 SCHEDULE

日计划表 TO DO LIST

备注 MEMO / /

周　计　划

Mon.	Tue.
Wed.	Thur.
Fri.	Sat.
Sun.	Memo

重要事项

-
-
-

时间表 SCHEDULE

日计划表 TO DO LIST

备注 MEMO / /

时间表 SCHEDULE

日计划表 TO DO LIST

备注 MEMO / /

时间表 SCHEDULE

日计划表 TO DO LIST

备注 MEMO / /

时间表 SCHEDULE

日计划表 TO DO LIST

备注 MEMO / /

时间表 SCHEDULE

日计划表 TO DO LIST

备注 MEMO / /

时间表 SCHEDULE

日计划表 TO DO LIST

备注 MEMO / /

周　计　划

Mon.	Tue.
Wed.	Thur.
Fri.	Sat.
Sun.	Memo

重要事项

-
-
-

时间表 SCHEDULE

日计划表 TO DO LIST

备注 MEMO / /

时间表 SCHEDULE

日计划表 TO DO LIST

备注 MEMO / /

时间表 SCHEDULE

日计划表 TO DO LIST

备注 MEMO / /

时间表 SCHEDULE

日计划表 TO DO LIST

备注 MEMO / /

时间表 SCHEDULE

日计划表 TO DO LIST

备注 MEMO / /

时间表 SCHEDULE

日计划表 TO DO LIST

备注 MEMO / /

周 计 划

Mon.	Tue.
Wed.	Thur.
Fri.	Sat.
Sun.	Memo

重要事项

-
-
-

时间表 SCHEDULE

日计划表 TO DO LIST

备注 MEMO / /

时间表 SCHEDULE

日计划表 TO DO LIST

备注 MEMO / /

时间表 SCHEDULE

日计划表 TO DO LIST

备注 MEMO / /

时间表 SCHEDULE

日计划表 TO DO LIST

备注 MEMO / /

时间表 SCHEDULE

日计划表 TO DO LIST

备注 MEMO / /

时间表 SCHEDULE

日计划表 TO DO LIST

备注 MEMO / /

月　总　结

本月收获

8月 AUGUST

月计划

-
-
-
-
-
-
-
-
-
-
-
-
-

备忘录

周 计 划

Mon.	Tue.
Wed.	Thur.
Fri.	Sat.
Sun.	Memo

重要事项

-
-
-

时间表 SCHEDULE

日计划表 TO DO LIST

备注 MEMO / /

时间表 SCHEDULE

日计划表 TO DO LIST

备注 MEMO / /

时间表 SCHEDULE	日计划表 TO DO LIST	备注 MEMO / /
	○ ○ ○ ○ ○ ○ ○ ○ ○ ○ ○	

时间表 SCHEDULE	日计划表 TO DO LIST	备注 MEMO / /
	○ ○ ○ ○ ○ ○ ○ ○ ○ ○ ○	

时间表 SCHEDULE	日计划表 TO DO LIST	备注 MEMO / /

时间表 SCHEDULE	日计划表 TO DO LIST	备注 MEMO / /

周　计　划

Mon.	Tue.
Wed.	Thur.
Fri.	Sat.
Sun.	Memo

重要事项

时间表 SCHEDULE

日计划表 TO DO LIST

备注 MEMO / /

时间表 SCHEDULE

日计划表 TO DO LIST

备注 MEMO / /

时间表 SCHEDULE	日计划表 TO DO LIST	备注 MEMO / /

时间表 SCHEDULE	日计划表 TO DO LIST	备注 MEMO / /

时间表 SCHEDULE	日计划表 TO DO LIST	备注 MEMO / /

时间表 SCHEDULE	日计划表 TO DO LIST	备注 MEMO / /

周 计 划

Mon.	Tue.
Wed.	Thur.
Fri.	Sat.
Sun.	Memo

重要事项

-
-
-

时间表 SCHEDULE	日计划表 TO DO LIST	备注 MEMO / /
	○ ○ ○ ○ ○ ○ ○ ○ ○ ○ ○	

时间表 SCHEDULE	日计划表 TO DO LIST	备注 MEMO / /
	○ ○ ○ ○ ○ ○ ○ ○ ○ ○ ○	

时间表 SCHEDULE

日计划表 TO DO LIST

备注 MEMO / /

时间表 SCHEDULE

日计划表 TO DO LIST

备注 MEMO / /

时间表 SCHEDULE

日计划表 TO DO LIST

备注 MEMO / /

时间表 SCHEDULE

日计划表 TO DO LIST

备注 MEMO / /

周　计　划

Mon.	Tue.
Wed.	Thur.
Fri.	Sat.
Sun	Memo

重要事项

-
-
-

时间表 SCHEDULE

日计划表 TO DO LIST

备注 MEMO / /

时间表 SCHEDULE

日计划表 TO DO LIST

备注 MEMO / /

时间表 SCHEDULE

日计划表 TO DO LIST

备注 MEMO / /

时间表 SCHEDULE

日计划表 TO DO LIST

备注 MEMO / /

时间表 SCHEDULE | 日计划表 TO DO LIST | 备注 MEMO / /

时间表 SCHEDULE | 日计划表 TO DO LIST | 备注 MEMO / /

周 计 划

Mon.	Tue.
Wed.	Thur.
Fri.	Sat.
Sun.	Memo

重要事项

-
-
-

时间表 SCHEDULE	日计划表 TO DO LIST	备注 MEMO / /
	○ ○ ○ ○ ○ ○ ○ ○ ○ ○ ○	

时间表 SCHEDULE	日计划表 TO DO LIST	备注 MEMO / /
	○ ○ ○ ○ ○ ○ ○ ○ ○ ○ ○	

时间表 SCHEDULE	日计划表 TO DO LIST	备注 MEMO / /

时间表 SCHEDULE	日计划表 TO DO LIST	备注 MEMO / /

时间表 SCHEDULE

日计划表 TO DO LIST

备注 MEMO / /

时间表 SCHEDULE

日计划表 TO DO LIST

备注 MEMO / /

月 总 结

本月收获

-
-
-

9 月

SEPTEMBER

月计划

备忘录

周　计　划

Mon.	Tue.
Wed.	Thur.
Fri.	Sat.
Sun.	Memo

重要事项

-
-
-

时间表 SCHEDULE

日计划表 TO DO LIST

备注 MEMO / /

时间表 SCHEDULE

日计划表 TO DO LIST

备注 MEMO / /

时间表 SCHEDULE

日计划表 TO DO LIST

备注 MEMO / /

时间表 SCHEDULE

日计划表 TO DO LIST

备注 MEMO / /

时间表 SCHEDULE	日计划表 TO DO LIST	备注 MEMO / /

时间表 SCHEDULE	日计划表 TO DO LIST	备注 MEMO / /

周 计 划

Mon.	Tue.
Wed.	Thur.
Fri.	Sat.
Sun.	Memo

重要事项

-
-
-

时间表 SCHEDULE

日计划表 TO DO LIST

备注 MEMO / /

时间表 SCHEDULE

日计划表 TO DO LIST

备注 MEMO / /

时间表 SCHEDULE

日计划表 TO DO LIST

备注 MEMO / /

时间表 SCHEDULE

日计划表 TO DO LIST

备注 MEMO / /

时间表 SCHEDULE | 日计划表 TO DO LIST | 备注 MEMO / /

时间表 SCHEDULE | 日计划表 TO DO LIST | 备注 MEMO / /

周 计 划

Mon.	Tue.
Wed.	Thur.
Fri.	Sat.
Sun.	Memo

重要事项

时间表 SCHEDULE	日计划表 TO DO LIST	备注 MEMO / /

时间表 SCHEDULE	日计划表 TO DO LIST	备注 MEMO / /

时间表 SCHEDULE	日计划表 TO DO LIST	备注 MEMO / /

时间表 SCHEDULE	日计划表 TO DO LIST	备注 MEMO / /

时间表 SCHEDULE

日计划表 TO DO LIST

备注 MEMO / /

时间表 SCHEDULE

日计划表 TO DO LIST

备注 MEMO / /

周　计　划

Mon.	Tue.
Wed.	Thur.
Fri.	Sat.
Sun.	Memo

重要事项

时间表 SCHEDULE

日计划表 TO DO LIST

备注 MEMO / /

时间表 SCHEDULE

日计划表 TO DO LIST

备注 MEMO / /

时间表 SCHEDULE	日计划表 TO DO LIST	备注 MEMO / /

时间表 SCHEDULE	日计划表 TO DO LIST	备注 MEMO / /

时间表 SCHEDULE	日计划表 TO DO LIST	备注 MEMO / /

时间表 SCHEDULE	日计划表 TO DO LIST	备注 MEMO / /

周　计　划

Mon.	Tue.
Wed.	Thur.
Fri.	Sat.
Sun.	Memo

重要事项

-
-
-

时间表 SCHEDULE	日计划表 TO DO LIST	备注 MEMO / /
	○ ○ ○ ○ ○ ○ ○ ○ ○ ○ ○	

时间表 SCHEDULE	日计划表 TO DO LIST	备注 MEMO / /
	○ ○ ○ ○ ○ ○ ○ ○ ○ ○ ○	

时间表 SCHEDULE

日计划表 TO DO LIST

备注 MEMO / /

时间表 SCHEDULE

日计划表 TO DO LIST

备注 MEMO / /

时间表 SCHEDULE	日计划表 TO DO LIST	备注 MEMO / /

时间表 SCHEDULE	日计划表 TO DO LIST	备注 MEMO / /

月　总　结

本月收获

10月

OCTOBER

月计划

备忘录

周 计 划

Mon.	Tue.
Wed.	Thur.
Fri.	Sat.
Sun.	Memo

重要事项

-
-
-

时间表 SCHEDULE

日计划表 TO DO LIST

备注 MEMO / /

时间表 SCHEDULE

日计划表 TO DO LIST

备注 MEMO / /

时间表 SCHEDULE

日计划表 TO DO LIST

备注 MEMO / /

时间表 SCHEDULE

日计划表 TO DO LIST

备注 MEMO / /

时间表 SCHEDULE

日计划表 TO DO LIST

备注 MEMO / /

时间表 SCHEDULE

日计划表 TO DO LIST

备注 MEMO / /

周 计 划

Mon.	Tue.
Wed.	Thur.
Fri.	Sat.
Sun.	Memo

重要事项

-
-
-

时间表 SCHEDULE	日计划表 TO DO LIST	备注 MEMO / /

时间表 SCHEDULE	日计划表 TO DO LIST	备注 MEMO / /

时间表 SCHEDULE

日计划表 TO DO LIST

备注 MEMO / /

时间表 SCHEDULE

日计划表 TO DO LIST

备注 MEMO / /

时间表 SCHEDULE

日计划表 TO DO LIST

备注 MEMO / /

时间表 SCHEDULE

日计划表 TO DO LIST

备注 MEMO / /

周 计 划

Mon.	Tue.
Wed.	Thur.
Fri.	Sat.
Sun.	Memo

重要事项

-
-
-

时间表 SCHEDULE	日计划表 TO DO LIST	备注 MEMO / /

时间表 SCHEDULE	日计划表 TO DO LIST	备注 MEMO / /

时间表 SCHEDULE

日计划表 TO DO LIST

备注 MEMO / /

时间表 SCHEDULE

日计划表 TO DO LIST

备注 MEMO / /

时间表 SCHEDULE

日计划表 TO DO LIST

备注 MEMO / /

时间表 SCHEDULE

日计划表 TO DO LIST

备注 MEMO / /

周 计 划

Mon.	Tue.
Wed.	Thur.
Fri.	Sat.
Sun.	Memo

重要事项

时间表 SCHEDULE	日计划表 TO DO LIST	备注 MEMO / /

时间表 SCHEDULE	日计划表 TO DO LIST	备注 MEMO / /

时间表 SCHEDULE	日计划表 TO DO LIST	备注 MEMO / /

时间表 SCHEDULE	日计划表 TO DO LIST	备注 MEMO / /

时间表 SCHEDULE	日计划表 TO DO LIST	备注 MEMO / /

时间表 SCHEDULE	日计划表 TO DO LIST	备注 MEMO / /

周 计 划

Mon.	Tue.
Wed.	Thur.
Fri.	Sat.
Sun.	Memo

重要事项

-
-
-

时间表 SCHEDULE

日计划表 TO DO LIST

备注 MEMO / /

时间表 SCHEDULE

日计划表 TO DO LIST

备注 MEMO / /

时间表 SCHEDULE

日计划表 TO DO LIST

备注 MEMO / /

时间表 SCHEDULE

日计划表 TO DO LIST

备注 MEMO / /

时间表 SCHEDULE	日计划表 TO DO LIST	备注 MEMO / /
	○ ○ ○ ○ ○ ○ ○ ○ ○ ○ ○	

时间表 SCHEDULE	日计划表 TO DO LIST	备注 MEMO / /
	○ ○ ○ ○ ○ ○ ○ ○ ○ ○ ○	

月 总 结

本月收获

11月

NOVEMBER

月计划

备忘录

周 计 划

Mon.	Tue.
Wed.	Thur.
Fri.	Sat.
Sun.	Memo

重要事项

-
-
-

时间表 SCHEDULE

日计划表 TO DO LIST

备注 MEMO / /

时间表 SCHEDULE

日计划表 TO DO LIST

备注 MEMO / /

时间表 SCHEDULE	日计划表 TO DO LIST	备注 MEMO / /

时间表 SCHEDULE	日计划表 TO DO LIST	备注 MEMO / /

时间表 SCHEDULE | 日计划表 TO DO LIST | 备注 MEMO / /

时间表 SCHEDULE | 日计划表 TO DO LIST | 备注 MEMO / /

周 计 划

Mon.	Tue.
Wed.	Thur.
Fri.	Sat.
Sun.	Memo

重要事项

-
-
-

时间表 SCHEDULE

日计划表 TO DO LIST

备注 MEMO / /

时间表 SCHEDULE

日计划表 TO DO LIST

备注 MEMO / /

时间表 SCHEDULE

日计划表 TO DO LIST

备注 MEMO / /

时间表 SCHEDULE

日计划表 TO DO LIST

备注 MEMO / /

时间表 SCHEDULE

日计划表 TO DO LIST

备注 MEMO / /

时间表 SCHEDULE

日计划表 TO DO LIST

备注 MEMO / /

周 计 划

Mon.	Tue.
Wed.	Thur.
Fri.	Sat.
Sun.	Memo

重要事项

-
-
-

时间表 SCHEDULE	日计划表 TO DO LIST	备注 MEMO / /

时间表 SCHEDULE	日计划表 TO DO LIST	备注 MEMO / /

时间表 SCHEDULE	日计划表 TO DO LIST	备注 MEMO / /

时间表 SCHEDULE	日计划表 TO DO LIST	备注 MEMO / /

时间表 SCHEDULE	日计划表 TO DO LIST	备注 MEMO / /

时间表 SCHEDULE	日计划表 TO DO LIST	备注 MEMO / /

周 计 划

Mon.	Tue.
Wed.	Thur.
Fri.	Sat.
Sun.	Memo

重要事项

-
-
-

时间表 SCHEDULE

日计划表 TO DO LIST

备注 MEMO / /

时间表 SCHEDULE

日计划表 TO DO LIST

备注 MEMO / /

时间表 SCHEDULE

日计划表 TO DO LIST

备注 MEMO / /

时间表 SCHEDULE

日计划表 TO DO LIST

备注 MEMO / /

时间表 SCHEDULE

日计划表 TO DO LIST

备注 MEMO / /

时间表 SCHEDULE

日计划表 TO DO LIST

备注 MEMO / /

周 计 划

Mon.	Tue.
Wed.	Thur.
Fri.	Sat.
Sun.	Memo

重要事项

-
-
-

时间表 SCHEDULE

日计划表 TO DO LIST

备注 MEMO / /

时间表 SCHEDULE

日计划表 TO DO LIST

备注 MEMO / /

时间表 SCHEDULE | 日计划表 TO DO LIST | 备注 MEMO / /

时间表 SCHEDULE | 日计划表 TO DO LIST | 备注 MEMO / /

时间表 SCHEDULE

日计划表 TO DO LIST

备注 MEMO / /

时间表 SCHEDULE

日计划表 TO DO LIST

备注 MEMO / /

月　总　结

本月收获

12月 DECEMBER

月计划

备忘录

周 计 划

Mon.	Tue.
Wed.	Thur.
Fri.	Sat.
Sun.	Memo

重要事项

-
-
-

时间表 SCHEDULE

日计划表 TO DO LIST

备注 MEMO / /

时间表 SCHEDULE

日计划表 TO DO LIST

备注 MEMO / /

时间表 SCHEDULE

日计划表 TO DO LIST

备注 MEMO / /

时间表 SCHEDULE

日计划表 TO DO LIST

备注 MEMO / /

时间表 SCHEDULE | 日计划表 TO DO LIST | 备注 MEMO / /

时间表 SCHEDULE | 日计划表 TO DO LIST | 备注 MEMO / /

周 计 划

Mon.	Tue.
Wed.	Thur.
Fri.	Sat.
Sun.	Memo

重要事项

-
-
-

时间表 SCHEDULE | 日计划表 TO DO LIST | 备注 MEMO / /

时间表 SCHEDULE | 日计划表 TO DO LIST | 备注 MEMO / /

时间表 SCHEDULE

日计划表 TO DO LIST

备注 MEMO / /

时间表 SCHEDULE

日计划表 TO DO LIST

备注 MEMO / /

时间表 SCHEDULE

日计划表 TO DO LIST

备注 MEMO / /

时间表 SCHEDULE

日计划表 TO DO LIST

备注 MEMO / /

周 计 划

Mon.	Tue.
Wed.	Thur.
Fri.	Sat.
Sun.	Memo

重要事项

-
-
-

时间表 SCHEDULE	日计划表 TO DO LIST	备注 MEMO / /

时间表 SCHEDULE	日计划表 TO DO LIST	备注 MEMO / /

时间表 SCHEDULE

日计划表 TO DO LIST

备注 MEMO / /

时间表 SCHEDULE

日计划表 TO DO LIST

备注 MEMO / /

时间表 SCHEDULE

日计划表 TO DO LIST

备注 MEMO / /

时间表 SCHEDULE

日计划表 TO DO LIST

备注 MEMO / /

周 计 划

Mon.	Tue.
Wed.	Thur.
Fri.	Sat.
Sun.	Memo

重要事项

-
-
-

时间表 SCHEDULE

日计划表 TO DO LIST

备注 MEMO / /

时间表 SCHEDULE

日计划表 TO DO LIST

备注 MEMO / /

时间表 SCHEDULE	日计划表 TO DO LIST	备注 MEMO / /
	○ ○ ○ ○ ○ ○ ○ ○ ○ ○ ○	

时间表 SCHEDULE	日计划表 TO DO LIST	备注 MEMO / /
	○ ○ ○ ○ ○ ○ ○ ○ ○ ○ ○	

时间表 SCHEDULE

日计划表 TO DO LIST

备注 MEMO / /

时间表 SCHEDULE

日计划表 TO DO LIST

备注 MEMO / /

周 计 划

Mon	Tue
Wed.	Thur
Fri.	Sat
Sun	Memo

重要事项

-
-
-

时间表 SCHEDULE

日计划表 TO DO LIST

备注 MEMO / /

时间表 SCHEDULE

日计划表 TO DO LIST

备注 MEMO / /

时间表 SCHEDULE	日计划表 TO DO LIST	备注 MEMO / /

时间表 SCHEDULE	日计划表 TO DO LIST	备注 MEMO / /

时间表 SCHEDULE

日计划表 TO DO LIST

备注 MEMO / /

时间表 SCHEDULE

日计划表 TO DO LIST

备注 MEMO / /

月 总 结

本月收获